T0208635

Jürgen Gedinat

Ein Modell von Welt

Jürgen Gedinat

Ein Modell von Welt

Unterwegs in der Globalisierung

CENTAURUS VERLAG & MEDIA UG

Über den Autor

Jürgen Gedinat, geb. 1952, studierte Romanistik, Musikwissenschaft, Kunstgeschichte und Philosophie und promovierte in Philosophie. Er war Dozent am Département de Philosophie an der Universität Brest und an der École Nationale Supérieure des Télécommunications Brest. An der Fakultät für Wirtschaftswissenschaften der Universität Bozen sowie an der Intenational Business School Ljubljana ist er momentan als Dozent tätig. Zudem ist er Wissenschaftlicher Beirat der philosophischen Internetplattform *eudia* sowie Gründer und Leiter der Initiative *Xynion*.

Bibliografische Informationen der Deutschen Nationalbibliothek

Die Deutsche Nationalbibliothek verzeichnet diese Publikation in der Deutschen Nationalbibliografie; detaillierte bibliografische Daten sind im Internet über http://dnb.d-nb.de abrufbar.

Gedruckt auf säurefreiem und chlorfrei gebleichtem Papier.

ISBN 978-3-86226-215-1   ISBN 978-3-86226-905-1 (eBook)
DOI 10.1007/978-3-86226-905-1
ISSN 1612-2739

© *CENTAURUS Verlag & Media KG, Freiburg 2013*
www.centaurus-verlag.de

Umschlaggestaltung: Jasmin Morgenthaler, Visuelle Kommunikation
Umschlagsabbildung aus: J. Huret, *L'Allemagne moderne*, Paris 1913
Satz: Vorlage des Autors

Inhaltsverzeichnis

Dieses Buch

... ist weder für noch gegen alle. Aber das, worum es in ihm geht, geht heute alle an. Und das wäre? Die Macht der Globalisierung und ihre Dynamik. Und *wie* geht es hier darum? Dieses Buch bietet Ansätze zu einem tieferen Verständnis dieser Macht.

Selbst wenn heute jeder die Dynamik der Globalisierung mehr oder weniger stark zu spüren bekommt, muß das nicht auch schon heißen, daß jeder sie angemessen verstehen will. Wichtiger ist offensichtlich, mit ihr zurechtzukommen oder hier auch nur durchzukommen. Das wirft die Frage auf: was wollen wir wissen von Dingen, die uns unausweichlich angehen, und d. h. in diesem Falle von der Globalisierung? Jedem steht frei, diese Frage für sich zu beantworten, frei auch, sie vielleicht gar nicht zu stellen.

Spätestens hier kann die Vermutung aufkommen, daß der Stil dieses Buches in irgendeiner Weise philosophisch angehaucht ist. Warum auch nicht? Wo jedes Unternehmen seine eigene Betriebsphilosophie präsentiert und jeder eine persönliche Lebensphilosophie entwirft, da kann Philosophie nichts Abschreckendes oder Verunsicherndes haben. Und dennoch: die aktuelle, globalisierte Welt in ihren Grundzügen verstehen zu wollen, ist keineswegs selbstverständlich. Umso mehr ist jeder eingeladen, sich in diese Richtung aufzumachen.

Anders als so manche Publikation zu diesem Thema liefert das vorliegende Buch weder Anregungen, Vorgaben oder Rezepte, wie man sich etwa selber globalisiert einstellen kann oder eben auch nicht, noch werden hier thesenartig Annahmen oder Behauptungen über die heutige Weltlage aufgestellt. Dagegen bietet dieses Buch Ergebnisse eines auslotenden Denkens, das dem einen oder anderen Sachverhalt der Globalisierung auf den Grund geht, und zwar besonders ihrer Macht und ihrer Dynamik. Deren Anforderungen nehmen die jeweils Betroffenen oft so in Beschlag, daß ihnen kein Freiraum bleibt, diese Anforderungen auch aus ihrem Ursprung zu verstehen, d. h. aus der Globalisierung und ihrem umfassenden Anspruch.

Wie überall, so ist dieser Anspruch auch deutlich in den Medien zu hören. Dort macht er sich zum Beispiel mit der konkreten Erwartung geltend, daß Sachbücher entweder „anwendungsbezogen" oder „thesenbezogen" sein sollen. Was heißt das? Zunächst einmal, daß es Verlage gibt, die mit darüber entscheiden können, was einer größeren Öffentlichkeit zugänglich gemacht wird und was nicht. Doch nicht nur große Verlage, sondern alle größeren Einrichtungen der Medien bestimmen mit, was als wissenswert und -würdig gilt und was nicht.

Hilfreich zum Verständnis dieses Bewertens und Urteilens, bei dem es um nichts weniger geht als darum, welches Begreifen der Wirklichkeit als zweckmäßig und angemessen zugelassen wird, ist ein kurzer Blick ins Internet. Da findet sich folgende Definition eines sogenannten moderierten Chats: «Unter einem moderierten Chat versteht man, daß Moderatoren alle Nachrichten erst freigeben müssen, damit sie öffentlich sichtbar werden.»[1] Ein solcher Moderator entscheidet, er hat die Macht zu entscheiden, was die Öffentlichkeit zu sehen und zu wissen bekommt. Überall, wo es um den Zugang zu einer größeren Öffentlichkeit geht, werden Moderatoren in diesem Sinne eingesetzt. Daß radikale Parolen, Hetze und letztlich auch Stumpfsinn jeglicher Art nicht über Medien verbreitet werden dürfen, sollte sich von selbst verstehen.

Das *Prinzip* der medialen Moderation aber beschränkt sich nicht auf das Ausgrenzen derartiger Maß- und Hemmungslosigkeiten, es ist darauf aus, den Zugang zur Öffentlichkeit überhaupt zu steuern, und das bedeutet den zur Gesellschaft. Unserer heutigen, in medialem Sinne moderierten Gesellschaft können so nicht nur trotz der maßgeblichen Medien, sondern auch durch sie Verstehensmöglichkeiten und Wissen vorenthalten werden, die zu einer Einsicht in die aktuelle Welt unverzichtbar[2] sind und das heißt weiter, zu einem Verständnis, woran man in einer globalisierten Welt mit sich selber ist.

Dieses Buch ist nicht moderiert, sein Inhalt ist der Öffentlichkeit nicht erst von einem Moderator zur Lektüre freigegeben worden, es mußte Kriterien wie denen der „Anwendungs- und Thesenbezogenheit" nicht genügen. Daher können seine Gedanken Dingen nachgehen, die auf den vorgezeichneten und ausgetretenen Wegen eines verwalteten Verstehens kaum zu erreichen sind. Was, wenn aber solche Dinge zu einem grundlegenden Ver-

---

[1] http://wiki.webkicks.de/Moderierter_Chat [06.11.2012].

[2] Hier sei nur an den Fall des Journalisten Nicholas Dunbar erinnert, der im Jahr 2003 in einem Artikel die tatsächliche, katastrophale Finanzsituation Griechenlands offenlegte, woraufhin diese Darstellung sowohl von der griechischen Regierung als auch von der federführenden Bank Goldman Sachs als pure Erfindung verleumdet wurde und ebenso die Financial Times wie die BBC Dunbar die Veröffentlichung verweigerten.

ständnis gerade auch unserer globalen Krisen unverzichtbar wären? Finanz-
bzw. Schuldenkrise sind im Grunde *Krisen des Verstehens*.

Was, wenn unsere mediale Gesellschaft, und d. h. eben auch die mode-
rierte Gesellschaft, was, wenn die mediale Moderation nicht nur an manchen überkommenen Koordinaten festhält, sondern diese auch noch mit aller Macht verteidigt – Koordinaten allerdings, die unsere global dynamisier-
te Welt längst hinter sich gelassen hat und weiter hinter sich läßt? Dies ist
eine der Fragen, denen dieses Buch nicht ausweicht, sondern nachgeht. Dabei kann es, bildlich gesprochen, manchmal an Abzweigungen und in Bereiche kommen, die kein Navigator in seinem Programm gespeichert hat und
auch gar nicht erst speichern kann.

Je mehr unsere Orientierung unter dem Einfluß von Navigatoren und Moderatoren steht, desto geringer könnte unsere eigene Möglichkeit werden,
von uns aus selber in der Welt unterwegs zu sein und d. h. heute in einer
globalisierten. Es könnte daher um die Frage gehen, inwiefern *wir* dann in
der Lage sind, *unsere* Erfahrungen unvermittelt in und mit dieser Welt zu
machen. Zu den Mitteln bzw. Instrumenten, die uns faktisch einiges von solchen Erfahrungen abnehmen, gehören wesentlich auch Modelle, die unseren Umgang, und zwar besonders den rationalen Umgang mit Menschen
und Sachverhalten, lenken. Durch ihren Einsatz in allen Bereichen des Verstehens, sei es in Wissenschaft, Politik, Wirtschaft oder auch Kultur, wird die
ganze Wirklichkeit in weitgehend vorgezeichneten Bahnen begriffen, und so
wird schließlich unser Alltag nach geradezu dogmatischen Maßstäben mo-
delliert. Das ist dann: ein Modell von Welt.

Es ist bezeichnend für eine Gesellschaft derartiger Moderation, daß in ihr
zunehmend Medienkompetenz gefordert wird. Auf die Möglichkeit, daß gerade durch sie unsere Wirklichkeitskompetenz verdrängt werden und auf
der Strecke bleiben könnte, sei hier nur dezent hingewiesen. Um was sollte
es schließlich anderes gehen bei jener Blase auf dem globalen Immobilien-
markt, deren Implosionsprozess noch in vollem Gange ist, und an den wir
uns gerade gewöhnen, um was anderes, als um den Verlust von Wirklichkeitskompetenz?

Dieses Buch kommt so gesehen zu spät. Aber kein Autor sollte sich der
Illusion hingeben, sein Buch könne in eine derartige Dynamik eingreifen, am
Ende gar noch moderierend. Aber die Dinge, mit denen wir zu tun haben, in
ihrem Wesen zu verstehen, ist weder ein Luxus, noch nutzlos, sondern eine
Frage der Freiheit: frei zu sein, den Dingen auf den Grund zu gehen und sie
von da her zu verstehen, anstatt sich mehr oder weniger blind von Naviga-

toren, Moderatoren und Modellen das authentische Verstehen abnehmen zu lassen. Dieses Buch ist weder für, noch gegen alle, es ist ein Plädoyer für ein authentisches Verstehen der Welt und unserer selbst.

Nur weil hier engagiert von Freiheit die Rede ist, wäre es allerdings voreilig zu meinen, dieses Buch habe eine Neigung zu so etwas wie schwärmerischer Weltverbesserung oder sei gar pathetisch. Dann nämlich müßte auch die Idee von der Freiheit der Marktwirtschaft zu mindest in den gleichen Verdacht geraten. Wo *political correctness* die Auseinandersetzungen moderiert, finden sie kaum noch statt. Darum verwechselt dieses Buch Integrität auch nicht mit jener Makellosigkeit, die ein untrügliches Zeichen für eine sich moderierende Gesellschaft ist. Die aber ist nicht dasselbe wie eine moderate. Eine moderate Gesellschaft hat es nicht nötig, sich erst zu moderieren, um dann auch noch korrekt zu sein.

So ist nicht nur eine Skepsis, sondern auch eine Unzufriedenheit zu bemerken, die der Art und Weise gilt, wie die heutige Situation von offizieller Seite verstanden wird. Aus dieser Stimmungslage erwächst ein Interesse daran, sogar das Verstehen selber zu thematisieren, und d. h. genauer, die Verstehenskompetenz. Daß die Herausforderungen zur Zeit enorm sind, wissen die meisten. So wichtig es ist, sie zu erkennen und zu begreifen, so wichtig ist aber auch die Frage, *wie* wir ihnen eigentlich begegnen. Ist das Denken, das wir hierbei praktizieren, angemessen, ist es hinreichend? Wenn Zweifel angebracht sind, dann gewiß hier. Diese Zweifel nun teilen all jene, die in einer Art Sprachlosigkeit unsere Ordnung zögernd, wenn nicht sogar mit Argwohn betrachten und das nicht nur irgendwie und nebulös, sondern geradezu substantiell. Dieses Unbehagen antwortet recht präzise auf einen Grundzug im herrschenden Denken, der – frei nach Max Planck – besagt, daß wirklich nur ist, was sich zählen und rechnen läßt. So wird die *Kritik* an jenem Grundzug zu einem dieses Buches.

Auch wenn hier ein ernsthaftes Denken in Verantwortung geübt wird, handelt es sich dabei nicht um einen puren akademischen Ansatz, der auf ein philosophisches Vorwissen baute. Darum werden hier keine besonderen Kenntnisse vorausgesetzt; die *Art* zu denken aber und die Sicht und Wahrnehmung sind dennoch nicht die selben wie die der Alltagsgeschäfte. Hier beschleunigen und sichern nicht Denkhilfen und -modelle die Lektüre. Dafür kann das *eigene* Interesse an philosophisch orientierten Überlegungen bisweilen durchaus förderlich sein. Auf diesem Wege kann sich dann die eine oder andere neue Einsicht und Perspektive für ein angemesseneres Verstehen der heutigen Welt auftun.

Unter dem Titel *Ein Modell von Welt – Unterwegs in der Globalisierung* ist eine Auswahl von Texten zusammengefaßt, die meist unabhängig von einander und zu verschiedenen Anlässen geschrieben wurden. Das Anliegen, das sie im Hintergrund verbindet, ist die Ausarbeitung einer Philosophie der Globalisierung. Es geht hier also weniger um eine lineare, kontinuierliche Schrittfolge, und doch ist die Anordnung nicht beliebig. Jedes Kapitel ist in sich geschlossen und kann als eine eigene Einheit gelesen werden. Gleichwohl knüpfen die Themen und Gedanken unterschwellig aneinander an und ergänzen sich zu einem Text, zu einem Verstehensgeflecht.

Dem jeweiligen Anlaß entsprechend unterscheiden sich die Texte zum Teil in ihrem Stil. Dabei ist hier besonders auf zwei Texte hinzuweisen, und zwar auf *Unheimliche Künstlichkeit* und auf *Vom Wert der Dinge*, dort wiederum besonders auf die zweite Hälfte. Warum? Weil die Art und Weise, wie hier versucht wird, Momente unseres Heute und unserer Welt in den Blick zu bringen, nicht unmittelbar als Alternative dienen kann zu jener Orientierung, nach der sogenannte Entscheider und Führungskräfte die Wirklichkeit prägen. Diese Orientierung, d. h. die kalkulierend planende, erkennt keine andere an als nur sich selbst und zeichnet damit auch den Horizont für sonst noch mögliche Alternativen vor.

Demgegenüber ist das Denken dieses Buches auf *grundlegend* Anderes aus und nicht nur auf eine relative Veränderung innerhalb des herrschenden Weltverständnisses. Daher ist auch die Sprache dichter als sonst und die Worte nennen die Dinge und Sachverhalte unmittelbarer. Dieses Sprechen ist weder das der Medien noch das des Verwaltens. So grundverschieden der Anspruch dieses Buches bisweilen von dem der Information ist, so weit auch liegen diese beiden Arten des Sprechens auseinander.

Darin aber deutet sich andererseits an, welch große Entfernungen hier dann ebenso in Richtung *grundlegender* Veränderungen zurückzulegen sind, und daß die sich nicht schnell herbeireden lassen, nicht durch Zungenfertigkeit, nicht durch Wortgewandtheit. Das bedeutet weiter, daß die notwendigen Veränderungen auch nicht so zugänglich und greifbar sind, wie dem Machen verpflichtete Politiker und Manager allzuoft vorgeben.

Aber warum wird nicht erwogen, daß es um ein anderes Verstehen und ein anderes Denken gehen könnte? Weil wir dann eingestehen müßten, daß wir manchmal nicht mitkommen und es Dinge in unserem täglichen Leben gibt, die die Möglichkeiten unseres gewohnten Verstehens übersteigen, sei es die Finanzkrise, sei es die Energiesucht, sei es das Wesen der Digitalität. Um solches zu verstehen, ist ein anderes Denken nötig. Nur ist mit dem nicht zu rechnen. Zu rechnen jedoch ist mit Modellen und mit dem Denken in ihnen.

In den fünfziger Jahren des vergangenen Jahrhunderts schreibt Karl Jaspers: «Wer er selbst ist, will wissen, was wißbar ist... Das Nichtwissenwollen ist selber das Unheil.»[3] Heute können wir uns fragen, ob es nicht eine Art von Nichtwissenwollen ist, die am Ursprung unserer Krise steht. In diesem Sinne war und ist die leitende Frage der gesamten Überlegungen zu dem hier skizzierten Verständnis der Globalisierung: Was müssen wir von unserer Geschichte selbst wissen, um durch sie soviel von unserer Gegenwart zu begreifen, daß sich freie Ausblicke für unsere Zukunft eröffnen?

Für einen anhaltend klärenden Gedankenaustausch in diese Richtung danke ich meiner Frau K. Kirchhofer.

---

[3] K. Jaspers, *Die Atombombe und die Zukunft des Menschen*, München, 1958, S. 24.

Modellhaft

Nach der Notlandung eines Transportflugzeuges in der Sahara finden sich dessen Insassen in der endlosen Sandwüste abgeschnitten von der Welt. Da die Maschine zwar ramponiert, aber nicht völlig zerstört ist, beginnt einer der Überlebenden, ein Flugzeugkonstrukteur, mit Berechnungen, um aus den noch funktionstüchtigen Teilen ein Ersatzflugzeug zu bauen. Am Ende heftiger Auseinandersetzungen über Sinn und Gelingen eines solchen Vorhabens wird der Bau beschlossen. Als der schon fast beendet ist, erfahren zwei der Festsitzenden eher zufällig, daß dieser Konstrukteur beruflich Modellflugzeuge entwirft. Die beiden sind fassungslos, ja entgeistert, verheimlichen den anderen aber diesen Sachverhalt, um das Unternehmen nicht aufs Spiel zu setzen. Dieser Moment der Fassungslosigkeit und Bestürzung ist wohl eine der packendsten Szenen in Robert Aldrichs Film *Der Flug des Phoenix* von 1965.

Warum aber ist der Gefühlsausbruch irren Lachens, von dem da einer der beiden gebeutelt wird, so gut zu verstehen? Ja warum identifizieren sich viele Zuschauer sogar mit ihm? Weil ein Modell den konkreten Anforderungen und der Belastung des echten, wirklichen Flugverkehrs nicht standhalten kann, und weil das Fliegen wirklicher, konkreter Personen- oder Transportflugzeuge, besonders aber zur Rettung aus einer solch lebensbedrohlichen Lage, keine Freizeitbeschäftigung oder Spielerei ist, sondern eine gründliche Ausbildung verlangt, da gerade hier schon der kleinste Fehler den Tod bedeuten kann. Das ist beim Modellflug nicht der Fall.

Auch wenn am Ende die Rettung gelingt, gewinnen die Formeln der Aerodynamik dadurch nicht auch schon an vertrauenerweckender Anschaulichkeit, so richtig sie auch sein mögen. Das bodenständige Gespür, das in dieser prekären Situation eine absurde und groteske Kluft zwischen einem kleinen Modell- und einem großen, einsetzbaren Nutzflugzeug empfindet, ist jenem Ingenieur allerdings fremd. «Er hat uns nicht mal etwas vorgemacht», sagt der Flugnavigator, «er glaubt tatsächlich, das sei kein Unterschied.» Für ihn ist beides «im Prinzip dasselbe», denn auch ein Modellflugzeug dokumentiert schließlich die universelle Richtigkeit und Gültigkeit von naturwissenschaftlichen Gesetzen. Und schon deshalb klärt er seine beiden Gesprächspartner darüber auf, daß die englischen Ingenieure Henson und Stringfellow es waren, die mit ihren Modellen um die Mitte des 19. Jahrhunderts der gesamten Fliegerei den Weg bahnten.[4]

Nun sind Modelle keineswegs nur verkleinerte Nachbauten von großen, wirklichkeitstauglichen Originalen, sondern können umgekehrt auch Vorläufer sein von Apparaten und Maschinen, die deren optimierte Weiterentwicklung sind. Ebenso können sie, wie zum Beispiel das Atommodell in Brüssel, riesige Vergrößerungen von winzigen Dingen sein, die wir mit dem bloßen Auge nicht sehen können. Überhaupt dienen Modelle – seien sie materieller, sprachlicher oder mathematischer Natur – dazu, dem Erklären und Planen etwas sichtbar und damit vorstellbar zu machen, was dem Vorstellen sonst nicht zugänglich wäre. Demzufolge werden sie Ausgangspunkt für so manchen Versuch, die Welt und Dinge und Menschen zu verstehen. Ob in Mode, Wissenschaft, Kunst oder Wirtschaft, Modelle bestimmen heute zunehmend die Wirklichkeit. Demzufolge wird dann die Welt selber irgendwie auch schon modellhaft.

Da das Modelldenken unser Weltverständnis schon recht weitgehend erobert hat, ist die Vermutung durchaus naheliegend, daß es auf irgendeine Art auch an unserer immer noch andauernden Wirtschafts- und Finanzkrise beteiligt ist. In dieser Perspektive muß dann sicher auch das Hauptthema des 42. Weltforums für Wirtschaft in Davos[5] gelesen werden: *The Great Transformation: Shaping New Models* – Die große Umformung: die Gestaltung neuer Modelle. Wo neue Modelle nötig werden, sind alte offenbar untauglich geworden. Darum wohl zeigte sich der Leiter eines Globalunterneh-

---

[4] «Eine Serie von Experimenten ist kürzlich unter einem immensen Zelt in Cremorne Gardens, London, gemacht worden von einem Mr. Stringfellow – ein ausgezeichneter Name für Anspannung. Der Erfinder durchschreitet die Lüfte mittels einer Maschine, die sich selbst trägt und vorwärtstreibt durch das umgebende Medium. Die Maschine erregte beachtliche Aufmerksamkeit und überraschte alle Zuschauer mit ihrer großartigen Leistung. Die nächste Expedition, die von der britischen Regierung ausgerüstet wird, um den Niger und das Land zu erkunden, durch das sich sein schleppender pestträchtiger Weg windet, sollte diesen Mr. Stringfellow mit einigen seiner Maschinen einstellen, um einen Erkundungsflug zu machen, ohne daß sie mit ihren Absätzen in Schlamm oder Wasser steckenbleiben.» *An Air Navigator*, New Inventions, in: Scientific American, Volume 4, Issue 1, p. 4 – Scientific American, inc. etc. September 23, 1848 New York.

[5] World Economic Forum, Davos, 25. – 29.01.2012.

mens[6] auf der einleitenden Pressekonferenz zu jenem Forum sehr gespannt («energized») auf die neuen Modelle, die bei diesem Zusammentreffen herauskommen sollten. Nach Hinweisen auf die Dringlichkeit, die Ernährung der Menschheit besonders auch in der Zukunft zu sichern, schloß er seine Stellungnahme augenzwinkernd mit einem Zitat von Einstein, der gesagt habe: «Dummheit ist, immer und immer wieder dasselbe zu versuchen und dabei auf neue Resultate zu hoffen.»

Was aber, wenn hier die Wirtschaft – und nicht nur sie – versuchen würde, immer und immer wieder durch den Einsatz ständig neuer Modelle zu Resultaten zu kommen, in der Hoffnung, auch die seien neu? Ein Hinweis zur Beantwortung dieser Frage findet sich wieder bei Einstein, der sagt: «Man kann ein Problem nicht mit den gleichen Denkstrukturen lösen, die zu seiner Entstehung beigetragen haben.»[7] Müßte aber dann angesichts solch dennoch unternommener Versuche, die wirkliche Welt immer und immer wieder über Modelle zu steuern, nicht wenigstens die halbe Menschheit in ein irres Gelächter ausbrechen? Dazu wird es nicht kommen.

Das Verhältnis zwischen zwei Arten von Flugzeugen ist nämlich *wesentlich* anders als das, was zwischen einem Wirtschaftsmodell und dem konkret handelnden Alltagsleben besteht. Zwar gelten physikalische Gesetze für beide Fluggeräte, ihren Sinn aber haben die beiden in einem jeweils anderen Gebiet, dem des konkreten Flugverkehrs und dem der Simulation. Das bodenständige Gespür versteht unmittelbar die unermeßliche Kluft zwischen dem direkt vor einem im Wüstensand liegenden, robusten Transportflugzeug, das dem umtriebigen Geschäftemachen dient, und dem handlichen Modellflugzeug, das in den Bereich der Freizeit oder des Experiments gehört. Nun hat das Verhältnis zwischen einem *Modell* der Wirtschaft und der realen *Praxis* des Handelns nicht eine derartige gemeinsame Grundlage, wie sie etwa die Flugzeuge in der Aerodynamik haben, die ja dann auch zu deren augenfällig unterscheidbaren Gestaltungen führt. Ein vergleichbarer Unterschied zwischen Modellen der Wirtschaft und ihrem konkreten Handeln ist für das bodenständige Gespür nicht auszumachen. Das hat hier nichts zu lachen.

---

[6] Paul Polman, Chief Executive Officer Unilever, Pressekonferenz 25.01.2012. http://www.weforum.org/videos/opening-press-conference-annual-meeting-2012 [20.02.2013].
[7] http://www.janko.at/Zitate/Autoren/Einstein.htm [22.01.2013].

Viele wissenschaftliche Modelle, und besonders auch die der Betriebs- und Volkswirtschaft, sind gerade keine Gesetze, wie sie etwa die Aerodynamik bzw. die Aerokinetik kennt. Bestimmungen im Horizont von Modellen haben nicht die Sicherheit, die sich auf eine *Notwendigkeit* methodischer Erkenntnis gründet und sind darum nicht so zwingend wie die eines Gesetzes. Sicherheit aber ist in der Wirtschaft von größter Bedeutung, wenn es darum geht, zu planen: je sicherer die Planung, desto günstiger Kredite etc. Aus diesem Grunde orientiert sich die Wirtschaft an einer Wissenschaft, die geradezu zum Vorbild für moderne Wissenschaftlichkeit überhaupt geworden ist, an der mathematischen Physik.

Die spätestens mit Galilei einsetzende Mathematisierung der Naturforschung hat nicht zuletzt zu den bekannten Erfolgen der Technik geführt, ohne die unsere Welt nicht mehr vorzustellen ist. Dieser Erfolg aber verdankt sich der Sicherheit, die physikalische Gesetze verbürgen. So hat schließlich eine Physikalisierung der Wirtschaftswissenschaften[8] begonnen, die längst nicht abgeschlossen zu sein scheint. Sicherheit sollen jetzt Modelle verschaffen, die dem Funktionieren des Handels und des Handelns überhaupt gelten. Das, was an ihnen berechenbar ist, soll festgestellt und möglichst in Formeln gefaßt werden. Auf diese Weise werden, ähnlich wie in der Physik die Natur, jetzt Handel und Handeln so weit wie möglich mathematisiert.

Da gibt es zum Beispiel Modelle des Konsumentenverhaltens. Sie dienen, wie erwähnt, der Planungssicherheit vor allem von Unternehmen. Konsument oder Verbraucher heißt da der Kunde. So selbstverständlich der Begriff des Konsumenten auch sein mag, so vielsagend ist er doch auch in Bezug auf die Weltsicht des Verbrauchs, die sich in ihm ausspricht. Man will dem Verhalten des Konsumenten gleichsam auf die Schliche kommen. Vorausgesetzt wird dabei, daß dieses Verhalten von Entscheidungen geleitet ist, zu denen ein mentaler Vorgang geführt hat. Der ist von bestimmten Umständen und Gegebenheiten beeinflußt, und das wirkungsvoll. Jenem mentalen Vorgang, in dem es zur Entscheidung kommt, gilt dabei besonderes Interesse. Vorgang – das ist eine Bewegung in der Zeit, und zwar von irgendwoher irgendwohin. Kaufen ist jetzt ebenso wie das Fallen eines Apfels vom Baum auf die Erde ein Vorgang und muß somit irgendwie meß-

---

[8] Vgl. hierzu die äußerst aufschlußreiche Darstellung von Karl-Heinz Brodbeck: *Die fragwürdigen Grundlagen der Ökonomie – Eine philosophische Kritik der modernen Wirtschaftswissenschaften*, Darmstadt 2009[4].

bar sein, daher zählbar und dann berechenbar. Wenn es aber heißt, dieser Vorgang der Entscheidung sei mental, wie steht es dann eigentlich mit seiner Meßbarkeit, ist doch gerade das Mentale mit unseren Sinnen *nicht als solches* wahrnehmbar, weshalb es *in ihm selber* ja auch nichts gibt, an das ein physischer Maßstab angelegt werden könnte, um Zählbares daran abzulesen. Was ist dann dieses Mentale, von dem das Kaufverhalten bestimmt wird? Etwas Geistiges, oder etwas Psychisches, vielleicht sogar Seelisches? Das bleibt in solchen Modellen völlig unbestimmt, da gar nicht erst danach gefragt wird, obwohl jenes Mentale doch ausschlaggebend sein soll für die Entscheidung des Konsumenten, die hier im Mittelpunkt des Interesses steht.

Nun setzen Modelle dieser Art weiter voraus, daß jenes mentale Irgendwas, das *selber nicht* meßbar ist, sich gleichwohl *irgendwie* physisch äußert, und daß diese physische Äußerung durch eine Zergliederung in Maßgrößen, sogenannte Parameter[9], dann meßbar sei und damit jenes Mentale, wenn auch nur indirekt. Anstatt Mentales zu *denken*, wie es allein angemessen wäre, bleibt es selber ungedacht und wird als solches dann auch fallen gelassen. Von ihm wendet sich das Interesse ab und an seiner Stelle materiellen Sachverhalten zu, die als Prothese fungieren. Daß durch den Einsatz von Prothesen im Sport mittlerweile Leistungen von Behinderten erbracht werden, die die von körperlich intakten Sportlern übertreffen, sei hier nur in diesem Satz erwähnt.

Gleich wie, quantitative Maßgrößen werden festgelegt, an denen wahrnehmbare Prozesse eines Verhaltens vermessen werden. Die so erhobenen Daten werden registriert und inventarisiert, um schließlich nach ihrer Auswertung Faktoren eines zielgerichteten Rechenprozesses zu werden. Dessen Ergebnisse, die möglichst Konstanten aufweisen sollen, dienen dazu, einzelne Parameter des Konsumentenverhaltens in konkrete Einzelplanungen einzubeziehen. Da das so erfaßte Verhalten des Konsumenten von Beginn an als ein Vorgang betrachtet wird, der berechenbar sein soll, kann auch es selber planbar und im Idealfall einer Steuerung unterzogen werden. Somit scheint es durch einen derartigen Modellansatz möglich zu werden, mental getroffene Entscheidungen eines Käufers doch noch mit der Sicherheit ei-

---

[9] In diesem Beispiel etwa empiristisch-statistisch erfaßte Parameter wie Bewertungskriterien der Ware, erweiterte Kenntnis konkurrierender Produkte, Intensität des Interesses an einem Gut, Neugierde auf unbekannte Angebote etc.

nes mathematischen Kalküls zu erfassen, wenn auch nicht mit der Sicherheit eines naturwissenschaftlichen Gesetzes.

Doch wie man in der Medizin die Heilung nicht immer unmittelbar planen kann, da ein ursächlicher Eingriff nicht jedesmal möglich ist, so ist dies beim mentalen Verhalten von Konsumenten und Wählern noch weniger der Fall. Dennoch gehen solche Modelle grundsätzlich überall von ursächlichen Zusammenhängen aus, d. h. daß *alles*, was es gibt, irgendwie auf eine Ursache zurückzuführen ist, die es bewirkt hat. Ja ohne diese Voraussetzung ist berechnendes Planen da gar nicht möglich. Das bedeutet allerdings auch, daß bereits das Verhalten des Käufers selber unter dem Blickwinkel ursächlicher Verhältnisse bzw. der Kausalität betrachtet wird. Ob es mit der Kausalität aber überhaupt möglich ist, das Verhalten eines Menschen angemessen zu verstehen, vermag da niemand zu sagen, weil sich schon im voraus niemand um ein Wesensverständnis der Kausalität bemüht hat. Daraus kann nur ein Schluß gezogen werden, nämlich der, daß es hier gar nicht um ein solches Verständnis geht.

Vom Kaufen selber habe ich durch solche Berechnungen also nahezu nichts verstanden, denn die Verhältnisse und Bezüge, die seinen *Sinn* ausmachen, sind nicht mathematischer Natur. Darum sei hier ein letztes Mal Einstein zitiert. Er sagt: «Die Mathematik handelt ausschließlich von den Beziehungen der Begriffe zueinander ohne Rücksicht auf deren Bezug zur Erfahrung.»[10] In unserem Zusammenhang heißt das, daß der Preis, der zu zahlen ist, um etwas Geistiges einer Berechenbarkeit zuzuführen, eben jene Rücksichtslosigkeit ist, die die Mathematik hinsichtlich der Erfahrung an den Tag legt. Das Zwingende mathematischen Denkens verdankt sich einer Selbstbezüglichkeit, auf die sich jeder, der auf eine solche Sicherheit aus ist, einstellen muß. Dies ist der Fall auch noch im Modell des Konsumentenverhaltens.

Mathematisches Kalkül darf auf die Welt der Erfahrungen keine Rücksicht nehmen, da die Gesetze logischer Schlüsse nur unter Ausschluß jener Welt ihre unerschütterliche Verbindlichkeit haben. Mit ihrer Macht können sich unsere Erfahrungen allerdings nicht messen, sie sind ihr nicht gewachsen. Und das schon deshalb nicht, weil diese Macht, um so gewaltig zu sein, wie sie ist, sich jede Erfahrung von Gedeihen, Blühen und Vergehen, kurz den Erfahrungen lebendigen Wachstums, vom Leibe halten muß. Im eingangs erwähnten Film haben sowohl das irre Lachen des Flugnavigators als auch

---

[10] a. a. O.

die emotionslose Neutralität des Ingenieurs gemeinsam ein und denselben Grund: die Macht der Welt- und Erfahrungslosigkeit mathematischen Kalküls.

Wer aerodynamische, und d. h. eben auch physikalische Gesetze, richtig anwendet, der kann seines Erfolges recht sicher sein. Nicht so beim Modell, wo es höchstens eine Wahrscheinlichkeit des gewünschten Erfolgs gibt, wo aber nicht unbedingt damit gerechnet werden kann. Denn Modelle sind geradezu Zwitterwesen, sie sind weder streng mathematisch noch erfahrungsgegründet, weder verbürgen sie die Sicherheit logischer Rechengesetze, noch beruhen sie auf bewährter, unmittelbarer Lebenserfahrung. Ebenso bieten sie nicht die rigorose Strenge einer wissenschaftlichen Erfassung von Phänomenen und führen erst recht nicht zu deren sachlichen Wesensverständnis.

Wie nun können Mathematik und Erfahrung in einem Modell aufeinandertreffen? Aus einem Gegensatz heraus, und zwar dem zwischen einer Kenntnis aus bloßer Erfahrung, die den alltäglichen Umgang mit den Dingen bestimmt, und der theoretischen Erkenntnis abstrakter Strukturen. *Die Mathematik soll helfen, Erfahrungen vernünftig zu strukturieren.* Sie soll so Verknüpfungen und Bezüge auftun, zu denen die einfache Erfahrung nicht kommt. Und weshalb soll sie das? Weil die bloße Erfahrung oder, um es mit Aristoteles zu sagen, die *Empirie*, «nur das Daß kennt, nicht aber das Warum.»[11]

Ein *empeirós* ist jemand, der kundig ist, der sich durch Übung und Einsicht in einer Sache auskennt und sie daher auch mit der entsprechenden Geschicklichkeit handhabt. So kann ein Kaufmann durch Erfahrung ein gutes Gespür und Verständnis für einen Kunden haben und wissen, *daß* dieser oder jener Hinweis ihn vermutlich zu einem Kauf bewegt, aber er kennt nicht die allgemeinen Ursachen, die ausschlaggebend sind für Kaufentscheidungen. Da solche Erfahrung eine Sache nicht in ihren Grundzügen begreift, ist sie nie ganz frei von Zufall und somit auch ihrer Ergebnisse nicht ganz sicher.

Später dann, mit dem Beginn der Neuzeit, wird der Sinn der Erfahrungen nicht mehr bloß im Handeln des Alltags gesehen, sondern ‚erfahren' kann von nun an darüber hinaus heißen, gezielte Beobachtungen anzustellen, die systematisiert und wissenschaftlich auf ihre Bedingungen untersucht werden. So fragt jetzt die Forschung: welche Fakten sind zu beobachten (erfah-

---

[11] Aristoteles, *Metaphysik*, 981a 29.

ren), von denen aus auf die Bedingungen geschlossen werden kann, die einem bestimmten Verhalten, oder einer Reaktion wie der des Konsumenten voraufgehen? Durch die Funktionalisierung der Empirie des Alltags zu einem methodischen Empirismus, den erst die neuzeitliche Wissenschaft ausbildet, wird das Modelldenken in all den Varianten möglich, die wir heute kennen. Seit gut zweihundert Jahren nun gilt es für selbstverständlich, daß der Empirismus ein eigenständiger Zweig der Wissenschaft ist, wenn nicht sogar zusammen mit der formalen Logik ein maßgeblicher. Doch angesichts der weitreichenden Krise, die die Entscheidungen in Politik und Wirtschaft, ja einer ganzen Gesellschaft bannt, kann und darf auf Selbstverständlichkeiten des Modelldenkens nicht fraglos zurückgegriffen werden.

Daß Empirismus es mit planmäßiger Beobachtung zu tun hat, ist wissenschaftlich ein Allgemeinplatz. Und worauf zielt solche Beobachtung? Letztlich darauf, Bedingungen und Ursachen aufzudecken, die verantwortlich dafür sind, daß eine Sache oder Situation ist, wie sie tatsächlich ist. So forderte und versprach eine ehemalige Ministerin für Wirtschaft und Arbeit und spätere Direktorin des Internationalen Währungsfonds in einem Vortrag zum Thema „Globale Wirtschaftskrise – Neue Balance zwischen Unternehmertum und Gemeinwohl?"[12], daß sie Ursachenforschung betreiben wolle, um besagte Krise zu bewältigen. Geforscht wird dort gewöhnlich nach den Ursachen in Statistiken, die durch gezielte Beobachtung von Momenten der globalen Wirtschaftslage zusammengestellt werden. Durch sie soll eben diese Lage in ihren Bedingungen erklärt werden. Kennt man aber erst einmal die Bedingungen, auf die diese Krise zurückgeht, kann man versuchen, sie auszuräumen und die Krise auf diesem Wege zu überwinden. Die Frage ist nur, ob es denn dem Empirismus auch aus seiner eigenen Verfassung heraus möglich ist, den eigentlichen Grund der Krise auszuloten und zu einem Fundament zu kommen, auf dem vielleicht stabile Verhältnisse für die Weltwirtschaft errichtet werden können. Diese Frage zielt auf den Kern der Krise und damit zugleich auf den des Modelldenkens. Schon eine bloße Ahnung vom Ausmaß der Krise müßte alle ernsthaften Kräfte wecken, nach Möglichkeiten zu suchen, sie zu bestehen. Wer aber nichts als das Modelldenken kennengelernt hat, wird sich auch nur innerhalb dieses Horizontes bewe-

---

[12] Christine Lagarde, „Global Economic Crisis – Finding a New Balance Between Entrepreneurship and Common Welfare", Düsseldorf, 18.06.2009, Baker u. Mc. Kenzie Veranst. http://www.bakerforum.de/index.php?id=36 [19.02.2013].

gen, denn ein Modell, das Modelldenken in Frage zu stellen, gibt es nicht und kann es nicht geben.

Führt empiristische bzw. methodische Beobachtung zum Warum von etwas, also auch zum Warum der Krise? Sie führt zur *Erklärung von Bedingungen* für unseren Verstand, nicht aber zu einem *Verständnis des Seinsgrundes* durch Vernunft. Zwischen beiden klafft ein himmelweiter Unterschied. Denn Empiristik kann zwar durch eine Verkettung von Bedingungen funktionale Zusammenhänge erkennen, nicht aber zu einer Einsicht in das Wesen des Seins gelangen. Diese Einsicht wird dementsprechend von Empiristen als illusorisch und irrig, ja unmöglich abgelehnt. Zu meinen, es handle sich hier um einen theoretischen Streit unter Wissenschaftlern, die den abseits von der wirklichen Praxis miteinander austragen, heißt, die maßgebliche Macht, die Wissenschaft in unserer heutigen Welt hat, arglos zu verkennen. Es sind solche Auseinandersetzungen in den Wissenschaften, die richtungweisend sind für *unser* Verhältnis zur Welt und ihr Verständnis. Aus diesem Grunde müssen gerade von außerhalb der Wissenschaften Fragen an sie gerichtet werden, die ihrem Denkstil gelten, wie etwa dem in Modellen. Auf ein solch fundiertes, kritisches Fragen zu verzichten, käme dem Verzicht auf eine mögliche Einsicht in die Gründe der heutigen Finanz-, Wirtschafts- und Gesellschaftskrise gleich. Die Entscheidung über diesen Verzicht liegt bei uns.

Eine Sache wissenschaftlich zu verstehen bedeutet heute meistens, durch Beobachtung die Bedingungen aufzufinden, mit denen sie erklärbar wird. Will man nun aber tiefergehen und die Bedingung selber erklären, der sich diese Sache verdankt, dann sucht man jetzt danach, wodurch jene Bedingung *ihrerseits bedingt* ist, d. h. nach *deren* Bedingung. Das klingt abstrakt und verwirrend, weil seltsam monoton. Dieser Eindruck trügt auch nicht, denn er faßt durchaus einen Moment des wissenschaftlichen Betriebs. Ein herausragendes Beispiel für den endlosen Rückgang auf die Bedingung der Bedingung der Bedingung etc. ist die Suche nach der sogenannten Weltformel und das Bestreben, den Urknall zu berechnen. Bei diesem Forschen schwebt der Verstand, um es mit Kant zu sagen, bei seinem «rastlosen Aufsteigen vom Bedingten zur Bedingung, jederzeit mit einem Fuße in der Luft.»[13] Wie aber steht es dann mit der Sicherheit, die die Praxis des Planens in Wirtschaft und Politik verlangt? Immerhin greifen ihre Modelle auf Er-

---

[13] I. Kant, *Kritik der reinen Vernunft*, Der Antinomie der reinen Vernunft, Dritter Abschnitt, Von dem Interesse der Vernunft bei diesem ihrem Widerstreite, Ausg. B, S. 495.

22

klärungen zurück, die empiristische Beobachtungen liefern oder oft auch nur vermuten lassen. Hier deckt Kant den Mangel des Empirismus hinsichtlich einer in sich ruhenden, verläßlichen Erkenntnis auf, denn dessen Voraussetzungen seien «von der Art, daß sie die Vollendung eines Gebäudes von Erkenntnissen gänzlich unmöglich machen»[14], und dies deshalb, weil er «nirgend ein Erstes einräumt und keinen Anfang, der schlechthin zum Grunde des Baues dienen könnte ...»[15] Auf diese Weise wird Nachhaltigkeit jeder Art prinzipiell vereitelt und trotzdem öffentlich als Ziel vorgegeben und behauptet.

Ein Modell – ist das nicht auch ein Gebäude, ein Bau mit einer eigenen Architektur bzw. Konstruktion? Gerade jedoch ein *sicheres* Gebäude von Erkenntnissen vermag der Empirismus nicht zu errichten, da er sich einem ersten, unbedingten Grund prinzipiell versagt. Beobachtungen, und seien sie methodisch noch so streng und systematisch, können das Denken der Phänomene nicht ersetzen. Allerdings kommt nur dieses Denken ihnen auf den Grund. Der Unterschied zwischen planmäßiger Beobachtung und ergründendem Nachdenken ist, wie gesagt, himmelweit. Er entspricht dem von Funktion und Fundament, und dementsprechend ist Modelldenken funktional, nicht aber fundamental. Recht vereinfachend kann daher gesagt werden: mit unserem Denkvermögen *denken* wir Ideen, dagegen können wir unsere Augen und Ohren u. a. dazu benutzen, Dinge und Gegenstände zu *beobachten*. Beides gehört natürlich zusammen und bildet eine Einheit. Sie aus dem Blick zu verlieren kann in eine Krise führen, da man dann auch den Sinn der Sinne und den des Denkens in ihrem wesenhaften Zusammenspiel nicht mehr versteht. Die jetzige Wirtschafts- und Finanzkrise gründet in einer Krise des Verstehens.

Es ist darum auch keine intellektuelle Attitüde, die sich in einem Rückgriff auf Kant zu einem theoretisch-unrealistischen Kommentar in Bezug auf die aktuelle Krise versteigt, sondern die Einsicht, daß eben diese Krise ihren eigentlichen Grund in einem Verstehen hat, *das jederzeit mit einem Fuße in der Luft schwebt*, diese Einsicht ist ein äußerst konkretes Bemühen, die Krise überhaupt erst einmal realistisch zu fassen zu bekommen. Gerade das aber unterbindet das Denken in Modellen. Wenn man, und sei es nur spielerisch und unverbindlich, die Möglichkeit erwägt, der Befund von Kant sei zutreffend, d. h. daß die heute *herrschende* Art des Verstehens fortwährend mit

---

[14] *ibidem*, S. 502.
[15] *ibidem*.

einem Fuß in der Luft schwebt, dann ist sie ganz sicher in dieser Flüchtigkeit auch nur schwer zu fassen. Eine der größten, ja vielleicht die entscheidende Frage hierbei ist, ob sich ein Verstehen, wie es sich im Modelldenken einrichtet, denn selber überhaupt grundsätzlich einsichtig werden kann. Aber wenn es schon herrscht, dann genügt doch die Herrschaft. Und es scheint sich in der Tat auch mit ihr zu begnügen und vornehmlich auf Macht aus zu sein.

Wer wirklich an den Gründen der Krise interessiert ist, kann natürlich nicht dabei stehenbleiben, die mangelnde Bodenhaftung der herrschenden Weltsicht festzustellen. Denn ihre Gründe sind jetzt gerade erst zu ahnen. Wer andererseits da tiefergehend weiterfragt, vertut dann vielleicht doch wertvolle Zeit, die so eben nicht dem praktischen Krisenmanagement gewidmet werden kann. Hier beißt sich die Katze allerdings in den Schwanz: da sich ein solches Management nicht die Zeit nimmt, sich über die Grundzüge seines eigenen Verstehens klarzuwerden, wird es sich weiterhin in jenen Strukturen bewegen, in denen es sich auskennt, und d. h. heute, im Modelldenken – es dreht sich im Kreis.

Worin besteht, ganz direkt gefragt, diese Krise konkret? Nicht zuletzt in einer Überschuldung, deren Ende nicht abzusehen ist. Um hier nicht das kurzlebige Geschäft von Eintagsfliegen zu betreiben, müßte zunächst u. a. auch die Frage gestellt werden: Wer oder was ist letztlich schuld an den Schulden? Die Formulierung ,schuld an den Schulden' ist kein hohles Wortspiel, sondern schon ein Hinweis in die Richtung, in der eine fundamentale Antwort auf diese Frage zu suchen ist. Und wer von Schulden spricht, kommt nicht umhin, auch von Kredit zu sprechen und sich am Ende zu fragen, was dessen Wesen eigentlich ausmacht. So sehr eine erschöpfende Antwort auf diese Frage immer noch aussteht, so läßt sich doch mittlerweile die ungeheure Macht seines Prinzips erahnen, denn es hat nicht nur die Welt der Finanzen erfaßt. Was dort zu sehen ist, ist lediglich die Spitze eines Eisbergs.

Nicht nur wo jemand kein Geld hat, aber gern welches hätte, kann unter gewissen Bedingungen ein Kredit eingesetzt werden, sondern ganz allgemein kann Kredit an die Stelle treten, wo *irgend etwas nicht* ist, aber vielleicht doch sein sollte. Der Kredit springt ein, wo etwas faktisch nicht gegeben ist und gibt so vor, es könne dennoch sein. Gerade diesem Prinzip aber folgt der Empirismus bei seinem Vorgehen, indem er zwar zu gewissen Bedingungen kommen kann, durch die eine Sache erklärbar wird. Doch sind diese Bedingungen kein erster tragender Grund, sondern selbst wiederum

24

zu Lehen weiterer Bedingungen. Dieser Prozeß ist endlos. Der Empirismus muß für seine Erklärungen immer und immer wieder Erklärungskredit bei einer vorhergehenden Bedingung aufnehmen und für diese wieder einen weiteren. Streng genommen können die Erklärungen aus Empirismus durchaus als (wissenschaftliche) Derivate bezeichnet werden. Er muß sich in und mit dieser unendlichen Bewegung einrichten, da das, was durch seine Beobachtung feststellbar ist, einen schlechthin ersten Grund nie zu Gesicht bekommt. So zeigt sich das Suchen nach immer neuen Modellen als eine Reaktion auf die unverstandene Unmöglichkeit, mit den Mitteln des Empirismus zu grundlegenden Antworten zu kommen.

Wie nun dieses Sicheinrichten geschieht, beschreibt wiederum Kant, und zwar folgendermaßen: «So aber, wenn der Empirismus in Ansehung der Ideen (wie es mehrentheils geschieht)... dasjenige dreist verneint, was über der Sphäre seiner anschauenden Erkenntnisse ist, so fällt er selbst in den Fehler der Unbescheidenheit, der hier um desto tadelbarer ist, weil dadurch dem praktischen Interesse der Vernunft ein unersetzlicher Nachtheil verursacht wird.»[16] Was hier als unersetzlicher Nachteil für das praktische Interesse der Vernunft gesehen wird – es sei kurz wiederholt: für das *praktische* –, ist die Verneinung der Sphäre der Ideen und des denkenden Ergründens. Weder wird heute ein unersetzlicher Nachteil empfunden, noch die fundamentale, den Empirismus übersteigende Sphäre rein zu denkender Ideen vermißt. Das bedeutet schlicht und einfach, daß jene Verneinung, die ergründendem Denken gilt, sich durchgesetzt und immer freieres Spiel hat. Ihr entschiedener Siegeszug setzte zu Beginn des neunzehnten Jahrhunderts ein. Deshalb kann heute auch kaum noch jemand etwas von dem dadurch entstandenen Schaden im Verstehen der Welt und der Praxis in ihr wissen. Zur aktuellen Gestalt dieses Schadens gehört unsere Krise.

Schillernd und zum Teil belächelt ist nun eine Formulierung, in der ein früherer Hinweis steckt auf das Schwinden des Verständnisses jener Sphäre des Gedankens, ein Schwinden, das sich, wenn auch eher noch unscheinbar, schon in der zweiten Hälfte des achtzehnten Jahrhunderts meldet. Die Formulierung stammt von niemand geringerem als dem schottischen Ökonomen Adam Smith, dessen Schriften auch Kant gelesen hatte. Geradezu weltberühmt ist sein Ausdruck von der *invisible hand*, der *unsichtbaren Hand*,

---

[16] ibidem, S. 499.

der sich in seiner *Untersuchung der Natur und der Ursachen des Wohl-
stands der Nationen* von 1776 findet[17].

An jener Stelle spricht Smith vom Individuum, das in seinen geschäftigen
Bemühungen auf Sicherheit aus ist, und das mit ihnen beabsichtigt, den
größtmöglichen Gewinn für sich zu erzielen. Bei der Verwirklichung dieser
Absicht befördert es, allerdings ohne davon zu wissen, nicht nur seine eigenen Zwecke und Interessen, sondern zugleich die der ganzen Gesellschaft. In irgendeinem Sinne altruistisch, zwar unwillentlich und ohne es zu
bemerken, wird das Individuum bei seinem Streben nach eigenem Gewinn
also obendrein noch von jener unsichtbaren Hand dahingehend geführt,
der gesamten Volkswirtschaft von Nutzen zu sein. Wo Smith sich in Gestalt
der Hand eine eingreifende und lenkende Instanz nicht nur einfach vorstellt,
sondern, um die Wirklichkeit handelnder Individuen zu verstehen, sich diese
Instanz, die ganz und gar unsichtbar ist, aus *sachlichen* Gründen vorstellen
muß, da ist der Empirismus, weil es hier tatsächlich für seine Beobachtung
nichts zu sehen gibt, mit seinem Latein am Ende. Das aber wird er weder
sich noch sonst jemandem je eingestehen.

Darum auch schreibt Kant, daß er «dreist dasjenige verneint, was über der
Sphäre seiner anschauenden Erkenntnisse ist». Dreistigkeit ist hier nicht einfach in moralischer Hinsicht gesagt, denn aus seiner eigenen Geschichte heraus spricht das Wort ‚Dreistigkeit' von Drang und von Drängen. Empirismus
verschafft sich Platz, indem er anderes aus dessen Platz drängt und ihn für
sich beansprucht: dreist. In diesem Zusammenhang mag auch ein Ausdruck
gehört werden, der in der heutigen Globalökonomie schon zum gängigen
Vokabular zählt, es ist der Ausdruck vom *brutalen Verdrängungswettbewerb*. Aber zurück zu Adam Smith.

Die Leitung der unsichtbaren Hand ist nicht irgendeine in einer endlosen
Reihe von Bedingungen, sondern eine «schlechthin erste», der keine mehr
voraufgeht. Mit ihr visiert Smith ein konstitutives Moment im Bemühen und
Besorgen des Individuums an, das zu dessen Grundzügen gehört, und das
all sein Bemühen mitbestimmt. Da er nicht sichtbar ist, bleibt dieser Grund-

---

[17] «By preferring the support of domestic to that of foreign industry, he /the individual/
intends only his own security; and by directing that industry in such a manner as its
produce may be of the greatest value, he intends only his own gain; and he is in this, as in
many other cases, led by an invisible hand to promote an end which was no part of his in-
tention. Nor is it always the worse for the society that it was no part of it.» Adam Smith, *An
Inquiry into the Nature and Causes of the Wealth of Nations*, Penn State electronic classics
series publication, 2005, S. 364 f.

zug jedoch der «anschauenden Erkenntnis» verborgen. Und obwohl nicht sichtbar, vermeßbar und zählbar, ist seine Bedeutung dennoch entscheidend. Als unsichtbare gehört diese Hand eher in die Sphäre der Ideen, ist sie geistiger Natur. Entsprechend schreibt Smith an einer anderen Stelle: «Die geistigen Eigenschaften allein können sehr große Autorität verleihen; allerdings sind sie unsichtbar ...»[18] Daß die menschliche Gesellschaft, so Smith, sich stets schwergetan hat mit eben dieser Unsichtbarkeit, spricht nicht im geringsten dagegen, daß es derart Unsichtbares auch in Wahrheit gibt. Im Gegenteil, die Größe und Kraft gedanklicher Autorität verdankt sich wohl gerade auch ihrer Unsichtbarkeit. Die unsichtbare Hand ist eine solche Autorität und daher eine der Ursachen des Gemeinwohls, den *causes of the wealth of nations*, denen Smith's Untersuchung ja auch gilt.

In dieser Formulierung nun betrachtet er den Menschen als ein Individuum des Besorgens (*industry*), nicht jedoch, wie heute üblich, als einen *rational agent*, der eine Leitung, die außerhalb seiner Absichten liegt, in keiner Weise kennt. Wer dagegen vom Menschen als einem *rational agent* ausgeht, und damit unausdrücklich vom Maßstab der Effizienz, der wird die unsichtbare Hand im besten Fall als Notlösung für eine theoretische Schwäche anerkennen. Das kann zum einen dazu führen, angesichts dieser Schwäche, die ganze Idee der unsichtbaren Hand fallenzulassen. Zum anderen besteht aber auch die Möglichkeit, sich zu sagen, daß diese durchaus schwache Idee eine Stärkung verdient, daß in ihr womöglich mehr Wahrheit steckt, als in statistischen Erhebungen zum Altruismus, mit deren Daten schließlich die entsprechenden Modelle gefüttert werden. Schwach ist auch der Sprößling, aus dem einmal ein Urwaldriese wird. Diese Chance hatte die Idee von Smith nicht.

Es mag seltsam scheinen, aber an der Ächtung solcher Art von Ideen hatte Napoleon einen erheblichen Anteil. Sein Sieg im Kampf gegen die *ursprüngliche* ,Ideologie', die historisch jedoch zunächst nichts anderes sein wollte als eine Wissenschaft der Ideen, also eine buchstäbliche *Ideo-Logia*, dieser Sieg zeigt sich als äußerst nachhaltig, wenn ein früherer Kanzler zu seiner Zeit polemisieren konnte: «Wer Visionen hat, soll zum Arzt gehen.»[19] Mit seiner Verleumdung der historischen Ideologen und ihrer Ideen, so

---

[18] «The qualifications of the mind can alone give very great authority. They are however, invisible qualities; always disputable, and generally disputed. No society, whether barbarous or civilized, has ever found it convenient to settle the rules of precedency of rank and subordination, according to those invisible qualities.» *ibidem*, S. 580.
[19] Helmut Schmidt, im Bundestagswahlkampf 1980.

schwächlich diese auch gewesen sein mögen, wurde Napoleon zum Ahnherrn der ‚selbstbewußten' ‚Macher', deren Durchsetzungskraft eine gewisse Respektlosigkeit nicht fremd ist und deren Erfolge sie feiern. Nur ist die unsichtbare Hand keine Vision oder wirklichkeitsfremde Schwärmerei, vielmehr bekundet sich in ihr der allmähliche Schwund eines Verständnisses für fundamentale Sachverhalte und Autoritäten.

Nicht von ihr oder Ähnlichem läßt man sich darum heute lenken, sondern von Modellen und Navigatoren. Aber das Fassungs- und Orientierungsvermögen von Modellen ist nie grundlegend, sondern immer nur funktional, weshalb jedes Modell jederzeit mit einem Fuße in der Luft schwebt. Das bedeutet weiter, daß es grundsätzlich nie nur ein einziges Modell ein und desselben Sachverhaltes geben kann, denn sonst würde es sich um ein Gesetz handeln. Allerdings kann ein Modell treffender sein als ein anderes, weil zum einen sicherer im Erfassen und zum anderen schlüssiger in der Erklärung. So richtet ein Modell die Aufmerksamkeit und den Spürsinn auf naheliegende Funktionszusammenhänge, bzw. auf Funktionszusammenhänge, die *sich* nahelegen, nicht jedoch auf die Dinge selbst und die Wesensbezüge ihres Seins.

Was sich dem Spürsinn für Modelle nahelegt, das sind oft Steuerungs- und Organisationsmaßnahmen, die letztlich Maßnahmen der Bemächtigung sind. Dabei wird das, was *fundamental* sachlich und wesentlich ist, allzu oft durch das Modell und von ihm ausgeschlossen, und dann ist der auf Modelle ausgerichtete Spürsinn der wahre Konsument der Dinge, da er ihr Sein für seine Organisation gleichsam verzehrt. Mit ihrer Ausrichtung auf eine möglichst naheliegende Erfassung und Erklärung sollen Modelle der strengen Notwendigkeit von mathematisch formulierten Gesetzen entsprechen und damit auch deren Sicherheit.

Schweben der Empirismus und in seinem Gefolge die ihm verpflichteten Modelle jederzeit mit einem Fuß in der Luft, so mag man früher gehofft haben, diesen Fuß einmal zurück auf den Boden bringen zu können und einen festen Stand zu gewinnen, oder doch wenigstens dem anderen Fuß Standfestigkeit zu sichern. Davon wendet sich das jüngere Modelldenken weitgehend ab, indem es sich – um bei der Formulierung von Kant zu bleiben – entschieden bemüht, den zweiten Fuß auch noch in die Luft zu bekommen und ganz zu schweben. Dies geschieht dadurch, daß hier nicht mehr allein die endlose Methode der empiristischen Suche nach den Bedingungen der Bedingungen des Wirklichen eingeschlagen wird, sondern darüber hinaus das mathematisch abstrakte Erfassen einer konkreten Sache selber noch einmal mathematisch berechnet wird – in sogenannten Algorithmen. Dadurch wird zugleich das Verstehen mathematisiert, dessen Wesen bei diesem Vorgehen allerdings auf der Strecke bleibt.

Jetzt wird unser gewohntes Begreifen und Erfassen von Dingen und Situationen *herausgelöst* aus den Bezügen, die unserem Verstehen vertraut und geläufig sind, und es wird umgedeutet zu einem formalen Problem des Berechnens abstrakter Funktionen und Strukturen, zu einem Problem, das lautet: wie ist die mathematische Fassung des bewährten, unmittelbaren Begreifens von Sachverhalten in einer *erneuten* Abstraktion, und zwar der seiner *Funktionen*, wiederum mathematisch zu erfassen? *Solches* Erfassen ist jetzt die Hauptforderung, der ein Modell genügen muß, das die Berechnung möglichst aller Funktionen eines schon selber auf Berechnung hin angelegten Systems abstrakter Verstehenselemente verschaffen soll. Je vollständiger die Erfassung derartiger Funktionen durch ein Modell ist, als desto mächtiger gilt es. Für unser gewohntes, spontanes Verstehen der Dinge und Menschen um uns herum sind diese Stufen von Abstraktion dann ihrerseits nicht mehr zu fassen. Und hier nicht folgen zu können, ist nicht zwangsläufig ein Zeichen von Schwerfälligkeit, sondern wohl eher eines dafür, mit beiden Füßen auf dem Boden zu stehen. Wissenschaft sollte auch um die Grenzen ihres Geltungsbereichs wissen und ihn nicht ignorant für grenzenlos halten.

Wer zum einen im endlosen Verfolg der Bedingungen der Bedingungen realer *Gegebenheiten* auf keinen festen Grund kommt, und sich zum anderen in einem immer absetzenderen Formalisieren des *Erfassens* von deren Erfassen bis in die schwindelerregende Höhe modellierter Berechnungsberechnug aufschwingt, der schwebt allemal mit beiden Füßen in der Luft. Grund und Boden wäre eine Existenz im Alltag, die ihren Besorgungen entsprechend bodenständig nachginge. Der aber hat sich das Modelldenken schon weitgehend bemächtigt, und es drängt weiter vor. Einen solchen Alltag, dessen praktisches Handeln das Fundament wäre, von dem theoretische Aktivitäten ausgingen, gibt es bei uns kaum noch. Modelle jedenfalls können abgezogene Anschaulichkeit nicht wieder herstellen.

Je stärker das Modelldenken den Alltag prägt, desto bodenloser wird auch er und verschwebt schließlich selbst. Der modellgesteuerten Implementierung von Haltlosigkeit, die durch das funktionale Hochhalten von Werten nur verschleiert wird, ist auf diese Weise ein freier Spielraum gesichert. In dem müssen wir uns einrichten, und zwar u. a. nach den Maßgaben der Forderung von Mobilität und Flexibilität. Was aber der Wesensursprung dieser Forderung ist, weiß da keiner. Sie fällt wohl vom Himmel, das ist eben unsere Zeit mit ihrem globalen Konkurrenzkampf und ihren Zwängen. Solange es sich so verhält, muß dann allerdings von einer Diktatur des Modelldenkens gesprochen werden, die ebenso anonym wie mächtig ist. Nur haben wir uns bereits so an sie gewöhnt oder zumindest mit ihr abgefunden, daß wir schon gar nicht mehr nach ihr fragen. Im Gegenteil, sie ist unsere Selbstverständlichkeit geworden, und so sind progressiv diejenigen, die sie in vorauseilendem Gehorsam sozusagen unters Volk bringen.

Die folgende Äußerung eines führenden Funktionärs der deutschen Schulverwaltung mag dazu dienen, diese Sachlage zu verdeutlichen. Zwar kommt hier das Wort Modell nicht ausdrücklich vor, muß es auch nicht, da diese Überlegung sich von vorneherein in der Schwebe des Modelldenkens hält. Was da als ein «Umbau des Schulsystems» gefordert wird, entspricht durchaus dem Davoser Motto von 2012: «The Great Transformation. Shaping New Models».

In dem ein halbes Jahr vor dem Davoser Treffen erschienenen Artikel heißt es u. a.: «Je mehr Menschen Eigenverantwortung für ihre Karriereplanung sowie für ihre wirtschaftliche und soziale Absicherung übernehmen müssen, umso mehr müssen wir erwarten, dass Schulen Schülern helfen, sich in einer sich immer schneller verändernden Welt zurechtzufinden; sie auf Berufsfelder vorbereiten, die wir heute noch nicht kennen; ihnen helfen, Technologien zu nutzen, die erst morgen erfunden werden; und strategische Herausforderungen zu bewältigen, von denen wir heute noch nicht ahnen, dass es sie gibt.»[20]

Woher kommt jenes Müssen? In dieser Äußerung findet sich auch nicht der geringste Ansatz einer Frage danach, dafür aber ein unverstandenes, aktionistisches Sichdreinschicken in diesen Zwang. Schule heißt dort, junge Menschen zu ihrem Besten auf ein von Inhalt und Substanz abgehobenes, schieres Funktionieren einzuschwören. Zugespitzt gefragt: heißt Erziehung und Bildung jetzt Einstellen aufs Funktionieren? Und was bedeutet es, daß diese Welt sich immer schneller verändert? Woher stammt eigentlich diese Dynamik von geradezu geschichtlichem Ausmaß? Ist das ein Schicksal, dem man, anstatt ihm auf den Grund zu gehen, sich blind zu ergeben hat? So gut gemeint die Vorbereitung der Jugend auf eine Zukunft ohne substantiellen Halt auch sein mag, die unglaubliche Perspektivlosigkeit hin-

---

[20] A. Schleicher, *Das Schulsystem umbauen!*, in: Handelsblatt, 08./09.07.2011, Düsseldorf, S. 64.

sichtlich dieses Zwanges und seiner Dynamik ist für frei denkende Menschen erschreckend und beschämend zugleich.

Gezwungen zu sein, sich als vereinzeltes Individuum allein durchzuschlagen, ist etwas völlig anderes, als selber die eigene Verantwortung für sich zu übernehmen. Auf Unausweichliches reagieren zu können, ist etwas völlig anderes, als sich selber für sich entschieden zu haben. Letzteres kann nur aus freien Stücken geschehen, das Erstere dagegen ist Nötigung. Das eine für das andere auszugeben, ist schlicht dreist und verantwortungslos. Wonach sollen Schule und Ausbildung sich richten, wenn nicht nach dem *Wesen des Menschen*? Wird die Antwort auf die Frage nach dem Wesen des Menschen aber entweder als zu idealistisch, wenn nicht metaphysisch abgetan, oder in die Auswertung empiristischer Daten, die Erklärungsmodelle durchlaufen haben, verlegt, fehlt einer Orientierung für die Bildung das solide Fundament, das gerade hier doch so nötig wäre.

Wie kann ich jemanden vorbereiten auf etwas, das ich nicht kenne? Wie kann ich jemandem bei der Nutzung von etwas behilflich sein, das es nirgends gibt? Wie kann ich jemandem bei der Bewältigung von etwas helfen, wovon ich nicht die geringste Ahnung habe? Indem ich *das Etwas ausschließe*, es ignoriere und liquidiere; indem ich die Welt modellfähig mache und das heißt am Ende die Welt selber zum Modell. In diesem totalen Zusammenhang zu berechnender Funktionen muß nur Eines gelernt sein: alles in Berechnung stellen zu können – besonders auch das eigene Verhalten. Das Prinzip des Kalküls läßt die Welt und das Selbst der Erfahrung außer Acht und regelt lediglich noch Funktionen durch naturwissenschaftliche Gesetze und durch Modelle. Deshalb ist der Hinweis darauf, daß die modellierte Welt doch recht gut, wenn nicht sogar bestens funktioniere, keine Legitimation für die Aushöhlung jeglichen Inhalts und die Auflösung jeglicher Substanz. Funktionieren ist nicht Sein und funktional nicht fundamental. Modelle aber dienen der Einrichtung des Funktionalen. Wer sich darin auskennt, braucht keine Zukunft zu fürchten, weil es für ihn praktisch keine gibt, da kann dann kommen, was will.

Die junge Generation auf Flexibilität einzustellen heißt, sie auf eine Wendigkeit auszurichten, die sich in der Wirklichkeit der Volatilität in ihrem Element fühlt. Was aber wird dann aus einer Wirtschaft, die erfahrungsgemäß sechs, acht, ja zehn Jahre sicherer Rahmenbedingungen benötigt, um seriös planen zu können? Kann die da noch mitkommen? Volatilität zersetzt gewohnte Verläßlichkeit und weicht sie auf. Ihre Flüchtigkeit steigert sich in Raserei, wo sie die Geschwindigkeit des elektrischen Stroms noch überflügelt und ihm den Weg abschneidet, um ihn zu verkürzen und dadurch Zeit zu sparen bzw. zu gewinnen. Aus eben diesem Grund nämlich ist an den Börsen ein Kampf, ja Krieg entbrannt um die Position der Rechner von Finanzunternehmen, die dort präsent sind: zu demjenigen, der näher am zentralen Server steht, der alle Rechner mit Informationen versorgt, hat der Strom eine kürzere Strecke zurückzulegen als zu den anderen, ist also kürzere Zeit unterwegs. Die Programme, die entsprechend schnell Geschäftsentscheidungen fällen, werden durch den Einsatz von Modellen erstellt. Bei dieser Volatilität ist nicht einmal mehr ein Jemand jederzeit mit beiden Füßen in der Luft.

Schatten

I

«Alas! poor man» sagt *Marcus* am Ende des dritten Aktes von Shakespeares *Titus Andronicus* zu seinem Bruder, dem Kaiser Titus, «grief has so wrought on him, He takes false shadows for true substances.»

«Oh je! armer Mann... » bedauert er seinen Bruder, der die Welt nicht mehr versteht und Wirkliches nicht mehr von Unwirklichem unterscheiden kann: «... die Last der Sorge hat ihn so zermürbt, daß falsche Schatten er für wahre Wesen hält.»

Shakespeare schrieb diese Zeilen in einer Zeit des Übergangs, gegen Ende des sechzehnten Jahrhunderts, um 1590. Seine Welt war noch nicht die unsere und unsere ist nicht mehr die seine. *The Most Lamentable Romaine Tragedie of Titus Andronicus* spielt, wie der volle Titel zu verstehen gibt, zur Römerzeit, und zwar an deren Ende, als die Goten Rom einnehmen. Damals, zu jener Zeitenwende, im Zuge der Völkerwanderung, zerfiel die Epoche der Antike und ging zu Ende.

Eine Welt im Umbruch kann tiefgreifende Auseinandersetzungen auslösen, die einen Anhalt zur Orientierung verdecken, und die schließlich dazu führen können, daß jemand, wie hier Titus, falsche Schatten für wahre Wesen hält. Wer es jeweils ist, dem ein solches Versehen unterläuft, und unter welchen Umständen dies geschieht, das entscheidet mit darüber, wie weitreichend die daraus entstehenden Folgen sind. Zwar ist Irren bekanntlich allgemein menschlich, doch sieht es so aus, als brächte Shakespeare hier dramatisch zur Sprache, was die Neuzeit geradezu epochal bewegt: die Möglichkeit, sich zu täuschen und einem Irrtum aufzusitzen. Keine Epoche hat wie die unsere versucht, sich gegen diese Möglichkeit abzusichern, ja sie möglichst auszuschließen.

Da ist nicht nur die Sicherung der Lebensumstände, um die etwa Militär, Polizei und Gerichte sich kümmern; da ist auch die Sicherung theoretischer Erkenntnisse, die die Angelegenheit wissenschaftlicher Methodik ist; und da ist nicht zuletzt die Planungssicherheit, die Politik und Wirtschaft verlangen.

Daß es heute darüber hinaus auch Versicherungsverträge für alles und jedes gibt, ist eine der Besonderheiten der Neuzeit. Dieses moderne Verhältnis zur Sicherheit entspringt offenbar dem Willen, Mißlichkeiten, Widrigkeiten und Risiken aller Art unbedingt zu vermeiden. Was aber vermieden werden soll, gilt im voraus als abträglich oder sogar bedrohlich. Und was ist selbstverständlicher, als eine Bedrohung unschädlich zu machen, ihr zuvorzukommen oder ihr wenigstens auszuweichen? Ebenso selbstverständlich ist, daß mir eine Sache, die ich fest im Griff habe, nichts anhaben kann. Die Forderung nach maximaler Sicherheit ist heute ebenso fraglos wie grundsätzlich.

Zwar gibt es seit dem 15. Jahrhundert Versicherungen gegen Risiken im Seehandel, ein Versicherungswesen in umfassendem Sinn aber entfaltet sich dann doch erst im 17. Jahrhundert. In diesem Aspekt kommen Handel, Wissenschaft und Philosophie überein, in dem Streben nämlich nach einer ihnen entsprechenden Sicherheit. Und was sind dann Handel, Wissenschaft und Philosophie jeweils, daß es allen dreien seit dem Beginn der Neuzeit um Sicherheit geht? Ist jeder dieser Bereiche von ihm selbst her ursprünglich auf Sicherheit aus? Wenn Wirtschaft und Philosophie heute allerdings durch eine unüberbrückbare Kluft voneinander getrennt zu sein scheinen, könnten sie dann nicht doch unter dem Blickwinkel der Sicherheit miteinander ins Gespräch kommen? Hätte, konkret gefragt, philosophische Gewißheit etwas zur Wirtschafts- und Finanzkrise zu sagen? Ist Philosophie sicher, Schatten nicht für wahre Wesen zu halten?

Ein Blick in die Geschichte zeigt, daß Dinge, die uns geläufig, selbstverständlich und natürlich scheinen wie unser Sicherheitsstreben, es früher keinesfalls waren und dementsprechend auch nicht ewig sein müssen. So entwickelt sich die Vorstellung allumfassender Sicherheit erst seit Shakespeares Zeiten. Was heißt das nun für die Wandelbarkeit von Geschichte überhaupt und damit für *unsere* Möglichkeiten – und Notwendigkeiten –, Veränderungen auf den Weg zu bringen, also nicht nur auf Krisen zu reagieren, um aus ihnen herauszukommen, sondern auch, uns frei zu Neuem aufzumachen? Fragen wir also nach *heutigen konkreten Möglichkeiten eines Zukunftsentwurfs* und achten darauf, *false shadows* nicht für *true substances* zu nehmen. So wie wir hier unsere *Geschichte* mit Shakespeares Marcus Andronicus haben zu Wort kommen lassen, müssen wir uns jetzt selber fragen, ob, und wenn ja, inwiefern wir selber denn *heute* unter einem Druck stehen («grief has so wrought on him»), der unsere Wahrnehmung womöglich verwirren könnte.

In der Welt, in der wir leben, bekommt jeder mehr oder weniger unmittelbar jenen Druck zu spüren, den besonders die globale Wirtschaft auf alles ausübt. Der nimmt mit einer Steigerung zu, die sich selber stetig steigert. Der Ursprung dieser Dynamik, der geschichtlichen Wesens ist, läßt sich nur denken, nicht aber messen. Eine Einsicht in ihn bedeutet – und das liegt nach dem Gesagten auf der Hand – einzusehen, woher die aktuelle Zunahme des faktischen Leistungsdrucks stammt und darüber hinaus die Bewegung der Globalisierung selbst zu verstehen.

Doch – und so müssen wir zu Beginn dieser Überlegungen fragen, um nicht schon hier einem Versehen zu erliegen – ist dieser Druck denn mit dem vergleichbar, von dem Shakespeare spricht, und unter dem sich sein Protagonist gehörig täuscht? Mehr noch, können wir es uns überhaupt leisten, uns in einer Krise der wirklichen Weltwirtschaft zu täuschen? Shakespeare hin, Shakespeare her, wir stehen auch unter dem Druck, eine umfassende Krise überstehen und aus ihr herauskommen zu müssen. Und wenn dieser Druck – und jetzt ausdrücklich wieder mit Shakespeare – uns so belastet, daß wir Schatten nicht mehr von Substanzen unterscheiden können? Dann stehen wir in dem, was gemeinhin ein Dilemma genannt werden kann: entweder wir beugen uns dem Leistungsdruck, und zwar besonders dem Konkurrenzdruck der fortschreitenden Globalwirtschaft, in der Hoffnung, daß spätere Generationen unsere Hinterlassenschaften entsorgen, oder wir widerstehen dem Zwang zur Sicherung der aktuell herrschenden Wirtschaft und geben der Notwendigkeit nach, uns auf die Suche nach Koordinaten zu begeben, die der Wirtschaft selbst nicht zu entnehmen sind. Das bedeutet, kurz gesagt: entweder die Zukunft zahlt für die Gegenwart oder die Gegenwart zahlt für die Zukunft. Nur ist eigenartig, daß wir hier eine Bilanz aufmachen, also Fragen und Probleme der Wirtschaft immer wieder nur wirtschaftlich begreifen.

Aus dem Dilemma, daß die Zukunft kommender Generationen unserer eigenen wirtschaftlichen Gegenwart im Wege steht und diese Gegenwart der Zukunft, müßte also ein Ausweg gefunden werden – nein, muß! Wissenschaftlich kann ein Dilemma als ein bloß logisches Problem betrachtet werden, das sich in abstrakten Formeln durchspielen läßt. Wir aber stehen selber, ganz konkret, ja leibhaftig zwischen zwei Ansprüchen und zwar so, daß wir von beiden geradezu in die Zange genommen werden und uns in der Klemme befinden.

Der Ausweg aus dieser Klemme wird seit etwa einem viertel Jahrhundert in nachhaltigem Wirtschaften gesehen, in einer Kombination von ökonomi-

schen und ökologischen Maßstäben. Beide galten längere Zeit als unvereinbar und es ist auch jetzt noch fraglich, ob die Voraussetzungen, auf die deren Verträglichkeit sich stützt, auch der konkreten Wirklichkeit entsprechen,
und, wie es heute heißt, belastbar sind, oder ob es sich dabei nicht vielleicht
um eine Illusion handelt, die unter dem Titel *Sustainable Development* eine
machbare Lösung vorgibt, die beruhigt und tiefergehendes Fragen über-
flüssig macht. Da kann dann etwa Rationalisierung vorgestellt werden als
schonender Umgang mit Ressourcen, was jedoch keineswegs dasselbe ist.

Die erste Frage, um die es hier geht, ist die, wie wir denn überhaupt in
diese Klemme geraten sind. In dieser Perspektive kommt Geschichte ins
Spiel: *Was müssen wir von unserer Geschichte selbst wissen, um durch sie
soviel von unserer Gegenwart zu begreifen, daß wir unsere Zukunft sichern
können?* Vergangenheit, Gegenwart und Zukunft bilden die drei Dimensi-
onen der Zeit, in der wir existieren. Anders als das schlicht Vergangene jedoch, das, eben *als* Vergangenes, für Gegenwart und Zukunft kaum maßgeblich ist, bestimmt die Geschichte die *Möglichkeiten*, was aus ihr wird. Mit
der Gleichsetzung von Geschichte und Vergangenheit amputieren wir uns
eine Dimension unserer Zeit. Die Klemme, in der wir stecken, ist geschichtlich, und geschichtlich sind damit auch die Ursachen dafür, daß unsere Gegenwart und Zukunft um unsere Lebensgrundlagen konkurrieren.

Genau besehen stehen wir sogar doppelt unter Druck, nämlich zum einen
unter dem aktuellen wirtschaftlichen *Leistungsdruck* und zum anderen dem,
der Menschheit zukünftige *Lebensgrundlagen* zu sichern. Da hier der eine
Druck überdies mit dem anderen auch noch rivalisiert, entsteht ein dritter,
geradezu übermächtiger Druck, der sich etwa an der bisherigen Unmöglichkeit zeigt, zu verbindlichen Maßnahmen in Bezug auf den sogenannten Kli-
mawandel zu kommen. Dabei dominiert der Druck wirtschaftlichen Durchkommens den des Überlebens der Menschheit. Wie wollen wir, dermaßen
unter Druck, sicher sein, daß wir uns bei all unserem globalen Austausch
von Waren, Ideen und Kulturen am Ende nicht noch täuschen? Nichts
scheint hier mehr gefragt zu sein als Sicherheit.

II

Nun holen Rivalen, wie das Wort ursprünglich sagt, ihr Wasser aus demselben Wasserlauf, demselben Bach: engl. *river*, franz. *rivière*, lat. *rivus*. Es liegt
auf der Hand, daß diese Situation besonders bei Wasserknappheit zu
Kämpfen führen kann und bekanntlich seit Menschengedenken geführt hat.

Um denen zuvorzukommen bzw. um sie ganz zu vermeiden und sich darüber hinaus eine Machtposition zu verschaffen, kann dann einer der durstigen Rivalen auf die Idee kommen, den Zugang zum Wasser für sich allein zu sichern, mit dem Ziel, unbesorgt und uneingeschränkt darüber zu verfügen. Auch kann, um es mit Worten Dantes zu sagen, der «Durst nach Gold, der uns betört»[21], ein kommerzielles Interesse unbeteiligter Fremder an der Verfügbarkeit über Wasser wecken und so abstraktes Kalkül in konkrete Rivalität einführen. Heute sind ganz allgemein aus früheren Rivalen am Wasserlauf Konkurrenten auf einem Markt geworden, dessen globale Verstrickung keine Ausnahme kennt. Ist die Konkurrenz zwischen unserer Gegenwart und der Zukunft späterer Generationen in diesem Sinne eine wirtschaftliche, die nach Marktgesetzen geführt und entschieden wird?

Am Ende eines Interviews, das der Finanzchef eines global agierenden Großkonzerns um den Jahreswechsel 2009/2010 hinsichtlich der zukünftigen Orientierung seines Unternehmens gegeben hat, heißt es: «Trinkwasser ist ein immer knapper werdendes Gut ...» und er fährt erläuternd fort: «mittels Solarenergie erzeugtes Trinkwasser eröffnet zum Beispiel Abu Dhabi, Saudi-Arabien oder auch Qatar die Chance, das einst dazu genutzte Öl und Gas statt dessen am Markt zu verkaufen. Diese Opportunitätsgewinne sind gewaltig. Aus diesem Modell kann ein Riesengeschäft erwachsen... Das ist „ökonomische Ökologie" – und damit reale Nachhaltigkeit.»[22] Diese Aussage ist ebenso klar und verständlich wie der in ihr beschriebene Sachverhalt: kommerziell verfaßte Ökologie realisiert *wirkliches* nachhaltiges Wachstum bzw. *Sustainable Development.* Und die durch Solarenergie betriebene Herstellung von künftigem Trinkwasser führt nicht einfach nur zu geschäftlichem Wachstum, sondern läßt mit gewaltigen Gewinnen und einem Riesengeschäft rechnen.

Wovon ist da eigentlich die Rede? Hören wie einmal aufmerksam hin: *Ökologie* geht hier zusammen mit *Nachhaltigkeit* und *ökonomisch* mit *real;* mit anderen Worten, das Ökonomische ist das Reale. Nachhaltigkeit, die nicht ökonomisch orientiert ist, ist nicht real, um nicht zu sagen unrealistisch, oder sogar ‚ideologisch'.

Aber weiter: das Wort ‚gewaltig' heißt soviel wie ‚mächtig', ‚enorm', ‚ungeheuer' und man könnte vielleicht auch einfach sagen ‚sehr'. Ähnliches gilt

---

[21] Dante Alighieri – *La Divina Commedia*, Übers. Karl Streckfuß – *Die Göttliche Komödie*, Fegefeuer – Gesang 22.
[22] Interview mit Joe Kaeser von der Siemens-AG, FAZ, Sa. 02.01.2010, S. 17.

hier vom ‚Riesenhaften' der erhofften Geschäfte. In dessen Horizont gehören wiederum Wörter wie ‚kolossal', ‚eminent', oder ‚höchst'. Wichtig an diesem Beispiel ist vor allem, daß sich an ihm das entgrenzende Prinzip der Globalisierung deutlich veranschaulichen läßt. Das besteht unter anderem darin, einen Zug zum Superlativ zu haben, zum alles Überragenden, zum Höchsten. So sind in unserem Fall nicht nur die zu erwartenden Gewinne gewaltig und das Geschäft riesig, sondern ebenso die integrale Verknüpfung der Planung, Finanzierung, der Her- und Aufstellung, der Ausrüstung und des Wartens und Verwaltens des konkreten Solar- und Entsalzungskomplexes, wie auch die technisch hergestellten Trinkwassermengen selber und der ganze Betrieb ihrer Nutzung – all das ist riesig und gewaltig. Damit dies aber überhaupt so sein kann, braucht es eine Weltsicht, die sich selber auf lückenloses Planen und konsequentes Einrichten versteht. Dieses Selbstverständnis teilen besonders Ingenieure, Manager und Politiker.

An dieser Stelle mag ein wichtiger sprachlicher Hinweis angebracht sein, um eine Verwechslung zu vermeiden. Die kann darin bestehen, die beiden Wörter *gewaltig* und *riesig* in diesem Interview für unwesentlich zu halten, da sie, als bloße Beiwörter, und d. h. Ad-jektive, doch immer an eine Hauptsache gebunden sind, für die ein Hauptwort, ein Substantiv steht. Im angeführten Beispiel ist das der ganze Entsalzungskomplex mit allem, was substantiell dazu gehört, also etwa Verhandlungen, Planungen, Material, Arbeit, Land, Lohn, und Trinkwasser. Das sei hier die Hauptsache.

In Wahrheit aber verhält es sich umgekehrt. Die Superinstallation zur maschinellen Herstellung von Trinkwasser ist faktisch ein ökonomisches Mittel, um riesige Geschäfte abzuschließen, deren Gewinne gewaltig sind. Der Druck zum Gewaltigen und Riesigen lastet überwiegend auf börsenorientierten Unternehmen, gehört heute jedoch allgemein zum internationalen Konkurrenzkampf. Näher betrachtet ist etwas Riesiges oder Gewaltiges etwas, das das Gewohnte und Gewöhnliche überragt, übersteigt und vielleicht auch überwältigt. Dazu verhilft ihm ein Mehr an Größe und Kraft. *Riesig* und *gewaltig* sind hier quantitative Begriffe – und nicht nur hier.

Bleiben wir noch einen Moment bei der Sprache, da sie gerade auch in harmlosen Formulierungen äußerst beredt sein kann und durchaus tiefere Einblicke in entscheidende Zusammenhänge eröffnet. Das selbe Bedeutungsverhältnis nämlich zwischen dem erst seit kurzem unterlegenen Substantiv und dem es beherrschenden Adjektiv findet sich auch im Ausdruck *Ökonomische Ökologie*, auch hier ist nicht die Ökologie als das Substantielle bestimmend, sondern deren Eigenschaft, das Attribut *ökonomisch*. In dieser Formulierung ist es die Ökonomie, die die Gestalt der Ökologie – was immer das da heißen mag – bestimmt und dominiert. Formelhaft kann darum gesagt werden: was die Eigenschaft der Geschäfte und Gewinne bestimmt, das ist das Riesige und Gewaltige; und das die Ökologie Bestimmende ist das Ökonomische, das selbst wiederum vom Riesigen und Gewaltigen bestimmt ist und damit quantitativ. Darin deutet sich zugleich ein Zug unserer Zeit an, und das ist der eines Schwundes von Substantialität.

Unter der Maßgabe des Überragens, Übersteigens und Überwältigens ist selbst der Gewinn, zwar anders als die Kunstwasserproduktion, nicht das wirklich Angestrebte, sondern allein die *Steigerung* des Gewinns. Mag der konkrete, sichtbare und materiell in der Wüste dastehende industrielle Entsalzungskomplex auch noch so substantiell scheinen, für das Wesen der Umsatz- und Gewinnsteigerung ist er es nicht wirklich. Ihn dennoch dafür zu halten, hieße, gemessen an der globalökonomischen Maxime der Steigerung ins Riesige und Gewaltige, ihn, der nurmehr ein falscher Schatten ist, für etwas Wahres zu nehmen.

Was diese kurzen Überlegungen andeuten, ist folgendes: wir werden den Druck, unter dem die gesamte heutige Welt faktisch steht, nicht verstehen können, solange wir uns dabei wie bisher nur an konkret faßbare Projekte und Maßnahmen halten. Das führt lediglich zu einer erdrückenden Menge an Beschreibungen, Analysen und Bewertungen bzw. Einschätzungen, und nicht zuletzt zu Modellen, keineswegs aber zu einer echten Einsicht in den Sachverhalt dieses mächtigen Handlungs-, Leistungs- und Erfolgsdruckes. Tausende noch so seriöser und engagierter Berichte und Enthüllungen, die wir einem wahrheitsbeflissenen Journalismus verdanken, richten ihren Blick auf etwas ‚Substantielles‘, das es faktisch in der Hyperwelt nicht mehr gibt, das vergangen ist. Der dort ertönende Ruf nach Fakten ignoriert in der ihm eigenen Selbstsicherheit genau dieses Faktum und sichert sich so eine nicht versiegende Quelle. *Informationen über* Sachverhalte führen nicht zu einer *Einsicht in* deren Grundzüge und Verfassung. Und das liegt nicht zuletzt daran, daß die Sprache, begriffen als Kommunikationsmittel, zwar Informationen übermitteln kann, aber eben dadurch auch selber immer nichtssagender wird.

Die Sprachvorstellung der Information hat daher auch kein Ohr für das Entscheidende, das die beiden unscheinbaren Eigenschaftswörter *riesig* und *gewaltig* ansprechen und verhört sich an der Wirklichkeit. Daß es sich dabei um ein Verhören in doppeltem Sinne handelt, sei hier nur am Rande bemerkt. Was also, wenn uns der Druck, unter dem wir stehen, so zusetzt, daß

wir nicht nur falsche Schatten nicht von wahren Wesen unterscheiden können, sondern daß unsere Wahrnehmung *durch* den Druck unempfindlich
geworden ist *für* den Druck? Aber selbst wenn das zutreffen würde, wie sollen wir diese Situation denn dann zur Kenntnis nehmen? Und warum sollten
wir das überhaupt? Gemessen an der globalen Betriebsamkeit, zu der dieser
Druck drängt, ist der Versuch, ihm auf den Grund zu kommen, ein müßiges
Unterfangen, denn schließlich ist er ja allem zuvor Handlungsdruck. Wir
müssen jetzt handeln, um die Wirtschaft in Gang zu halten oder auch zu
bringen, und müssen jetzt handeln, um der Menschheit eine Zukunft zu
sichern.

Nun besteht der größte Handlungsdruck in der Bedrohung unserer jet-
zigen und zukünftigen Existenz. Diese Drohung ist, wie der von ihr aus-
gehende Druck, immens, unvorstellbar, gewaltig und riesig. Natürlich gibt
es hier wie überall Optimisten, die darauf zählen, daß wir Menschen mit
unserem Erfindungsreichtum doch immer wieder Auswege aus prekären
Situationen gefunden haben. Dieser Optimismus ist allerdings erst dann
auch begründet, wenn wir einer der drängendsten Pflichten in dieser Situation nachkommen, die darin besteht, der heutigen Herrschaft des Quantitativen auf die Spur zu kommen, jener Herrschaft, die sich in der Unum-
gänglichkeit des Riesigen und Gewaltigen bemerkbar macht. Dabei geht es
darum, unser quantitativ ausgerichtetes Handeln in seinen Grundzügen zu
verstehen und das heißt nichts anderes, als uns selbst. Aber kommen die
Wissenschaften dieser Pflicht denn nicht nach? Untersuchen nicht gerade
Verhaltensforschung, Anthropologie, Soziologie, Psychologie und Neurolo-
gie das menschliche Handeln? Sie untersuchen es, ohne allerdings seiner
aktuellen, absolut quantitativen Ausrichtung besondere Aufmerksamkeit zu
schenken, wobei ihre eigenen Untersuchungen selber schon von einem rein
mengenmäßigen Begreifen dominiert sind.

Es ist kaum vorstellbar, daß der Optimismus, der jede Forschung antreibt,
in Wahrheit eine Art Pflichtvergessenheit wäre. Außerdem müßte dann ge-
zeigt werden, um welche Pflicht es sich denn da handelt, die die Wissenschaft ja auch erst dann vergessen könnte. Darum ist in diesem Zusammenhang danach zu fragen, was denn zu einem tiefgreifenden Verständnis unseres von der Quantität beherrschten Denkens und Handelns nötig wäre,
was wir aber dann doch irgendwie übergehen bzw. vergessen. Und diese
Frage muß hier gestellt werden, wenn wir in der weltweit anerkannten Krise
nicht Gefahr laufen wollen, unter dem Druck, der von ihr ausgeht, falsche
Schatten für wahre Substanzen zu halten.

Zu den wenigen, die den merkwürdigen Sachverhalt dieses vergeßlichen Erfolgsdrucks zielsicher aufgespürt und unbefangen deutlich umrissen haben, gehört Hannah Arendt. In ihrem dem handelnden Menschen gewidmeten Buch mit dem Titel *Vita activa* heißt es in der Einleitung: «Es könnte immerhin sein, daß es für erdgebundene Wesen, die handeln, als seien sie im Weltall beheimatet, auf immer unmöglich ist, die Dinge, die sie... tun, auch zu verstehen, d. h. denkend über sie zu sprechen... Sollte sich herausstellen, daß Erkennen und Denken nichts mehr miteinander zu tun haben, daß wir erheblich mehr erkennen und daher auch herstellen können, als wir denkend zu verstehen vermögen, so würden wir wirklich uns selbst gleichsam in die Falle gegangen sein, bzw. die Sklaven – zwar nicht, wie man gemeinhin glaubt, unserer Maschinen, aber – unseres eigenen Erkenntnisvermögens geworden sein,... Kreaturen, die sich hilflos jedem Apparat ausgeliefert sehen, den sie überhaupt nur herstellen können, ganz gleich wie verrückt oder wie mörderisch er sich auswirken möge.»[23]

Hannah Arendt trifft hier eine Unterscheidung, die der alltägliche Sprachgebrauch nicht macht, nämlich die zwischen Erkennen und Verstehen. Erkennen bedeutet in diesem Zusammenhang Feststellen und Erfassen. Verstehen bedeutet dagegen Bestimmen und Denken. In diesem Sinne heißt es, daß wir mehr Dinge feststellend erfassen können, als bestimmt zu denken vermögen. So kann dieses Erkennen zum Herstellen führen und ist dafür sogar nötig. Aber ein solches Erkennen versteht seine Produkte eben nicht so, daß es sie in einer denkenden Bestimmung ergründet. Dieser Unterschied ist wesentlich und verlangt eine genauere Charakterisierung jener beiden Arten des Verstehens.

Das Erkennen, um das es hier geht, ist Voraussetzung für die Konstruktion und Produktion von Maschinen und Apparaten. Nur kann es selbst, für sich allein, höchstens die Funktion seiner Produkte angeben, nicht aber deren Bedeutung für das Wesen des Menschen verständig ermessen. Warum auch? Sobald das Menschsein dann allerdings auch noch selber funktional erfaßt wird, ist dieses Erkennen im Stande, sich in einer Autonomie einzurichten, die hermetische Züge hat, und der ein fundamental denkendes Verstehen schlicht fremd, ja unverständlich ist. Jene Autonomie aber ist gerade jene Selbstverstrickung, die dieser Erkenntnisart zur Falle werden kann, und ihr offenkundig zur Falle geworden ist. Doch nicht nur, daß das berechnende Erkennen sich nicht aus eigener Kraft aus seiner Falle befreien kann,

---

[23] Hannah Arendt, *Vita activa*, München 2001, S. 10f.

es versteht sie gar nicht erst als solche und fühlt sich deshalb auch nicht hilflos, und am allerwenigsten noch ausgeliefert. Denn ausgeliefert wäre es nicht zuletzt seinen Maschinen und Apparaten, die doch eben seine Produkte sind, und das heißt sein ganzer Sinn. Die Abhängigkeit von ihnen zu steigern, gehört nun wiederum zum verborgenen Sinn dessen, was in einer effizienz-fixierten Wirtschaft als Wachstum gilt. Daher auch das wirtschaftliche Interesse an wissenschaftlicher Forschung. Nur kann, wie Hannah Arendt aufzeigt, dieses Interesse nicht zu einem denkend auslotenden Verständnis seiner selbst kommen, da es in bloß rechnerischer Kenntnis meßbarer Tatbestände befangen bleibt, einer Kenntnis, deren Rechnen es allerdings schon für Denken hält.

Das heißt aber weiter, daß das berechnende Erkennen, das die Technisierung der Welt vorantreibt, eine Steigerung der Abhängigkeit von seinen Konstrukten als eine Befreiung von den Hemmnissen und Beschränkungen der Natur begreift. Formelhaft gesagt: die Abhängigkeit von dynamistischer Technik ist der ignorierte Preis für die vermeintliche Unabhängigkeit eines willkürlichen Handelns und Erlebens. Sollte auch hier wieder das Zitat von Shakespeare gelten?

Einwände, daß doch besonders im Bereich der Medizin einfache wie auch hochtechnisierte Apparate unverzichtbar sind, um Schmerzen und Leiden zu verringern und womöglich ein Leben zu erhalten, haben ihre Berechtigung. Die soll hier nicht im Geringsten in Zweifel gezogen werden. Eine Auseinandersetzung darüber kann und braucht hier aber nicht geführt zu werden, da es hier nicht um einzelne Krankheitsgeschichten geht, deren Behandlung nur jeweilig zu entscheiden ist nach dem Kriterium einer Angemessenheit. Grundlage für solch individuelle Entscheidungen kann nur ein Wesensverständnis des Menschen sein, das weder auf naturwissenschaftlichem Wege zu finden ist, noch auch beliebig definiert werden darf. Was hier jedoch im Blick steht, das ist die prinzipielle Abhängigkeit von Apparaten und Maschinen, die heute die *ganze Existenz des Menschen als solchen durch und durch* bestimmt.

Zur Klärung kann da eine Anmerkung beitragen, die Leibniz um 1670 zur Medizin gemacht hat: «Nachdem sie aber zur Kunst worden, und gewiße Leüte davon profession gemacht umb sich zu ernehren, auch wohl mächtig und reich zu machen, sind fuci, fraudes, monopolia, aemulationes, odia, procrastinationes und unzehlich andre malae artes eingerißen, nicht weniger als bey andern Handthierungen, da doch vita humana res sancta et nul-

lis commerciis subjecta seyn solte.»[24] Die Tatsache, daß die Professiona-
lisierung der Medizin zu manch übler Geschicklichkeit geführt hat – zu
Schein und Verstellung, Täuschung und Betrug, zu Monopolbildung, Eifer-
sucht und Rivalität, zu Abneigung und Hass –, veranlaßt Leibniz dazu, auf
deren Grundbestimmung hinzuweisen, daß nämlich das Menschenleben
eine heilige Angelegenheit und keineswegs dem Kommerz unterworfen sein
sollte. Daraus sei hier lediglich der Schluß gezogen, daß nicht alles, was im
Namen der Medizin geschieht, auch die Heiligkeit im Menschenleben ach-
tet. In jedem Fall aber kann ganz allgemein unter Berufung auf „das Praktische" *jede* technische Maßnahme gerechtfertigt werden wie etwa ein
Computer – auch der, in den dieser Text eingegeben wurde und der damit
die Abhängigkeit von ihm überspielt. Technische Produkte zu legitimieren
durch den Hinweis, sie seien praktisch, hieße, an einem Stein hervorzuhe-
ben, daß er hart ist, oder sich darüber zu verwundern, daß man mit Füßen
auch noch gehen kann.

Dasselbe gilt dann sogar für jene Abhängigkeit von der Kraftmaschinentechnik, die entsteht, wo künstlich Süßwasser hergestellt werden soll, denn
für den Betrieb der dazu erforderlichen Apparate und Maschinen ist wiederum dynamistische Energie erforderlich. Die dort eingesetzten Maschinen
entziehen in einem chemischen Verfahren dem Salzwasser das Salz. Diese
Energie kann mittels technischer Verarbeitung aus Öl und Gas hergestellt
werden, die ursprünglich verborgen im Erdboden ruhen und dann mittels
technischer Apparate und Maschinen dort herausgeholt werden. Auch diese
Apparate und Maschinen erfordern für ihren Betrieb dynamistische Energie,
die ihnen von ihresgleichen zugestellt wird.

Anders sind die Verhältnisse bei der Solarenergie, die nicht aus etwas *herausgeholt* wird – aus der Erde –, sondern die *eingefangen* wird – von der
Sonne. Sie ist nicht, wie die aus Öl und Gas, geographisch an Erdlager-
stätten gebunden, sondern klimatisch an Zonen ausreichender Sonnenein-
strahlung.

Unabhängig von der Erde, *aus* der zunächst ganz materiell die *Stoffe* Öl
und Gas herausgeholt werden, und unabhängig von der Sonne, die *in* die
Materie, nämlich in ihre molekulare Zusammensetzung eingefangen wird,
ist das Atom. Unabhängig ist es auch räumlich, da an keine besondere Gegend oder Breite gebunden. Deshalb ist es auch eine Frage kaufmännischer

---

[24] G. W. Leibniz, *Bedenken von Aufrichtung einer Akademie oder Societät*, § 24, in: Aka-
demieausgabe Bd. IV, Stück 44, S. 552.

Kalkulation, ob ein Kernkraftwerk errichtet wird oder nicht, möglich ist es beinahe überall auf der Erde. Solange etwa die Maschinen der Anlagen zur Herstellung von Süßwasser noch mehr oder weniger rentabel mit künstlicher Energie aus Öl, Gas oder von der Sonne betrieben werden können, besteht kein Anlaß, dafür ein Kernkraftwerk zu errichten – solange. Einmal aber könnte dann eine berechnende Überlegung lauten: ‚mittels Kernenergie erzeugtes Trinkwasser eröffnet ... die Chance, sowohl das einst dazu genutzte Öl und Gas als auch die Solarenergie statt dessen am Markt zu verkaufen.'

Wer allein aus der Perspektive wirtschaftlicher Kalkulation auf die ‚Energie' schaut, für den sind die Wesensunterschiede innerhalb der künstlichen bzw. dynamistischen Energie letztlich unerheblich. Die Tatsache, daß die hier erwähnten Produktionsweisen von Energie – fossil, solar, atomar – hauptsächlich ausgerichtet sind auf die Erzeugung elektrischen Stroms, in dem sie völlig gleichgültig werden und verschwinden, sollte aber gerade deshalb nicht übersehen werden. Denn die Steigerung der scheinbaren Unabhängigkeit von Gegebenheiten der Natur führt, wie gesehen, auch zu einer Steigerung der Abhängigkeit von technischen Geräten und Verfahren. Und jede dieser Produktionsweisen zielt ausschließlich auf die Steigerung jener Unabhängigkeit. Von daher bestimmt sich auch ihr Verhältnis untereinander.

Die Produktion von Kohle, Öl und Gas holt diese technisch *aus* der Erde heraus; Solar- und Windkraftproduktion fangen natürliche Energie in der Atmosphäre *über* der Erde ein; Atomkraftproduktion schottet sich technisch von Himmel und Erde *ab* und isoliert sich buchstäblich in die permanente Quarantäne einer Intensiv-Station. Um das Abrücken von der Erde so steigern zu können, und d. h. eine Unabhängigkeit von ihr, müssen sich die wissenschaftlichen Maßnahmen selber immer weiter von ihr ablösen, mithin abstrakter werden. Dieser Abstraktionsprozeß hat seine sachliche Folgerichtigkeit, der die historische Entwicklung nicht entspricht, nicht entsprechen konnte und auch nicht mußte. Technisch ist er gekennzeichnet durch eine Entmaterialisierung, die auf den elektrischen Strom hinausläuft. Die zeigt sich auch darin, daß zunächst die Materie von Öl und Gas selber transportiert wurde, daß dann, durch einen Eingriff in die Moleküle der Materie, Material für die Einwirkung der Sonne auf sie präpariert wurde und schließlich, noch tiefergehend, in dem Angriff auf die Kerne von Atomen der physikalischen Materie, der diese zwingt, von sich aus zu bersten.

Grenzüberschreitend ist der Transport von Öl und Gas; grenzüberschreitend auf ihre Weise ist die technische Herstellung künstlicher Moleküle; geradezu grenzenlos ist dann das Einreißen einer letzten Grenze der Materie, die – welch Wunder! – wissenschaftlich schon längst nicht mehr die letzte ist. Je größer die Entfernung von der Materie zugunsten einer Unabhängigkeit von der Natur, desto tiefer der grenzüberschreitende Eingriff in sie.

In dieser Perspektive entspricht der Neutronenbeschuß von Atomen durchaus der Zufuhr von Kunstdünger, dem sich ihr Kern ebensowenig widersetzen kann wie im Reich des Organischen eine Pflanze z. B. Nitrat und Phosphat, die sie zu einem wie auch immer gesteuerten Wachstum antreiben, bzw. zwingen. Durch dessen Beschleunigung kann Zeit gewonnen werden, durch dessen Intensivierung eine Vermehrung der Ernte oder auch Ausbeute, mit anderen Worten Effizienz optimiert. Aus all dem folgt: je mehr Energie wir technisch und wissenschaftlich für uns einsetzen, desto mehr können wir mit der Natur machen, was wir wollen und desto unabhängiger sind wir von ihren Launen und frei für unsere. Das gilt auch für die menschliche Natur.

Die Steigerung der Abstraktion, die sich bei der Herstellung technizistischer Energie in den drei hier skizzierten Hauptschritten *fossil – solar – atomar* vollzieht, und nicht nur dort, macht sich die Wirtschaft zu Nutze. So kann sie dann etwa Entsalzungsanlagen herstellen und anbieten, die mit unterschiedlicher Art von Energie betrieben werden. Der entscheidende Vorteil für sie besteht aber darin, daß durch jene Steigerung die Energie der je niedrigeren Abstraktionsstufe – bei gleichzeitiger Verfügbarkeit von wenigstens zweien – zur Ware ‚befreit' wird, d. h. die Menge zu verkaufender Waren vergrößert sich hier bei fortschreitender Abstraktion und in eins damit die Möglichkeit, Geschäfte und Gewinn zu machen.

Worauf basiert nun dieser spezielle Handel, dessen Opportunitätsgewinne gewaltig sind, und der sich zu einem Riesengeschäft auswachsen kann? Auf der technischen Fertigkeit, nicht aus Wasser Wein, aber doch aus Meeres-Trinkwasser herstellen zu können. Dieses technische Vermögen ist angesichts der Unterversorgung von Millionen von Menschen mit Wasser von besonderer Aktualität[25]. Aber um diese Sachlage geht es bei diesem Ge-

---

[25] S. hierzu die Aktivitäten des *world water forum.*
http://www.worldwaterforum6.org/en/news/single/article/2013-international-year-of-water-cooperation/ [20.02.2013].

schäft nur mittelbar. Die täglich notwendige Menge an Wasser ist gering. Sie wird umso größer, je unverzichtbarer es ist, um alltägliche, allgemeine Lebensverhältnisse aufrechtzuerhalten, insbesondere die der technisierten Gesellschaften. Darüber hinaus kann auch der Bedarf an Wasser für Annehmlichkeit und Komfort sich leicht ins Bodenlose verlieren. Vor allem die beiden letzten Situationen sind zur Zeit geschäftstauglich.

Wie ist das Wasser daran beteiligt? Was *ist* Wasser in diesem Geschäft ökonomischer Ökologie? Es ist hier dessen Bedingung, allerdings in seiner Form des gemeinhin völlig unbrauchbaren Salzwassers. Ohne diese Voraussetzung hätte eine Entsalzungsanlage keinen Sinn. Die Herstellbarkeit solcher Anlagen kann dann in sehr heißen und trockenen Ländern, die am Meer liegen, zum Anlaß werden, daß die Menschen dort sich von ihrem Traum vom Süßwasser verabschieden und ihm, bzw. sich, eine von dynamistischer Technik abhängige Realität verschaffen, eine künstliche. Denn diese technischen Anlagen brauchen hergestellte Energie. Sie entledigt von Lasten und bürdet neue auf. Zum einen sind da die Anlagen, die erst einmal dem Öl, Gas oder den Sonnenstrahlen Energie entziehen, mit der zum anderen jene Anlagen betrieben werden, die dem Salzwasser das Salz entziehen. Diese beiden Anlagen sind Gegenstand des Geschäfts, deren Kunde jener ist, der sie natürlich selber nicht hat, sondern gerade kauft.

Nun muß der erste Typus von Anlage, nämlich der zur Herstellung von Antriebsenergie für die Maschinen zur Entsalzung, nicht zwangsläufig mit fossiler Energie gespeist werden, da das auch durch Solarzellen möglich ist, und umgekehrt. Beide gelten hier gleich viel. Nüchtern betrachtet, liefern allein Anlagen, die Antriebsenergie bereitstellen, schon selber ein Verkaufsprodukt, d. h. eben diese Energie, ob zur Entsalzung oder wozu auch sonst. Wer Maschinen kauft, die aus natürlicher Energie Antriebsenergie herausholen, der kauft die Möglichkeit eines Geschäftes, und zwar des Verkaufs von allgemeiner Nutzenergie. Und ihm wird da nicht einfach eine Maschine verkauft, sondern vor allem eben diese *Möglichkeit,* selber etwas – Energie – zu verkaufen, eine Möglichkeit, die ihm die Maschine verschafft. Das Wasser selbst ist bei diesen Überlegungen einer ökonomischen Ökologie beinahe untergegangen.

Untergegangen ist es in eine Abstraktion, die sich von ihm als einem Element, als einer elementaren Substanz abwendet. Dazu kann es historisch allerdings erst seit dem Beginn des 19. Jahrhunderts kommen. Vorher gab es nicht einmal eine Vorstellung davon, Trinkwasser lukrativ zu transportieren oder gar herzustellen. Als freies Gut war es kommerziellen Ansinnen weitgehend unzugänglich. Einen einfachen Beleg dafür liefert Adam Smith um das Jahr 1775. Er schreibt damals: «Nichts ist nützlicher als Wasser, aber fast nichts dafür zu erstehen, fast nichts im Tausch dafür zu erhalten. Dagegen hat ein Diamant kaum irgendeinen Gebrauchswert, doch ist oft eine große Menge anderer Güter im Tausch für ihn zu bekommen.»[26] Warum ist geradezu nichts im Tausch für Wasser zu erhalten, nichts, das von wirtschaftlichem Interesse wäre, obwohl es für das menschliche Leben doch so elementar ist? Weil, ganz anders als bei einem Diamanten, u. a. die Transportmöglichkeiten so beschränkt sind, daß sich die Belieferung potentieller Kunden nur selten rechnet.

Nun kann zwar Wasser dazu dienen, etwas zu tragen, Floße und Schiffe, aber kaum etwas dient dazu, Wasser zu tragen. Allerdings sind schon im Altertum in verschiedenen Ländern Wasserleitungen über Land gebaut worden, und haben die Römer Aquädukte von beeindruckendem Ausmaß errichtet. Schließlich scheint Smith selber doch noch ein Beispiel dafür anzugeben, wie Wasser Ware werden kann. Ihm zufolge ist es von großem allgemeinen Nutzen, die städtische Bevölkerung mit Wasser zu beliefern. Und Unternehmungen wie ein «Aquädukt, um Wasser zur Versorgung einer Großstadt heranzubringen,... können... sehr erfolgreich von Aktiengesellschaften bewirtschaftet werden.»[27] An welche Stadt der Schotte Smith da auch gedacht haben mag, es ist bekannt, daß die britischen Inseln mit Regen gesegnet sind.

Abgesehen von dem beträchtlichen Geschäft, daß in unseren Breiten heute mit Quell- und Mineralwasser gemacht wird, scheint in dieser Bemerkung von Smith ein Beweis für den Sinn und die Rechtmäßigkeit, wenn nicht Notwendigkeit wissenschaftlich-technischen Fortschritts zu liegen, dem es schließlich zu verdanken ist, durch Wasserproduktion ein Riesengeschäft machen zu können. Und von welchem wesenhaften Sachverhalt wäre dieser Schein der Schatten? Von dem fundamentalen Unterschied, der zwischen einem Aquädukt und einer Entsalzungsanlage besteht.

---

[26] «Nothing is more useful than water: but it will purchase scarce anything; scarce anything can be had in exchange for it. A diamond, on the contrary, has scarce any value in use; but a very great quantity of other goods may frequently be had in exchange for it.» A. Smith, *An Inquiery into the Nature and Causes of the Wealth of Nations*, I/IV, p. 30.

[27] «an aqueduct, ... for bringing water to supply a great city. Such undertakings, therefore, may be, and accordingly frequently are, very successfully managed by joint-stock companies.» a. a. O., p. 619.

Es ist bei weitem nicht dasselbe, Wasser von einem Ort zu einem anderen fließen zu lassen, oder es einem abstrakten chemischen Prozeß zu unterziehen. Solche Wasserführung bleibt ursprünglich immer noch abhängig vom Wetter, d. h. vom unbeeinflußbaren, unvorhersehbaren Walten der Natur selber. Die Überwindung räumlicher Distanz und damit *diese selbst* schrumpft bei der künstlichen Herstellung von Süßwasser in die Intensität einer chemischen Reaktion. Der Ablauf solcher Reaktionen benötigt im Vergleich zum Lauf des Wassers durch einen künstlichen Kanal oder eine Überlandleitung geradezu ein Nichts an Raum und ein entsprechendes Nichts an Zeit. Doch nicht nur die existentiellen Bezüge zu Raum und Zeit ändern sich durch den Schritt von der materiellen Zustellung von Wasser zu dessen künstlicher Herstellung, sondern die gesamten Weltbezüge und mit ihnen Art, Charakter und Sinn von Abhängigkeiten. Kommerziell aber entfallen solche Unterschiede in eine Nichtigkeit, da sie in keiner kaufmännischen Bilanz je erscheinen können. Es scheint sie nicht zu geben. Zwar ist das unwissenschaftliche Verständnis des Wassers hinfällig geworden, dadurch aber keineswegs unangemessen.

Der Gesetzmäßigkeit chemischer Reaktionen bedient sich die Wirtschaft, um u. a. durch die Notwendigkeit, mit der sie ablaufen, ihre eigenen Planungen zu sichern. Der Blick solchen Planens ist dabei nur zu oft fixiert auf das Erfassen von Daten für eine Berechnung. Kaum gibt es für ihn ein Anderswo des Hinsehens und damit auch nicht die Möglichkeit einer substantiellen Hinsicht auf den Grund solcher Daten. Zum Zweck des Planens wird die derart ignorierte Substanz faktisch zersetzt, und es wird ihr abgesprochen, von Bedeutung für das Verstehen sein. Ob wissenschaftlich oder kommerziell, rechnerisches Verkoppeln von funktionalen Eigenschaften der Dinge kann nie die Verbindlichkeit der Substanz ersetzen, und zwar insofern nicht, als daß beide unterschiedlichen Seinsbereichen angehören: die vermeßbaren Bestandstücke dem funktionalen und das Wesen der Substanz dem fundamentalen. Das Verhältnis zwischen den Funktionen von Eigenschaften und dem Fundamentalen der Substanz ist allerdings seit rund zweihundert Jahren dabei, sich vollständig umzukehren, wenn nicht gänzlich aufzulösen. Bloße Eigenschaften der Dinge werden als ‚Substanzen‘ genommen, und Substanzen entfallen. Doch rechnerisch vermessene Dinge sind nichts anderes als Schatten ihrer Substanz. Und mit Shakespeare ist noch zu präzisieren: *falsche* Schatten. In Zukunft sollten wir uns daher um einen freien Blick für Wesensunterschiede bemühen und uns nicht in endlosem Ab- und Aufzählen an der Oberfläche verlieren. Das führt zu nichts.

Dürfen wir voraussetzen, daß spätere Generationen sich ebenso leichtfertig an berechnende Organisation klammern wollen wie wir? Die Welt
jedenfalls, die wir ihnen insbesondere durch das Sustainable Development
hinterlassen, ist ausschließlich so eingerichtet. Darin ist selbst Ökologie nur
wirklich, wenn auch sie sich rechnet. Daß das Rechnen allein sich kennt,
heißt jedoch noch nicht, daß es das einzige, geschweige denn, daß es das
angemessenste Weltverständnis ist. Überschreitet das Rechnen die Grenzen
seiner Domäne der Abstraktion in die konkrete, sinnlich-sinnvolle Welt
hinein, wird aus ihr allzuleicht ein Schattenreich. Wollen wir dann den kommenden Generationen nicht lieber eine würdige und eher heitere Zeit ver-
machen?

Vom Halt weltweiten Handels

I

Wir sind unterwegs. Wir, heute, sind unterwegs in eine globale Zukunft. Doch stehen wir nicht, wie einst der legendäre Herakles, an jenem Scheideweg, der sich in eine bequeme und eine beschwerliche Zukunft gabelt. Für unser Denken und Handeln gibt es zur Globalisierung keine wirkliche Alternative. Daher ist der Weg, auf dem wir uns schon befinden, die Globalisierung, sie selber, die auf ihre eigene Perfektion und Vollendung aus ist. Dahin sind wir unterwegs.

Wir – das sind nicht nur diejenigen, die sich um ein ausdrückliches Verständnis der Globalisierung bemühen, sondern alle, die von ihr betroffen sind, und das ist jeder. Wie immer man sich zu ihr verhalten und stellen mag, die Globalisierung geht jeden von uns an. So banal diese Feststellung auch klingt, so liegt doch in eben dieser Banalität ein weitreichender Anspruch, nämlich der auf Allgemeingültigkeit. Die Globalisierung gilt allem und jedem.

Technik und Wissenschaft, Wirtschaft und Politik, Medien und private Existenz kommen zunehmend darin überein, die Globalisierung auf irgendeine Art zu nutzen und zu betreiben. Aus der global ausgerichteten Interessengemeinschaft dieser unterschiedlichen Lebensbereiche ergeben sich jene Beziehungen und Verhältnisse, die unsere heutige, vernetzte Wirklichkeit ausmachen. Da in ihrer Weise auch Kunst und Religion hier eingebunden sind, können wir sagen, daß die ganze heutige Wirklichkeit ein geradezu riesenhafter, allumfassender Komplex ist. Dementsprechend kompliziert ist es, sich in dieser global vernetzten Welt einen Überblick über sie zu verschaffen und sich in ihr zu orientieren – wenn man es denn will.

Nun geht die Wissenschaft bekanntlich, um zu Erkenntnissen und Einsichten zu gelangen, methodisch vor. Ihre Methoden führen nicht nur zu Erkenntnissen, die sicher sind, sondern sie tun dies auch noch *mit* Sicherheit. Durch sie zeichnet sich wissenschaftliches vor allem sonstigen Erkennen aus. Darum ist Wissenschaftlichkeit besonders in Technik, Politik und Wirtschaft gefragt, also überall da, wo es darum geht, ‚Zukunft zu gestalten'. Wissenschaftliche Methoden tragen dazu bei, Planungen zu sichern, ja sie stellen in gewisser Weise Planbarkeit überhaupt erst her. Daß die Wissenschaft dazu allerdings auf technische Apparate und Einrichtungen angewiesen ist, die bereits auf der Grundlage ihrer eigenen, wissenschaftlichen Erkenntnisse von der Industrie hergestellt werden, ist ebenso bekannt wie die Tatsache, daß die Politik unter anderem auch die Rahmenbedingungen für diese industrielle Produktion schafft und dazu organisatorisch angewiesen ist auf wissenschaftlich-technische Produkte wie etwa Computer, Telefon u. ä. Damit deutet sich eine Verflechtung dieser Bereiche an, in der keiner dieser vier – Technik, Wissenschaft, Wirtschaft, Politik – ohne die drei anderen ist, und auch, daß in jedem von ihnen das Prinzip der Globalisierung zum Tragen kommt: *das energische Überschreiten und Abbauen von Grenzen.*

Dies entgrenzende Prinzip hat zwar offensichtlich vor allem die Wirtschaft erfaßt, ist aber ohne jede Einschränkung in allen Spielarten des Fortschritts maßgebend. Ein Anzeichen dafür ist die Informatisierung und Digitalisierung unserer gesamten Existenz, d. h. des Mensch-Seins. Dementsprechend sind etwa ethische Fragen, die durch die Globalökonomie aufgeworfen werden, eben nicht auf diese allein beschränkt, sondern weisen weiter zurück in das Prinzip der Entgrenzung selbst, das ja, wie gesagt, das Wesen unserer Existenz angeht. Seiner eigenen Tendenz zufolge kommt dieses Prinzip erst mit dem Erreichen völliger Grenzenlosigkeit zu seiner Vollendung.

Wird nun diese Entgrenzung hinsichtlich ihrer eigenen Dynamik auch wirklich grenzenlos durchgeführt, beraubt sie sich, wie man inzwischen bemerkt hat, am Ende selber der Möglichkeit ihres maßgeblichen Fortkommens. Um das Ausmaß dieser Gefährdung zu verstehen, gab der *Club of Rome* im Jahre 1972 eine Studie in Auftrag, die aufgrund eines Weltmodells und anhand von Computersimulationen die bedrohlichen Folgen eines grenzenlosen Wachstums der Wirtschaft aufzeigt. Sie wurde unter dem Titel *The Limits of Growth* veröffentlicht, und im Jahr darauf erhielt der *Club of Rome* für sie den Friedenspreis des Deutschen Buchhandels. Was nun das Aufzeigen der Grenzen wirtschaftlichen Wachstums mit Frieden zu tun hat, kann an dieser Stelle nicht erörtert werden. Hier sei nur darauf hingewiesen, daß die ersten kritischen Stimmen zu uneingeschränktem Wachstum direkt oder indirekt aus England zu hören waren, wenngleich sie sich noch auf bloß theoretischem Boden bewegen konnten und sich nicht, wie heute, mit der konkreten Selbstgefährdung des Prinzips grenzenloser Entgrenzung konfrontiert sahen.

Damals, im 19. Jahrhundert, kam etwa der Wirtschafts- und Wissenschaftstheoretiker John Stewart Mill in seinen *Principles of Political Economy* von 1848 zu dem Schluß, daß weder eine Bevölkerung noch eine Wirtschaft unbegrenzt wachsen können. Ob dort für unsere aktuelle Diskussion wirksame Anstöße zu finden sind, ist allerdings fraglich, denn für die bedarf es offenbar nicht so sehr rein theoretischer Ansätze als vielmehr handfester Daten aus unserer konkreten Wirklichkeit, die unsere Verstehens- und Handlungsmodelle speisen.

Hier zeigt sich ein Unterschied der Ausgangspunkte, der darin besteht, daß Mills theoretische Einsicht in Grenzen des Wachstums sich auf Tatsachen hin *orientiert*, wohingegen sich die entsprechenden Untersuchungsergebnisse von heute auf Tatsachen *gründen*. So der von den *Vereinten Nationen* in Auftrag gegebene Bericht der sogenannten *Brundtland-Kommission* von 1987, die nach einer rund drei Jahre dauernden, weltweiten Bestandsaufnahme zwei Szenarien für die Zukunft der Menschheit vorstellt: a) der wirtschaftlich-technische Umgang mit allem, was ‚natürlich‘ ist, geht uneingeschränkt weiter wie bisher, wobei die Menschheit als solche auf der Strecke bleibt; b) der wirtschaftlich-technische Umgang mit allem, was ‚natürlich‘ ist, wird eingeschränkt, wodurch eine Möglichkeit zum Erhalt der Menschheit gegeben wäre. Das bedeutet: wollen wir weiterhin unterwegs sein, müßten wir Wege einschlagen, die nicht in jede beliebige Richtung gehen können, und vor allem nicht solche, die sich am Ende als Sackgasse oder gar Teufelskreis herausstellen. Die Alternative jedenfalls, vor der Herakles mit freiem Willen stand, bieten jene beiden Modelle nicht.

Über die Folgen hinaus, die er in Politik, Wirtschaft und Wissenschaft hatte – bzw. auch nicht –, hatte dieser Bericht noch eine Auswirkung, die ebenso unerwartet wie einflußreich war. Durch ihn nämlich fand der Begriff *Sustainable Development* weltweite Verbreitung und hielt Einzug in die meisten Sprachen, ins Deutsche als *Nachhaltige Entwicklung* oder verkürzt als *Nachhaltigkeit*. Dies ist die Formel für den Sachverhalt, daß Wachstum und Entwicklung global kaum grenzenlos fortbestehen werden. Demnach gibt es zum einen Grenzen, die zwar überschritten werden *können*, aber aus theoretischer Sicht nicht überschritten werden *sollten* (Mill), und andererseits Grenzen, die zwar auch überschritten werden können und überschritten werden, aus praktischer Sicht aber nicht überschritten werden *dürfen* (Brundtland). Diese Grenzen binden das *Sustainable Development*.

Soll nun das Prinzip der Globalisierung, d. h. der grenzenlosen Entgrenzung, nicht daran scheitern, daß die *Möglichkeiten seiner Verwirklichung*

52

seinem eigenen Wesen zuwider begrenzt sind, muß berücksichtigt werden, daß die Quelle der ,Natur', aus der unter anderem auch die ökonomische Entgrenzung ihr Vorgehen speist, sich einer grenzenlosen Ausnutzung geradezu versagt. Könnte es demnach sein, daß das Sichversagen jener ,natürlichen' Quelle im *Sustainable Development* ein Echo findet? Immerhin legt die Tatsache, daß der *Brundtland-Bericht* dem Umgang mit Quellen besondere Aufmerksamkeit widmet, oder daß in der englischen und französischen Verwaltungssprache den *human ressources* bzw. *ressources humaines*, also den «menschlichen Quellen», entscheidende Bedeutung zukommt es nahe, daß die Globalisierung zu einem Nachdenken über ,Quellen' auffordert, wenn nicht sogar zu deren Achtung[28] nötigt.

Mit dem Phänomen der Quelle und ihrer Grenze handelt es sich offenkundig um einen elementaren Aspekt des Prinzips der Globalisierung, der die Frage aufwerfen kann, ob es denn Quellen gibt, die als solche unerschöpflich sind[29]. Das Verständnis des Verhältnisses zwischen einer Quelle und ihrer eigenen, spezifischen Begrenztheit trägt jedenfalls entscheidend zur Wirklichkeit der Nachhaltigkeit bei, und das heißt hier zu nichts weniger als zum Fortbestehen der Menschheit. Immerhin schreibt die Vorsitzende der offiziell *World Commission on Environment and Development* genannten Arbeitsgruppe der *UN* im Vorwort ihres Berichtes, der den Titel *Our Common Future* trägt, daß wir vor dringenden, verwickelten und schwer faßbaren Problemen stehen, die unser ureigenes Überleben betreffen[30]. Es geht daher um die folgende, eher formale Überlegung: um Grenzen überschreiten zu können, braucht die Globalisierung doch auch Quellen, aus denen sich ihre expandierende Bewegung speist, die ihr Nahrung bieten, die sie am Leben bzw. in Gang halten. Doch sind auch hier Speisen Spesen, und die sind Kosten, und die sind effektiv gering zu halten, sind gegen null zu führen, d. h. zu ,an-nullieren'. Was also gilt in einer Wirtschaft weltumspannenden Wettbewerbs als das in diesem Sinne zu Annullierende, als Kosten?

[28] «Achtung» hier in einem historisch *und* sachlich entfallenen Sinn, wie er sich etwa bei Homer oder Xenophon im Wort αἰδώς (*aidos*) findet: *Rücksicht, Schamgefühl, Ehrfurcht, Bescheidenheit, Sittsamkeit.*
[29] Hierher gehört auch das Bemühen um Energien, die sich immer wieder neu machen können.
[30] «Scientists bring to our attention urgent but complex problems bearing on our very survival: a warming globe, threats to the Earth's ozone layer, deserts consuming agricultural land.» *Brundtland-Report*, Gro Harlem Brundtland, Chairman's Foreword, Oslo, 20 March 1987.

Dies sind, weit gefaßt, nicht zuletzt die Rohstoffe und Energien jeglicher Art, die bei der Produktion von Waren und Dienstleistungen eingesetzt werden.

Da es hier jedoch um ein rein ökonomisches Kalkül geht, braucht das Prinzip der Kostenannullierung nicht im geringsten zu einer Ersparnis von Rohstoffen und Energie zu führen, also zu *deren* Achtung, da sie ausschließlich als Wirkkapazitäten zum Betreiben der Produktion begriffen werden. Die aber kennt aus ihr selber keine Grenzen, kann, will und darf sie nicht kennen, weil sie geradezu wesenhaft ‚unersättlich‘ ist. Zudem können Rohstoffe und Energien auch selber hergestellte Waren sein, die, nicht wie die Kosten, effektiv gering zu halten sind, sondern ganz im Gegenteil, in großem Umfang produziert und gewinnbringend auf einem freien, möglichst unbegrenzten Markt abgesetzt werden sollen. Beide, sowohl die tendenziell uneingeschränkte An-nullierung der Kosten als auch die tendenziell schrankenlose Einnahme des Marktes gehören im entgrenzenden Prinzip der Globalisierung zusammen. Doch offenkundig wurde bisher die Wucht, die grenzenloser Entgrenzung eigen ist, verkannt und konnte auf diese Weise ungehindert zu der alarmierenden Situation führen, in der wir uns befinden, und aus der jetzt offiziell das *Sustainable Development* der Ausweg sein soll.

II

Nun wäre das Natürlichste von der Welt eine Menschheit, der es um ihr Fortbestehen und um die Stärkung ihres Lebens geht. Doch es sieht so aus, als sei uns heute eben diese Natürlichkeit von einer künstlich geförderten Lebendigkeit vernebelt, die uns irgendwie abstumpft und unempfindlich macht für unsere eigene Lage und das heißt auch, für uns selbst. Sich um das eigene Fortbestehen zu kümmern, ist aber bekanntlich nicht allein Sache des menschlichen, sondern jeden Lebens. Darum sei dann auch gerade die Menschheit, so Nietzsche in *Menschliches, Allzumenschliches* durch den Willen zu überdauern auf den Gedanken gekommen, der besagt: «der dauernde Vorteil ist dem flüchtigen vorzuziehen»[31].

---

[31] Friedrich Nietzsche, *Menschliches, Allzumenschliches*, in: Werke und Briefe: Zweiter Band. Friedrich Nietzsche: Werke, S. 4881 (vgl. Nietzsche-W Bd. 1, S. 770) (c) C. Hanser Verlag.

Sofort klingen da all die kritischen Stimmen an, die angesichts der letzten, (noch immer aktuellen) Finanz- und Wirtschaftskrise den schnellen Erfolg von Managern verurteilen und längerfristige Konzepte einklagen. Zwei davon, das *Sustainable Development* wie auch die *Corporate Social Responsibility*, liegen offenbar ganz in Richtung dessen, was Nietzsche hier über den dauerhaften Vorteil sagt, da das Vorgehen unserer Entwicklung anhaltend sein soll, auf Französisch *durable*, was eben dauernd heißt: die dauernde Entwicklung, das *Développement Durable* des Vorteils bzw. Nutzens sei, aus Gründen der Verantwortung, dem flüchtigen Nutzen vorzuziehen.

Vielleicht aber sind die gerade angestellten Überlegungen schon selber flüchtig, zu flüchtig. Denn wichtig ist doch auch zu berücksichtigen, in welchem Zusammenhang Nietzsche vom Vorzug des dauernden Vorteils spricht. Er macht diese Bemerkung im Zuge seines Nachdenkens über den Ursprung der Sitte, und nicht in Hinsicht auf eine konkrete historische Situation, so wie wir es hier tun. Doch fällt auf, daß unser kurzer Blick auf die Nachhaltigkeit im *Sustainable Development* zu jenem Gedanken von Fortbestehen und Fortdauer führt, der am *Ursprung* dessen steht, was heute mit dem Wort Ethos gemeint sein mag – wobei Ursprung nicht dasselbe ist wie Ursache. Daher können wir sagen: eine Menschheit, die ihren Fortbestand will, muß auf den Gedanken kommen, daß der dauernde Vorteil dem flüchtigen vorzuziehen ist. Hier liegt der Ursprung der Sitte, bzw. des Ethos.

Flüchtiger Vorteil aber ist gerade nicht von Dauer, hält nicht und flieht, zerrinnt und entweicht. Flüchtiger Vorteil kann nicht teilen; weder mit Zeitgenossen, noch mit kommenden Generationen. In solcher Teilnahmslosigkeit zerfällt eine Gemeinschaft in eine bloß summarische, aggregatische Gesamtheit. Auf Flüchtigkeit kann keine Gemeinschaft von Menschen ihr Fortbestehen bauen, sie ist ihr nicht förderlich. Flüchtiger Vorteil ist für sich ohne Sitte und ist darüber hinaus unsittlich, wenn ihm die bewährte Stetigkeit einer standfesten Gemeinschaft nur als günstige Grundlage zum Absprung dient. Nur wo die Verbindlichkeit der Gemeinschaft dem Einzelnen Grenzen *für* seine Wesensfreiheit setzt, ist Sitte, die an ihr selbst die Fortdauer der Gemeinschaft verbürgt. Der aber entzieht sich flüchtiger Vorteil.

Interpretieren wir Nietzsches Gedanken «der dauernde Vorteil ist dem flüchtigen vorzuziehen» noch um einen Schritt weiter. In dieser Einsicht habe, wie er sagt, die Sitte ihren Ursprung, mit ihr hebe und finge sie an. Allein, mit einem Anfang hat unsere heutige Situation eher wenig zu tun, richtet sich doch das *Sustainable Development* vielmehr darauf, ein endgültiges Ende abzuwenden, um «our very survival», wie Gro Harlem Brundtland schreibt, zu retten: unser nacktes Überleben. Hier könnte sich allmählich ein Verdacht melden, nämlich der, daß das Prinzip der Globalisierung, die Entgrenzung, prinzipieller ist als gemeinhin vermutet. Offensichtlich betrifft sie nicht nur geographische Grenzen und die von Rohstoff- und Energiequellen jeglicher Art, und auch nicht nur die der Wirtschaft, obwohl die in ganz besonderer Weise. Offensichtlich ist auch der Bereich der Sitte von Entgrenzung erfaßt, oder anders gesagt, der Gemeinsinn des Menschen, kurz das Menschsein. *Ist* der Mensch überhaupt Mensch ohne Sitte bzw. Ethos? Er ist schon, wiederum mit Nietzsche, allerdings nicht geschichtlich, weil geradezu ursprungslos. Demzufolge wäre dann auch eine Gesellschaftsordnung ohne Sitte ohne Geschichte. Sitten- und Geschichtslosigkeit herrschen dann, wenn der flüchtige Vorteil herrscht. Aber *herrscht* er denn? Versucht die internationale Gemeinschaft nicht gerade diese Herrschaft zu verhindern? Was also hat der flüchtige Vorteil mit Entgrenzung zu tun, d. h. mit dem Prinzip der Globalisierung? Er ist ein Mittel ihrer Verwirklichung. Inwiefern ist der flüchtige Vorteil ein Mittel, die Globalisierung durchzusetzen?

III

Wenn es darum geht, Ursachen für die weltweite Finanz- und Wirtschaftskrise anzugeben, ist unter anderem die Rede von allzu kurzfristigem, eilfertigem, ja von fahrlässigem Profitstreben einzelner Finanzexperten. Derart vorpreschendes Streben soll deshalb gezügelt und der Handlungsspielraum der betroffenen Fachleute eingeschränkt werden. Aber ist es denn überhaupt nötig, dem Treiben des Handels eigens Grenzen aufzuerlegen, bewegt er sich doch, nach einem Wort Friedrich Schillers, in einem fest umrissenen Horizont? Im sechsten seiner *Briefe über die ästhetische Erziehung des Menschen* gibt dieser durch und durch ethisch denkende und fühlende Autor die folgende aufschlußreiche Bestimmung eines Geschäftsmanns: «... der Geschäftsmann hat gar oft ein enges Herz, weil seine Einbildungskraft, in den einförmigen Kreis seines Berufs eingeschlossen, sich zu fremder Vorstellungsart nicht erweitern kann.»[32]
Warum also sollten, wenn Schillers Bestimmung zutrifft, diesem Herzen, das an ihm selbst schon eng ist, dann heutzutage noch Beschränkungen auferlegt werden? Hieße das nicht, offene Türen einrennen bzw. verschlos-

---

[32] Friedrich Schiller, *Briefe über die ästhetische Erziehung des Menschen*, VI. Brief.

sene verriegeln? Was aber, wenn ungezügelt vorpreschendes Profitstreben seine flüchtigen Vorteile einzig und allein der Enge seines Herzens verdankt? Dann wäre eine Einbildungskraft, die in den einförmigen Kreis des Finanzmanagements eingeschlossen ist, zu befangen, um sich aus sich zu erweitern zu anderer, ihr fremder Vorstellungsart, zu einem anderen, ihr fremden Denken, einem anderen, ihr fremden Verständnis der Dinge, der Welt und des Menschen, ja letztlich zu einem anderen Verständnis ihrer selbst. Eingeschlossen in der Einförmigkeit ihres Berufes kennen Geschäftsmann und Manager ausschließlich ihre effizienzorientierte Vorstellungsart und tragen diese, ganz in ihr eingeschlossen, über deren Grenzen hinaus. Auf diese Weise wird die Welt ein Markt, und der Markt wird Welt. Aber auch dieser Schluß ist vielleicht zu voreilig gezogen, zu flüchtig.

Wenn bei Schiller vom engen Herzen des Geschäftsmanns die Rede ist, dann handelt es sich dabei doch eher um die Vorstellung eines kleinen Einzelhändlers, also um die eines sprichwörtlichen Kleinkrämers, der noch nicht global bzw. planetarisch denken muß, sondern der alles an Ort und Stelle übersichtlich unter Dach und Fach hat. Demgegenüber muß ein international tätiger Geschäftsmann entsprechend weltgewandt sein, mit einer Gewandtheit, für die heute bekanntlich interkulturelle Kurse angeboten werden, die das Ziel verfolgen, den Horizont ihrer Teilnehmer zu erweitern.

Die Unterscheidung zwischen ortsansässigem Einzelhändler und weltreisendem, Ein- und Ausfuhr treibenden Geschäftsmann ist seit Urzeiten bekannt. Letzterer hieß bei den alten Griechen ἔμπορός (*emporos*): einer, der auf einem Schiff mitfährt, ein handeltreibender Reisender, ein ‚Kauffahrer'. Grundwort dieses ἔμπορός ist das πείρω (*peiro*), was soviel bedeutet wie: von einem Ende bis zum andern durchdringen, und in diesem Sinne dann eben auch: die Wogen durchschneiden, d. h. das Meer von einem Ende bis zum anderen durchfahren, in der Absicht, Waren von hier nach dort zu transportieren, um sie zu liefern, um sie ‚an den Mann zu bringen'.

Jedes Geschäftemachen ist, wesentlich begriffen, ein Vornehmen, Vorsetzen und Vorgehen, und in einem weiten und tiefen Sinn ist das *Durchkommen* sein Grundzug. Der kann auf unterschiedliche Weise das ‚Herz' des Handeltreibenden durchziehen, und d. h. durchstimmen. Auf dieses Durchkommen, das ihm seinen Charakter verleiht, bleibt das ganze Tun des Geschäftsmannes bezogen. Näher betrachtet ist dieses maßgebliche Durchkommen nun gerade auch im weiteren und tieferen Sinn ein Vorgehen, das Entfernungen überwindet – nicht nur geographisch, sondern auch ‚mental' wie etwa in der Werbung oder in ambitionierten Wahlkampagnen, ja auch in *training* und *coaching*. Kommerzielles Handeln ist eine besondere Art des Überwindens. Die ist bis heute nicht ausdrücklich und eigens verstanden.

Das handelsspezifische Überwinden verwirklicht sich auf eine umfassende Weise, und wo ihm, wie im Laufe der Neuzeit, sein Gegenüber im Handeln immer mehr zum bloßen Gegner wird – man spricht mittlerweile in aller Öffentlichkeit vom *brutalen Verdrängungswettbewerb*, ohne sich etwas dabei zu denken –, da wird das Überwinden ein Überwältigen und Ausräumen von Widerständen und Hindernissen. Hindernisse aus dem Weg zu räumen aber verursacht Kosten. Die sind gemäß der Forderung nach Effizienz möglichst gegen null zu führen. Globaler Wettbewerb nötigt den Geschäftsmann, Kosten in globalem Maßstab zu an-nullieren. Er drängt dazu, all das, was sich für das Ziel einer Maximierung der Effizienz als widrig herausstellt, zu eliminieren. Derartige Bedrängnis nun schränkt den Horizont der kommerziellen Sicht grundsätzlich ein und beengt ihn so. Es ist dies die Enge des globalen Konkurrenzkampfes, der sich allein als einzige Dringlichkeit behauptet, die alle Einbildungskraft bannt. Welt als globaler Markt ist eng und befangen in Beklommenheit. Wie ist die zu verleugnen?

Indem wir ihre Annahme verweigern und uns unempfindlich gegen sie machen, oder schlicht gesagt, indem wir sie ignorieren, denn dann ist sie für uns wie nicht. Weiter können wir uns das Gegenteil der Beklommenheit vormachen und uns eine Freiheit, besonders aber eine Entscheidungs- und Bewegungsfreiheit einreden, die wir als geradezu grenzenlos behaupten. Was wir, die Zivilisation der nördlichen Hemisphäre, da vorgeben ist, daß wir grundsätzlich *alles* im Griff haben und uns *alles* vornehmen können, daß uns *alles*, die ganze Welt, offensteht und uns, global gesehen, nichts unmöglich ist. Selbst die Aufrufe zur Mäßigung, wie sie etwa vor einem halben Jahrhundert Ludwig Erhard formulierte, gehen hier noch von uneingeschränkter Machbarkeit aus und davon, daß es machbar sei, das heute herrschende, bedenkenlos vereinnahmende Selbstverständnis auf Zurückhaltung anzusprechen. Das ist im Grunde auch möglich, nur *ist* dies geschäftemachende Selbstverständnis *schon* angesprochen und hat bereits nur noch Ohren für den Anspruch auf unablässige Steigerung des Nutzens.

IV

Für ihre Verwirklichung verlangt die Steigerung des Nutzens das bereits erwähnte überwältigende Überwinden, das nicht nur darauf aus ist, alles, worauf es bei seinem Vorgehen trifft, als etwas zu begreifen, das ihm im Wege ist, und das es demzufolge zu entfernen gilt. Darüber hinaus nämlich betrachtet es auch jedes andere *Vorgehen*, und d. h. hier jeden anderen Bezug zu den Menschen, zu den Dingen und zur Welt, als einen Rivalen, der auszustechen ist. Da das überwältigende Überwinden alles, was *ihm* widrig und hinderlich ist, ausräumen muß – und *alles*, was es nicht selbst ist, ist ihm schon ganz von allein widrig und hinderlich –, ist es ständig auf dem Sprung: auf dem Sprung, sich dasjenige, worauf es in seinem Vorgehen trifft, zu assimilieren. Das Monopol des effizienzgesteuerten Durchkommens ist darum an ihm selber rastlos und flüchtig und drängt alles andere in die Flüchtigkeit des reibungslosen Funktionierens.

Durch diesen exklusiven Anspruch auf Weltdominanz werden wir der Freiheit all unserer *unterschiedlichen Möglichkeiten*, uns zu anderen Menschen, zu den Dingen und zur Welt zu verhalten, beraubt und, je weiter die Steigerung des Nutzens in ihrem überwältigenden Überwinden durchkommt, in unserem Spielraum nachhaltig eingeengt, wodurch wir auch faktisch in die Klemme geraten. Aus seinem eigenen monopolistischen Wesen drängt uns der entgrenzende Grundzug der Globalisierung in eine Beklommenheit, die sich als die alles beherrschende Atmosphäre ausbreitet. Was liegt da näher als der Wille, sich dieser Klemme zu entziehen und ihr zu entfliehen? Da wir aber die Beklommenheit in allen Lebensbereichen hartnäckig ignorieren bzw. verleugnen, kennen wir sie auch nicht, und uns bleibt für unseren Ausweg aus der Klemme nur, uns jener Flüchtigkeit zu überlassen, die doch schon zuvor zu eben der beklemmenden Monotonie unserer turbulenten Verhältnisse geführt hat, die wir jetzt eigentlich fliehen möchten. Dadurch befreien wir uns jedoch nicht aus unserer verleugneten, faktischen Beklommenheit, sondern ganz im Gegenteil, vertiefen und steigern sie, indem wir uns unwissentlich von der Flüchtigkeit des Überwindens mitreißen lassen.

Als einzige Möglichkeit, aus der Klemme zu kommen, bleibt uns daher, eben jene Flüchtigkeit, in der das monopolistische Überwältigen ja längst schon überall hin expandiert, selber wiederum zu fliehen. Anstatt uns der Enge seiner atemberaubenden Atmosphäre zu entziehen, verlieren wir uns so immer mehr in ihr. Das gilt nicht zuletzt für den gesamten Unterhaltungs-, Freizeit- und Sportbetrieb, dessen spektakuläre Ablenkungen sich bekanntlich unablässig übertreiben. Auf diese Weise aber stellen wir den Ursprung jener betäubenden Atmosphäre nicht nur sicher und erhalten ihn einfach, sondern verstetigen die Flüchtigkeit entgrenzender Effizienzsteigerung. Dabei ist die Öde allgegenwärtiger Flüchtigkeit nie durch eine Steigerung von Flüchtigkeit zu fliehen.

Zu ihrer Verstetigung gehört nun aber auch, die Bewegung dieser Flüchtigkeit aus Quellen zu speisen, die konsequenterweise nicht versiegen dürfen. Deren Fortbestehen zu sichern ist das Anliegen des *Sustainable Development* bzw. der dauernden Flüchtigkeit. Es kann darum nicht als harmlose Gesellschaftskritik abgetan werden, wenn wiederum Nietzsche sagt: «Aus Mangel an Ruhe läuft unsere Zivilisation in eine neue Barbarei aus. Zu keiner Zeit haben die Tätigen, das heißt die Ruhelosen, mehr gegolten.»[33] Daß der Mangel an Ruhe in Barbarei ausläuft, bedeutet nichts anderes, als daß am Ursprung der Sitte jener Gedanke steht, der besagt, daß der dauernde Vorteil dem flüchtigen vorzuziehen ist. Was heißt das für unsere Zivilisation, die die Folge der effizienzgetriebenen Flüchtigkeit, nämlich die Beklommenheit, geradezu verstockt verleugnet und mit Verstetigung der Flüchtigkeit auf sie antwortet? Heißt dies, Barbarei zu verstetigen, oder auch Sittenlosigkeit?

Nun sagen die geschichtlichen Worte *Ethos* und *Sitte* dasselbe. Beide gehen zurück auf ein grundlegendes Verständnis des *Sitzens*, was wir im Wort *Sitte* ja auch leicht hören. Im griechischen Wort *Ethos* findet sich das Zeitwort ἧμαι (*hemai*), dessen Form ἕζω (*hezo*) soviel bedeutet wie: ich bin gesetzt worden, ich habe mich gesetzt, also: ich sitze. Beide, sowohl Ethos als auch Sitte sprechen einstimmig von der wesentlichen Seßhaftigkeit des Menschen. Die überwältigende Wucht der Flüchtigkeit spricht eine andere Sprache, die Sprache der Verstellung in einem recht weiten Sinn. Wer heute nach einer mäßigenden Ethik ruft und somit – um es mit Worten des Mediziners, Psychiaters und Philosophen Karl Jaspers zu sagen – die «Verwandlung des sittlichen Menschen will und doch in der Welt mit aller Intelligenz am gedankenlosen Weitermachen mitwirkt, [der] mißbraucht [...] ein unverbindlich gewordenes Formulieren zur Verschleierung und macht

---

[33] Friedrich Nietzsche: Werke und Briefe: Erster Band. Friedrich Nietzsche: Werke, S. 4597 (vgl. Nietzsche-W Bd. 1, S. 620-621) (c) C. Hanser Verlag.

das Sittliche selber verdächtig. So geht es weiter: redend, verhandelnd, unternehmend, organisierend...»[34]

Dieses sich fortspinnende Weitergehen und Weitermachen, von dem Jaspers hier spricht, ist befangen im mitreißend Flüchtigen einer uneingeschränkten Machbarkeit und ihrer entgrenzenden Planungen. Und in derselben Hinsicht schreibt Jaspers etwas später: «Im Gegensatz zum Politischen ist *das Ethos nicht zu planen*. Es wäre ein falscher Sinn, wenn der sittliche Ernst nicht seiner selbst wegen, sondern als Mittel zur Erhaltung des menschlichen Lebens gemeint wäre. Es ist umgekehrt. Die Unbedingtheit im politischen Ethos kann die Rettung des menschlichen Lebens zur Folge, nicht aber zum Ziel haben. Das Ethos als Mittel einzusetzen, um das bloße Leben zu retten, ist vergeblich, weil in solcher Zweckhaltung das Ethos selber preisgegeben wird.»[35] Demzufolge sind Ethos und Sitte ihrem Wesen nach nie lebensrettend, sondern, mit Nietzsche, ursprünglich lebensfördernd und -stärkend, was beileibe nicht dasselbe ist.

Sobald nun, wie heute, aller Sinn vorgreifend unstet in Projekte und Absichten gelegt wird, ist man genötigt, wie wiederum Nietzsche schreibt, «den Wert des Lebens [...] zu verlegen [...] in die fortschreitende Entwicklung der Ideen oder der Menschheit», wodurch man aber in den «Zweck*progressus in infinitum*» kommt und es in diesem Fortschreiten ohne Halt[36] schließlich nötig hat, «sich einen Platz in dem „Welt-Prozeß" auszumachen.»[37] Das Ausmachen dieses Platzes im *Welt-Prozeß* betreibt die Globalisierung kommerziell, wissenschaftlich und politisch. Und diese historische Selbstverortung vollzieht sich als ein Fortschritt im Bereich der Zwecke. Zwecke treiben den Fortschritt an und werden selber immer fortschrittlicher. Da ist es kein Wunder, daß dies ein *progressus in infinitum* ist, endlos und damit am Ende selber ohne Zweck und Ziel. Diesem zwecklosen Zweckprogress soll Ethik heute die Unendlichkeit sichern helfen und wird dabei, bzw. dazu preisgegeben. Es geht also darum, daß wir Möglichkeiten finden, Ruhe einkehren zu lassen, die ihrerseits eine Seßhaftigkeit ermöglicht, von der wir vermutlich noch nicht die geringste Ahnung haben.

---

[34] Karl Jaspers, *Die Atombombe und die Zukunft des Menschen – Politisches Bewußtsein in unserer Zeit*, München, 1958, S. 50.

[35] *Ibidem*, S. 51.

[36] Hier sei nur kurz auf die gierige Jagd nach Innovationen hingewiesen.

[37] Friedrich Nietzsche: Werke und Briefe: [27]. Friedrich Nietzsche: Werke, S. 9574 (vgl. Nietzsche-W Bd. 3, S. 876) (c) C. Hanser Verlag.

Ex Datis

Ein Kriterium ist zu verstehen als ein wesentliches Unterscheidungsmerkmal, als ein entscheidendes Kennzeichen, wodurch sich eine Sache oder ein Mensch von anderen deutlich abhebt. *Krinein* (κρίνειν) heißt unter anderem: etwas scheiden oder aussondern, etwas entscheiden oder festsetzen und auch, etwas untersuchen. Kriterien tragen dazu bei, etwas mit Bestimmtheit zu- und einzuordnen oder auch etwas entschieden anzuordnen. Was eine Ordnung ist, das ist schwer zu sagen, und doch würde ohne so etwas wie sie wohl alles im Chaos versinken. Nun ist die Ordnung unserer Zeit allerdings eine zu zerfallende, d. h. eine, die ihrem eigenen Wesen nach schon von sich aus darauf aus ist, sogar sich selber zu zersetzen. Daher können die Maßnahmen, die ihre Selbstauflösung verhindern und sie erhalten sollen, nur künstlich sein, keinesfalls jedoch solide oder gar grundlegend. Zu ihrer künstlichen Erhaltung bedarf unsere Ordnung zunehmend künstlicher Energie und künstlicher Intelligenz. Vor allem durch diese beiden Kriterien unterscheidet sie sich von Ordnungen früherer Zeiten.

Die Wesensbestimmung der herrschenden Ordnung, nämlich daß sie allein von sich aus, also ohne äußere Einwirkung, auf ihren eigenen Zerfall angelegt sei, widerspricht allerdings völlig dem Verständnis, das sie von sich selber hat. Kriterien wie diesen ist sie verschlossen, ja sachgegründete Kritik überhaupt ist längst nicht mehr ihre Sache. Die Energie, mit der sie ihren Betrieb aufrecht erhält und steigert, verlangt zu ihrer Steuerung Aufmerksamkeit ausschließlich für sich und bewirkt, um es mit einem Wort Hegels zu sagen, einen «Fanatismus der Hartnäckigkeit»[38]. Mit ihrer Hartnäckigkeit – oder auch nur kurz Härte – gewährleisten die Betreiber dieser zu zerfallenden Ordnung ihr Fortbestehen, wobei die Hartnäckigkeit einer menschlichen Einstellung gleichwohl die mangelnde Festigkeit der Ordnung selbst

---

[38] G. W. F. Hegel, *Vorlesungen über die Philosophie der Religion*, Werke Bd. 17, Frankfurt/M. 1971, S. 85.

nicht ersetzen kann. Den Fanatismus kennzeichnet Hegel als «eine Begeisterung für ein Abstraktes, für einen abstrakten Gedanken.»[39]
   Man braucht nicht lange und nicht weit zu suchen, um zu sehen, daß es
schon seit einiger Zeit kaum größere Begeisterung gibt als für den technischen Fortschritt und damit zugleich für die Ingenieurswissenschaften und
ihre aus Naturgesetzen konstruierten Ergebnisse. Die Vorstellung, die diese
Begeisterung sich von der Technik macht, ist in der Tat abstrakt, da sie nur
den blendenden Fortschritt sieht, und zwar losgelöst von dessen *Denkvor-*
aussetzungen, die selber nur zu denken, nicht jedoch mathematisch zu berechnen sind. Ein wichtiges Kriterium der Voraussetzung dieses Fortschritts
ist wiederum eine Art von Abstraktion, nämlich die, die der physikalischen
Naturbetrachtung eigen ist.
   Hier sind somit zwei Abstraktionen von einander zu scheiden: zum einen
die, die von jenen *Denkbedingungen* abstrahiert, die die Technik und ihren
Fortschritt überhaupt erst ermöglichen und die sich allein an die technischen Hervorbringungen hält. Zum anderen ist da die *mathematische* Abstraktion, die von den Dingen und überhaupt allem Anschaulichen abstrahiert. Die eine sieht ab vom Denkfundament aller technischen Konstruktion,
die andere von den Gegebenheiten unserer alltäglichen Welt. Beide fallen
ununterschieden zusammen und bilden in ihrer Verflechtung gleichsam den
Nährboden für die technische Begeisterung des Fortschritts und seiner Ordnung, die vor allem von Forschern, Managern und Politikern eingerichtet
wird. So arglos technischer Eifer sich selbst und anderen auch erscheinen
mag, so ist seine Begeisterung für ein Abstraktes auch selber noch einmal
abstrakt und demnach mit Hegel als ein Fanatismus der Hartnäckigkeit zu
begreifen. Nichts schätzt diese Leidenschaft mehr, nichts gilt ihr mehr als
eben jener Fortschritt.
   Daß derartige Bewertungen allerdings durchaus kritisch überprüft werden
sollten, darauf macht unter anderem Henri Bergson in einer schneidenden
Formulierung aufmerksam. Dort heißt es: «Von zehn politischen Irrtümern
bestehen neun lediglich darin, etwas noch für wahr zu halten, was es nicht
mehr ist. Aber der zehnte, der der schwerwiegendste sein wird, ist der, nicht

---

[39] G. W. F. Hegel, *Vorlesungen über die Philosophie der Geschichte*, Bd. 12, Frankfurt/M.
1971, S. 430.

mehr für wahr zu halten, was es gleichwohl noch ist.»[40] Was also, wenn das begeisterte Festhalten am Ideal des technischen Fortschritts einer jener neun Irrtümer wäre, und zwar nicht der geringste? Eine Antwort auf diese Frage ist – und das nicht allein nach Bergson – offenbar nur im Bereich der Wahrheit zu finden, und genauer im Verständnis ihres geschichtlichen Wandels: wie ändert sich das, was wahr ist, und wie kommen wir da mit? Für Fragen wie diese bleiben die Ohren verstockter Schwärmerei gezwungenermaßen taub. Hier muß nun unterschieden werden zwischen all dem, was zwar an ihm selbst *nicht wahr* ist, das sich aber als wahr behauptet und auch in diesem Sinne durchgesetzt wird, und Jenem, was zwar *wahr ist*, aber nicht als solches wahrgenommen und darum auch nicht maßgeblich wird. Was also ist mit einer Ordnung, die geradezu kritiklos an Kriterien festgemacht wird, die mit der Zeit faktisch hinfällig geworden sein könnten und die zugleich eine zeitgemäße Möglichkeit grundlegender Orientierung blindlings ausschlägt?

Den technischen Fortschritt etwa als nutzbringend zu bewerten, als förderlich für die gesamte Menschheit, heißt, ihn selber als einen Maßstab anzusetzen, durch den Vorstellungen und Handlungen einzuschätzen und zu beurteilen sind. Eine *geschichtliche* Kritik des technischen Fortschritts und besonders des ihn leitenden Wertedenkens ist dem politischen, dem wirtschaftlichen und dem wissenschaftlich exakten Selbstverständnis letztlich fremd. In dieser Situation ist darum danach zu fragen, worauf und woraus denn eine Ordnung zu errichten wäre, die sich eben nicht mit künstlichen Mitteln ihre wesenhafte Künstlichkeit verschleiert und deren abgehobene Konstruktion eben nicht allein noch mit künstlichen Maßnahmen aufrecht gehalten werden kann, wie etwa mit dem sogenannten *Sustainable Development*.

Nach dem Wort von Henri Bergson kann diese Frage eben am ehesten geschichtlich beantwortet werden, denn er spricht davon, daß es geschichtlich etwas gibt, das, auch wenn es übergangen und verkannt wird, heute gleichwohl immer noch wahr ist. Es wäre allerdings ein folgenschwerer Irrtum, wollte man sich hier leichtfertig auf so etwas wie überpersönliche,

---

[40] «Sur dix erreurs politiques, il y a neuf qui consistent simplement à croire encore vrai ce qui a cessé de l'être. Mais la dixième, qui pourra être la plus grave, sera de ne plus croire vrai ce qui l'est pourtant encore.» Henri Bergson, *La pensée et le mouvant, Essais et conférences*, Paris 1934.

64

unbedingte Werte berufen, die immer und überall der gesamten Menschheit zur Orientierung dienten. Vermeintlich selbstverständliche, letzte Werte im Zuge der Frage nach Kriterien für eine fundierte Ordnung vorauszusetzen, spräche der europäischen Tradition der Kritik – und gerade auch der Kantischen – schlicht Hohn. In diese Tradition gehört allerdings eine Auseinandersetzung um sogenannte *ewige Wahrheiten*, die Bergson bei seiner Bemerkung durchaus – wenn auch kritisch – im Blick gehabt haben mag. Dabei kann Ordnung selbst, wie etwa in Christian Wolffs *Philosophia prima sive Ontologia* von 1730, zu einem Kriterium werden, um Wahres von Unwahrem zu unterscheiden.[41]

Aus den bisherigen kurzen Überlegungen mag folgender Schluß gezogen werden: wo es an Kriterien fehlt, oder wo sie verkannt werden, da ist nicht auszumachen, was Ordnung ist und deshalb ebensowenig, was wahr ist und was nicht. Daß mit unserer Ordnung – um es ein wenig spielerisch zu sagen – etwas nicht in Ordnung sein mag, davon zeugen die nicht abreißen wollenden Diskussionen um die Notwendigkeit von Änderungen, die die Wirtschafts-, Finanz-, ja die ganze Gesellschaftsordnung betreffen. Hier lautet daher die entscheidende Frage: was gibt der heutigen, globalen Komplexität eine Orientierung, nach welchen Kriterien ist sie auszurichten und wo sind die überhaupt zu finden?

Sollte es zum globalisierenden Fortschritt gehören, keine Grenzen zu kennen, so wäre jetzt – immer noch im Ausgang von Henri Bergson – nach einer geschichtlichen Wahrheit zu fragen, die Grenzen nicht übersieht und die uns auch durchaus angeht, die aber von Scheinwahrheiten überlagert und deshalb von uns nicht wahrgenommen wird. In ihr müßte ein Kriterium für unsere Orientierung liegen. Nun zeichnet sich unsere heutige Ordnung ab mit dem Beginn der Neuzeit. Grundlegende Bestimmungen erhält sie um die Wende des 17. zum 18. Jahrhundert, und zwar in besonderer Weise in der Philosophie von Gottfried Wilhelm Leibniz[42]. Mit Newton gilt er als einer der beiden Väter der Infinitesimalrechnung, und eine der wirkungsvollsten seiner Erfindungen ist sicher das binäre Zahlensystem, ohne das bekanntlich kein Computer möglich wäre und ohne den wiederum unsere heutige Ordnung zusammenbrechen würde.

---

[41] vgl. Ch. Wolff, *Philosophia prima sive Ontologia*, § 495, (1730, 1736⁷), GW II/3, 383), demzufolge *in der Wahrheit Ordnung (ordo) ist, im Traum aber Verwirrung herrscht.*
[42] * 21. Juni/ 1. Juli 1646 in Leipzig; † 14. November 1716 in Hannover.

In einem Brief an den Kur-Sächsischen Agenten Johann Christian Philipp schreibt Leibniz am 13. Dezember 1679: «Die Materie nimmt nicht alle Formen an, die möglich sind, sondern nur die perfektesten, sonst müßte man sagen, daß es eine Zeit geben wird, in der alles schlecht geordnet sein wird, was weit entfernt ist von der Perfektion des Urhebers der Dinge.»[43] Sagt uns dieser Satz etwas über unsere Zeit? Wie ist der Zustand der heutigen Ordnung zu bewerten – als schlecht, als gut, oder als perfekt? Die Frage wäre zu entscheiden im Hinblick auf die Formen, die die Materie heutzutage annimmt, denn von der Perfektion dieser Formen hängt nach Leibniz ab, ob alles gut oder schlecht geordnet ist.

Aber zieht er überhaupt die konkrete Möglichkeit völliger Unordnung in Betracht? Wird diese Möglichkeit nicht eher bloß in der Vorstellung erwogen? Anders gefragt: kann es denn in Wirklichkeit eine Zeit geben, in der alles in einer schlechten Ordnung ist? Die Ordnung unserer Welt immerhin, in der nichts unmöglich und alles jeden Tag ein wenig besser sein soll – ist dies nicht die Ordnung eines Prozesses hin zur Perfektion? Doch wo nichts unmöglich, mithin also *alles* möglich sein soll, wie steht es da mit dem Kriterium, daß die Materie eben *nicht alle* Formen annimmt, es sei denn um den Preis mangelnder Ordnung?

An dieser Stelle ist es angebracht, kurz einen Blick auf unser Verhältnis zu einem Denker wie Leibniz zu werfen. Mit welcher Autorität spricht er, was hat er uns zu sagen, und wie nehmen wir seine Gedanken auf? Anders gefragt, wie entgegenkommend lassen wir uns auf sie ein? Nun ist ein Wesenszug der Philosophie die Auseinandersetzung und das Gespräch der Philosophen untereinander, sowohl mit denen ihrer eigenen Zeit als auch mit früheren. Heute allerdings, und man kann sagen etwa seit der Mitte des 19. Jahrhunderts – Nietzsche und Heidegger einmal ausgenommen –, gibt es kein Denken, das einem wie dem von Leibniz entsprechen könnte. Unsere Zeit unterscheidet sich allein schon darin von der des Barock, daß wir in die dynamistische Energie der modernen Technik einbezogen sind, eine Energie, die der Leibnizschen Wirklichkeit unvorstellbar war. So gilt Leibniz zwar einerseits als der entscheidende Wegbereiter der universellen Digitalisie-

---

[43] Wenn nicht anders angegeben wird zitiert nach der Akademie-Ausgabe [AA]: Leibniz, Sämtliche Schriften und Briefe, Akademie-Verlag Berlin.
«... la matiere ne prend pas toutes les formes possibles mais seulement les plus parfaites, autrement il faudroit dire, qu'il y aura un temps où tout sera mal en ordre ce qui est bien éloigné de la perfection de l'auteur des choses.» Leibniz an Christian Philipp, 13. Dezember 1679, AA, C, ii1d, S. 767.

rung, mithin der heutigen Ordnungsmacht, andererseits jedoch ist uns sein Denken geradezu fremd, spricht er doch hinsichtlich der Ordnung von der «Perfektion des Urhebers der Dinge», den er an anderen Stellen beim Namen nennt, nämlich: Gott.

Ohne eine Einsicht in seine grundlegende Gottesidee ist das Leibnizsche Denken nicht zu verstehen und ohne ein Verständnis des Leibnizschen Denkens nicht unsere heutige Ordnung. Aber erst von dort aus[44] läßt sich ermessen, inwiefern eben diese Ordnung eine zu zerfallende ist. Daher stellt sich die Frage, ob unsere Ordnung denn überhaupt aus sich selber die Möglichkeit bietet, angemessen verstanden zu werden. Sollte das nicht der Fall sein, wie steht es dann mit Möglichkeiten, sie, wo es nötig ist, zu korrigieren oder womöglich grundlegend zu verändern?

Leibniz spricht in dem angeführten Zitat nicht von irgendeiner Ordnung, sondern von der, deren Hauptmerkmal die Perfektion ist. Der steht entgegen ein Zustand, in dem alles schlecht geordnet ist. Diese radikale Entgegensetzung scheint allerdings eher theoretisch als realistisch bzw. tatsächlich gegeben zu sein, denn obwohl sicher nicht perfekt, stellt sich unsere Ordnung doch als verhältnismäßig funktionstüchtig dar. Nur muß Funktionstüchtigkeit nicht auch schon das Kriterium einer sinnvollen und tragfähigen Ordnung sein. Vor allem ist Funktionstüchtigkeit kein entscheidendes Kriterium jener Ordnung, die da die allein maßgebliche ist: die Ordnung Gottes. Die ist dem perfekten Wesen entsprechend eben auch die perfekte Ordnung.

Für Gott aber ist Ordnung nichts Beiläufiges oder gar Nebensächliches. «Die Ordnung ist der wesentliche und notwendige Wille Gottes, denn Gott will nur Ordnung.»[45] – so Leibniz in einem Brief an den Herzog von Hannover. Und mit einem Blick auf den verantwortlichen Bezug des Menschen zu dieser Ordnung fährt er fort: «Doch der, der vorzüglich diejenigen Dinge liebt, die am wenigsten liebenswert sind, der verletzt die Ordnung.» Dinge zu lieben, die nicht Gottes Neigung zur Perfektion entsprechen, kann demnach einen Zustand herbeiführen, in dem dann alle Dinge schlecht geordnet sind, wenn nicht sogar eine Zeit der Un-Ordnung. Welche Dinge sind uns

[44] Hier wäre auch eine Gelegenheit, uns selber die Gretchenfrage zu stellen: „Nun sag, wie hast du's mit der Religion? Du bist ein herzlich guter Mann, allein ich glaub, du hältst nicht viel davon." J. W. Goethe, Faust I, Vers 3415.
[45] «L'ordre est la volonté essentielle et necessaire de Dieu, car Dieu ne veut que l'ordre. Mais celuy qui aime d'avantage les choses les moins aimables blesse [l']ordre.» Brief an Herzog Johann Friedrich von Hannover, November 1678, AA, C, ii1d, S. 655.

heute wert, geliebt zu werden? Haben wir Vorlieben für bestimmte Formen, die wir der Materie geben? Ist es in diesem Zusammenhang möglich, Formen zu lieben, die Ordnung verletzen? Aber gilt nicht gerade auch heute: je perfekter die Form der Materie, desto größer die Ordnung?

Da die menschliche Ordnung unmöglich die göttliche sein kann, ist nach dem Verhältnis beider zu fragen. Dabei ist Gott hier weniger der eines schlichten, offenherzigen Glaubens als vielmehr der einer selbstsicheren, vernunftbegabten Seele, die «... die Wissenschaften entdeckt, denen gemäß Gott die Dinge angeordnet hat.»[46] Mit der Entdeckung dieser Wissenschaften aber *imitiert* diese Vernunftseele zugleich «innerhalb ihres Ressorts und der kleinen Welt, in der ihr ihre Ausübung zugestanden ist, das, was Gott in der großen tut.»[47] Die Ordnung der kleinen menschlichen Welt hat sich zu richten nach der perfekten göttlichen, die deswegen auch der alleinige Maßstab für die Bestimmung des Guten ist:

> *Bonum est quod confert ad perfectionem.*
> *Perfectius autem est, quod plus essentiae involvit.*[48]

«Das Gute ist, was zum Perfekten bei-trägt, zu ihm hinführt, hinbringt; das Perfektere aber ist jenes, was mehr an Wesen einschließt.» Als ein *conferens ad perfectionem* trägt das Gute zum Perfekten hin und leistet so seinen Beitrag zu dessen Erreichen. Hat die große Welt Gottes die ihr entsprechende Ordnung, so die kleine Welt des Menschen die ihre, wobei die menschliche Ordnung sich ganz der göttlichen verdankt, deren Perfektion sie anzustreben hat, und der sie sich demzufolge nur annähern kann, ohne sie je ganz zu erreichen. Nur in einer rein geistigen Domäne, die frei von jeder materiellen, physischen Natur ist, sind das «Bonum metaphysice sumtum, et perfectum, idem»[49], sind das metaphysisch vorgestellte Gute

---

[46] «... découvrant les sciences suivant lesquelles Dieu a réglé les choses ..., elle imite dans son departement et dans son petit monde, où il lui est permis de s'exercer, ce que Dieu fait dans le grand.» *Vernunftprinzipien der Natur und der Gnade*, §14, Hamburg 1982², S. 20/21.

[47] *Definitiones*, AA, Bd VI A 1, S.405.

[48] Einen von Arnold Eckhard (Rinteln, Mai 1677) an ihn gerichteten Brief versieht Leibniz mit der angeführten Marginalie. Leibniz Korrespondenz, Paris, März 1672 – November 1676, S. 509.

[49] AA, Bd. II1B, S. 509.

68

und das Perfekte dasselbe, ohne daß da noch ein Weg vom Guten zum Perfekten zurückzulegen wäre. Wenn also die menschliche Ordnung die göttliche nachahmt, dann muß der Mensch ein Verständnis jener Ordnung haben.

Ist Gott als der Urheber der perfekten Ordnung deren «Architekt und Monarch»[50], können wir Menschen ihn insofern nachahmen, als «sich unsere Seele noch in unseren willentlichen Handlungen architektonisch verhält.»[51] Architekt ist der erfindende Planer und Erbauer, der jede Einzelheit des ganzen Gebäudes von Grund auf bestimmt; Monarch ist der Alleinherrscher, der sich in der gesamten Ordnung von Grund auf durchsetzt und sie lenkt. Gott ist beides in einem, denn er lenkt das von ihm Erdachte und Geschaffene durch und durch. Alleinherrscher kann es unter den Menschen jedoch nur wenige geben, wohingegen architektonisch, mithin erfindend, entwerfend und konstruierend die Seele eines jeden sein kann – jene vernunftbegabte Seele, die durch Wissenschaft die Ordnung entdecken kann, nach der Gott die Welt eingerichtet hat. Dabei gibt es auch unter den verschiedenen Wissenschaften eine Rangordnung, in der eine die führende Stellung einnimmt und auf sie folgend «andere Disziplinen, die auf bestimmte Art dieser ersten architektonischen untergeordnet sind.»[52] Dem Rang nach die erste wissenschaftliche Disziplin also ist die architektonische. Ganz im Sinne der Tradition kommt auch für Leibniz der Metaphysik als *prima philosophia* der Vorrang vor allen übrigen Wissenschaften zu. Sie ist die eigentlich architektonische, da ihr wie keiner zweiten tiefste Einblicke in den Aufbau von Gottes Schöpfung gewährt sind. Ohne Metaphysik bleibt Wissenschaft bodenlos und unverbindlich. Kein Wert kann ihre Orientierung ersetzen.

Jede Einsicht und besonders auch jede wissenschaftliche Erkenntnis ist wahr nur, wenn sie verwurzelt ist in metaphysischen Bestimmungen. Leibniz' Denken gründet sich darauf, anzuerkennen,

---

[50] «Dieu comme Architecte et Dieu comme Monarque», *Vernunftprinzipien*, a. a. O., S. 22/23.
[51] «notre Ame est Architectonique encore dans les Actions volontaires ...» *ibidem*, S. 20.
[52] «... autres disciplines, qui sont sous-ordonnées en quelque façon à cette science premiere et architectonique.» Brief an Bossuet vom 12. Juli 1694, (französische Fassung von *De Primae Philosophiae Emendatione et de Notione Substantiae*, die in den *Acta Eruditorum*, März 1694, S. 110–112, erschien. *Sur l'avancement de la métaphysique réelle, et particulièrement sur la nature de la substance expliquée par la force.* AA, Bd. II, Briefwechsel II2, S. 823.

«... daß es einige große Wahrheiten gibt, von denen die meisten Einzel-entdeckungen abhängen. Die wahrhafte Metaphysik ist ohne Zweifel die be-deutendste der Wissenschaften; und eben aus ihr muß die Erfindungskunst geschöpft werden. Die Metaphysik ist für alle Wissenschaften und für die Geometrie selbst, was die Geometrie für die Mathematik ist: aber es gibt we-nige fähige Leute, die hier hineingelangen; denn wenn die meisten Men-schen die Geometrie verachten, was soll man da von der Metaphysik hoffen, die noch abstrakter ist?»[53]

Es ist darum nicht bloß ein erkenntnistheoretisches Problem, wenn so man-cher Zeitgenosse von Leibniz keinen «Geschmack an metaphysischen Be-trachtungen»[54] findet, da es hier um die Entscheidung darüber geht, ob Wissenschaften auf einem tragfähigen Grund bauen, oder ob sie, bloß weil er von ihnen nicht auszumachen ist, sich gegen ihn und seine Notwendig-keit aussprechen und es vorziehen, sich in einer Bodenlosigkeit einzurich-ten. Derartige Abneigung gegen die Metaphysik im Leibnizschen Sinne be-deutet dann aber auch, «Dinge zu lieben, die weniger liebenswert sind als die bestmöglichen und so die Ordnung zu verletzen».[55]

Mit denen, die metaphysischen Gedanken eine Absage erteilen, hat Leib-niz genauer jene Zeitgenossen im Blick,

«die sich in den mathematischen Wissenschaften wohlfühlen; da sie in den einen Erhellung finden, und Finsternis in den anderen: die grundsätzliche Ur-sache dafür scheint zu sein, daß die allgemeinen Begriffe, die man für die be-kanntesten hält, mehrdeutig und dunkel geworden sind durch die Nach-lässigkeit der Menschen und durch ihre unbeständige Art, sich zu erklären.»[56]

---

[53] «Je reconnois aussi fort bien qu'il y a quelques grandes veritez dont dependent la plus part des découvertes particulieres. La veritable metaphysique est sans doute la plus impor-tante des sciences; et c'est dans elle qu'il faut puiser l'art d'inventer. La Metaphysique est à toutes les sciences et à la Geometrie même ce que la Geometrie est aux mathematiques: Mais il y a peu des gens capables d'y entrer; car si la plus part des hommes méprisent la Geometrie, que doit on esperer de la metaphysique qui est encor plus abstraite.» Brief von Leibniz an Edme Mariotte, Mai/Juli 1676, AA, Teilband B, ii 1c, S. 420.
[54] «... n'ont point de goût pour les méditations métaphysiques ...» *ibidem.*
[55] vgl. Anmerkung 45: «Doch der, der vorzüglich diejenigen Dinge liebt, die am wenig-sten liebenswert sind, der verletzt die Ordnung.»
[56] «Je vois que la plupart de ceux qui se plaisent aux sciences mathématiques, n'ont point de goût pour les méditations métaphysiques; trouvant des lumieres dans les unes, et des ténebres dans les autres: dont la cause principale paroît être que les notions générales, qu'on croit les plus connues, sont devenues ambiguës et obscures par la négligence des hommes, et par leur maniere inconstante de s'expliquer.» Brief an J. B. Bossuet, Hannover, 12. Juli 1694, AA, Bd. II, Briefwechsel II2, S. 823.

Die Abhängigkeit, in der sich die Klarheit der Geometrie und Mathematik von metaphysischen Grundwahrheiten befindet, kann unmöglich gesehen werden, solange der Metaphysik finstere Züge unterstellt werden, d. h. geometrische und mathematische Klarheit allein führt weder zu einer Einsicht in das – wenn auch oft genug vernebelte – Wesen der Metaphysik, noch zu der jener grundlegenden Abhängigkeit, in der die mathematischen Wissenschaften zu ihr stehen.

Um dem menschlichen Verstehen die Verfassung des gottgeschaffenen Universums zu veranschaulichen, wird seit dem Mittelalter gelegentlich auf den Vergleich mit einer Maschine zurückgegriffen, besonders aber auf den mit einem Uhrwerk. Nun gehen Leibniz die bekannten Beschreibungen dieses Mechanismus nicht weit genug, um die einmalige Komplexität des Universums angemessen zu erblicken. So schreibt er, sich ausdrücklich von Descartes absetzend:

> «Die Maschinen der Natur sind überall Maschinen, welchen kleinen Teil man auch nehme – oder vielmehr ist der geringste Teil seinerseits eine unendliche Welt, der selbst auf seine Art alles, was es im übrigen Universum gibt, ausdrückt. Das übersteigt unser Vorstellungsvermögen, dennoch wissen wir, daß dies sein muß. Und all diese unendlich unendliche Mannigfaltigkeit ist in all ihren Teilen belebt von einer architektonischen Weisheit, die mehr als unendlich ist.»[57]

Daß das Universum so beschaffen ist, daß jeder seiner Teile selber eine unendliche Welt ist, der das übrige Universum ausdrückt, ist ein Sachverhalt, den wir uns nicht vorstellen können. Seine Unvorstellbarkeit ist aber kein Kriterium, ihn nicht zu denken, da diese unendlich unendliche Mannigfaltigkeit auf Grund der *metaphysisch* einzusehenden architektonischen Weisheit sogar notwendig *sein muß*. Die Ordnung dieser Welt ist nicht starr und steril, sondern von der Weisheit Gottes, die alles miteinander verknüpft, animiert, d. h. belebt und beseelt.

Mit der beseelenden Weisheit ist dem Menschen die Möglichkeit des Verstehens gegeben und mit der Verknüpfung von allem mit allem die des Fol-

---

[57] «Les machines de la nature sont machines par tout, quelques petites parties qu'on y prenne, ou plustost la moindre partie est un monde infini à son tour, et qui exprime même à sa façon, tout ce qu'il y a dans le reste de l'univers. Cela passe nostre imagination, cependant on sçait que cela doit estre. Et toute cette variété infiniment infinie est animée dans toutes ses parties par une Sagesse Architectonique plus qu'infinie.» Brief an Le Bossuet, April 1694, AA, Bd. II, Briefwechsel II2, S. 516.

gens und Folgerns. Hierin aber liegt nun eine weitere Möglichkeit, nämlich die, zu schließen auf das, was sich aus der Unendlichkeit des Mannigfaltigen dem endlichen menschlichen Verstand entzieht, denn die Unendlichkeit des Universums übersteigt zum einen quantitativ das Fassungsvermögen des Verstandes und zum anderen das Fassungsvermögen der sinnlichen Wahrnehmung. Das bedeutet, daß wir Menschen «unsere Unwissenheit hinsichtlich der Tatsachen einräumen und trotzdem, noch ehe wir sehen, anerkennen, daß Gott alles auf die bestmögliche Weise tut, gemäß der unendlichen Weisheit, die seine Handlungen leitet.»[58] Die metaphysische Einsicht in das Gefüge dessen, was sein muß, geht dem sinnlichen Sehen vorauf und öffnet diesem allererst die Augen für alle seine möglichen Hinsichten auf die unübersehbare Mannigfaltigkeit der Tatsachen und Dinge. Zugleich ist das sinnliche Sehen aus auf das nicht mit den Sinnen Wahrnehmbare und nur metaphysisch zu Denkende.

Auch hier ist wiederum alles durchgängig mit allem verbunden, d. h. alle Bereiche der von Gott geschaffenen Welt stehen untereinander in Beziehung, wie dann auch die menschlichen Erkenntnisweisen, die sich jeweils auf sie einlassen. Die

«... Metaphysik handelt vom Bewirken der Dinge, nämlich dem Geist; die Moralphilosophie ... handelt vom Zweck der Dinge, nämlich dem Guten; die Mathesis (rein gedacht, da sie ein der Physik verbundener Teil ist) handelt von der Form oder Idee der Dinge, nämlich der Gestalt; die Physik handelt von der Materie der Dinge, und wie aus der Verbindung verschiedener Ursachen dieser eine einzige Wirkung resultiert, nämlich von der Bewegung.»[59]

Der Geist, der alle Dinge bewirkt und dieses Bewirken selbst geht das Denken der Metaphysik an. Sie ist deshalb die erste der Wissenschaften, weil das, was sie zu bedenken hat, auch das erste des Universums ist, nämlich der Geist der Schöpfung. Hierin Einsicht zu gewinnen ist allerdings mit größeren Schwierigkeiten verbunden, zum einen, weil dies Reich des Immateriellen, also Geistigen, noch abstrakter ist als etwa die Geometrie und zum anderen, weil die Sprache, in der dieses Denken sich bewegt, sich

---

[58] *Theodizee II,* §134, Frankfurt a. M. 1996, S. 435.
[59] «... Metaphysica agit de rerum Efficiente, nempe mente, Philosophia moralis ... agit de rerum Fine, nempe Bono; Mathesis (puram intelligo, nam reliqua physicae pars est) agit de rerum forma vel idea, nempe figura, Physica agit de rerum Materia, et ex ejus cum ceteris causis complexu resultante unica affectione, nempe Motu.» Brief an Jakob Thomasius, 20./30. April 1669, AA, Teilband A, ii 1b, S. 31.

72

– zu Leibniz' Zeiten – an Vorstellungen hält, die mehrdeutig und dunkel sind. Da aber die Mathematik als «Scientia rerum imaginabilium»[60] die ,Wissenschaft des Vorgestellten und Vorstellens' ist, und dies mit der ihr eigenen Sicherheit, ohne Irrtum und ohne Fehler, deshalb sollte ihre Klarheit, die für jeden Denkenden verbindlich ist, jeder Wissenschaft zugute kommen und möglichst auch den Überlegungen der «Scientia rerum intellectualium», der Metaphysik, d. h. der «Wissenschaft des Einzusehenden und der Einsicht».

Wie aber ist das Universum verfaßt, daß es möglich wäre, der grundlegenden Wahrheit der Metaphysik zu mehr Klarheit zu verhelfen, andererseits aber auch die Mathematik auf einen Grund zu bringen, der ihr von ihr selber aus nicht zugänglich ist? Letzteres ist zu erreichen, indem mathematische Axiome Gegenstand der Metaphysik werden. Von allen Wissenschaften begründet die Metaphysik am gründlichsten. Daß die Mathematik als die klarste und sicherste Wissenschaft mit jeder anderen in Verbindung gebracht werden kann, ist jene Einsicht Leibniz', die die Voraussetzung auch für den heutigen, globalen Wissenschaftsbetrieb ist. In seinem gegen 1690 verfaßten *Essay um die Erfindungskunst voranzubringen*, schreibt er: «Ich habe sogar eine erstaunliche Sache gefunden, nämlich daß man durch Zahlen jede Art von Wahrheit und von Folgen repräsentieren kann.»[61] Die Idee der Repräsentation, d. h. der *vertretenden Darstellung*, ist von grundlegender Bedeutung im Denken von Leibniz. Wäre im Universum nicht alles durchgängig mit allem verbunden, wäre diese Repräsentation nicht möglich. Zwar handelt es sich hier um eine formale Repräsentation, in dem Sinne, daß sie selber formalisierend ist, doch ist sie als solche nur möglich auf dem Grunde der *substantiellen* Verfassung des Ganzen des Universums, von der dann mathematische Ausdrücke auf ihre Art abstrahieren.

Das Mathematische selber ist nur als die Abstraktion von Substantiellem, das sich so als dessen notwendiger Grund erweist. Die Möglichkeit vertretender Darstellung durch Zahlen führt Leibniz zu dem, was er *Ars combinatoria* nennt, die Kunst des Verknüpfens.

---

[60] «Mathesis est Scientia rerum imaginabilium.
Metaphysica est Scientia rerum intellectualium. ...»
De Artis Combinatoriae usu in Scientia Generali, AA, Bd. Vi A 2, S. 511.
[61] «J'ay même trouvé une chose estonnante, c'est qu'on peut representer par les Nombres, toutes sortes de verités et consequences.» *Projet et Essais pour arriver à quelque Certitude pour finir une bonne partie des disputes, et pour avancer l' art d'inventer*, Bd. Vi A 2, S. 963.

«Die Kombinatorik handelt von der Berechnung des Universums, bzw. den Zeichen oder universellen Charakteren (welche *a, b, c,* sind und wo gewöhnlich eins für das andere hätte genommen werden können) wie auch von Gesetzen verschiedener Ordnung und Prozesse oder von universalen Formeln.»[62]

Hier ist darauf hinzuweisen, daß der Begriff, den Leibniz vom Universum hat, keineswegs derselbe ist wie unser heutiger. Daher ist auch die Berechnung jenes Universums nicht die, die heute selbstverständlich ist. Das heutige Universum ist das der Physik, das Leibnizsche nur zu ergründen in Theologie oder Metaphysik.

Wenn Leibniz in anderen Wissenschaften als in der Mathematik ‚rechnet‘, dann, indem er «... sich an das Beispiel der Mathematiker hält und sich Zeichen bedient, die es vermögen, unserem Geist eine Festigkeit zu geben und einen Beweis mit Zahlen hinzufügt.»[63] Die Mathematik gibt in anderen Domänen das *Beispiel* für die Berechnung, führt aber nicht zur jeweiligen spezifischen Sacheinsicht. Immerhin «... kann man durch dieses Mittel, wenn man einmal eine Überlegung im Gebiet der Moral, der Physik, der Medizin oder Metaphysik auf diese Ausdrücke oder Charaktere reduziert hat, sie so zu jedem Moment mit einem Zahlenbeweis versehen, daß es unmöglich sein wird, sich zu täuschen.»[64] Diese Domänen spiegeln zusammen und jede spiegelt für sich die Architektur des Universums wieder. Ihre Einheit allerdings, in der sie untrennbar zusammengehören, ist wiederum nur der «Scientia rerum intellectualium», der Metaphysik als der Wissenschaft der Grundeinsichten zugänglich. Den heutigen Wissenschaften jedoch ist diese Wesenseinheit nicht ersichtlich, worauf die Interdisziplinarität ein augenfälliger Hinweis ist.

---

[62] «Combinatoria agit de calculo in universum, seu de notis sive characteribus universalibus (quales sunt *a, b, c,* ubi promiscue alter pro altero sumi potuisset) deque variis legibus dispositionis ac processus seu de formulis in universum.» *De Artis Combinatoriae usu* ... a. a. O., S. 511.

[63] «C'est en se servant de characteres à l'exemple du mathematicien, qui sont propres de fixer nostre Esprit, et en y adjoutant une preuve des nombres.» *Projet et Essais* ..., a. a. O., S. 965.

[64] «Car par ce moyen ayant reduit un raisonnement de morale, de physique, de Medecine ou de Metaphysique à ces termes ou characteres, on pourra tellement à tout moment l'accompagner de l'epreuve de nombres, qu'il sera impossible de se tromper si on ne le veut bien. Ce qui est peut estre une des plus importantes decouvertes, dont on se soit avisé de long temps.» *Projet et Essais* ..., a. a. O., S. 965.

Nun scheint es innerhalb unserer Einzelwissenschaften für eine Einsicht in jene Einheit des Universums keine Notwendigkeit zu geben, setzen doch eben diese Wissenschaften Leibnizsche Berechnungsarten nicht nur mit größtem Erfolg ein, sondern haben sie unverzichtbar in ihre Methoden integriert, ohne diese noch metaphysisch zu ergründen. Freilich ist damit auch die Möglichkeit einer kritischen Prüfung des Begründungszusammenhangs vereitelt, wie ihn Leibniz denkt. Einzig im Blick steht heute, wozu dieses Rechnen führt, nicht aber wohin es denkerisch gehört und woher es kommt. *Wenn Leibniz rechnet, dann immer nur einbezogen in die metaphysische Architektonik der Ordnung der Welt.* Nur ist die Möglichkeit, auch alle konkret vorfindbaren Tatsachen dieser Welt zu berechnen, keineswegs unmittelbar gegeben, sondern bedarf im vorhinein einer sehr gezielten Interpretation dieser Tatsachen.

Im Zuge der Auseinandersetzung, die Leibniz mit dem Hamburger Mathematiker Gabriel Wagner über das rechte Verständnis der Logik hatte, schreibt er im November 1696 einen Brief, in dem er Übungen zur Logik kommentiert und kritisiert, die dieser verfaßt hatte:

> «Wenn in der 7 Übung stehet, daß nichts genau in der welt, so ists zu verstehen nach denen Linien, die wir begreiffen als zum exempel nach zirkeln und geraden strichen, es ist aber alles gerade in der welt nach gewißen höhren linien, welche nicht wie die zirkel oder oval auf eine oder etliche, sondern unzählbare Puncta sehen und daher über allen unseren begriff gehen; wir nehmen inzwischen billig das *quid pro quo* oder *Succedanea* das ist die begrifflichen Linien die am nächsten kommen. Diese Betrachtung ist vorkommen bey meinen gedancken vom *infinito*.»[65]

Die rein in der Vorstellung, also mathematisch entworfene, unzählbare Menge an Punkten geht über unser Fassungsvermögen und ist daher nicht zu begreifen. Diese Vorstellung aber eröffnet die Möglichkeit zu einer weiteren Vorstellung, und zwar der, mit der Leibniz Wagner widersprechen kann, denn unter der Voraussetzung einer unzählbaren Punktmenge sind auf dieser abstrakteren, höheren Ebene durchaus gerade Linien auch in der Natur vorstellbar. Was nun von den Linien, die unsere begriffliche Einsicht noch erfaßt, *dieser höchst abstrakten Vorstellung* am nächsten kommt, repräsentiert diese Vorstellung, d. h. stellt sie vertretend dar.

Auf Grund des metaphysischen Gedankens, die endlichen Dinge einer vorhandenen Natur auf eine mathematische Unendlichkeit hin zu entwer-

---

[65] Brief an Gabriel Wagner, November 1696. AA, II3, N. 91.020.

fen, kann die Naturforschung nun durchgängig mit einer der Mathematik vergleichbaren Sicherheit und Fehlerfreiheit operieren. Zu beachten bleibt auch hier, daß die fragliche Sache selber, die unendliche Punktmenge, nicht als solche erscheint, sondern durch approximative Größen angegeben wird.

«Quid pro quo» ist eine Wendung aus der römischen Rechtssprache, die auch heute noch gebräuchlich ist, und die allgemein ein Verhältnis gegenseitiger Verpflichtung bezeichnet, bei dem einer dem anderen jeweils für eine Sache, die er erhalten hat, eine andere mit entsprechendem Wert von sich geben muß: *diese für jene, dies für das*. Doch ist von *quid pro quo* nicht nur die Rede, wenn Dinge im Austausch den Besitzer wechseln, sondern auch beim Leihen bzw. Borgen, wo nämlich das Geborgte weiterhin Eigentum des Verleihers bleibt. In diesem Falle behält der Eigentümer das Entliehene, das er zwar gegen eine Gebühr eine Zeitlang aus der Hand, nicht aber endgültig abgibt und somit nicht absolut veräußert.

Leibniz erläutert das Verhältnis des *quid pro quo* mit dem Wort *succedanea*, das von dem Verbum *succedere* gebildet ist, was soviel heißen kann wie: „unter (etwas) gehen, sich nähern, herangehen; auf sich nehmen, übernehmen; nachrücken, folgen, ablösen." In der hier genannten Form bedeutet es *Ersatz:* eines ersetzt ein anderes, eines steht für ein anderes. Leibniz versteht das *quid pro quo* als eine Vertretung, in der ein begriffliches *quid* die Gefolgschaft eines quantitativ unendlichen *quo* antritt, es über- und auf sich nimmt: begriffliche Größen stehen annähernd für ein Unendliches. Diese Methode ermöglicht hier eine durchgängige, gesichert fehlerfreie Berechnung der Naturerscheinungen, die in ihrer unfaßbaren Vielfalt eben dieser Methode entgegenstehen.

Der unüberschaubaren Menge des Wirklichen begegnet Leibniz gemäß seiner bereits erwähnten Definition des Guten bzw. Perfekten: ist das Gute dem Perfekten zwar schon zuträglich, ist das Perfektere jedoch das, was am meisten von Wesentlichem einschließt[66]. Das gilt auch für die Erkenntnis und zwar insofern, als sie umso perfekter ist, je mehr an Wesentlichem sie erfaßt. Es braucht darum nicht nur die methodische Möglichkeit, Erkenntnis gemäß dem Vorbild der Mathematik sicher und überprüfbar zu gestalten, sondern ebenso eine methodische Möglichkeit, die unfaßbare Vielfalt des Alls der Tatsachen und Dinge in möglichst wenige Erkenntnisse zu fassen,

---

[66] *Bonum est quod confert ad perfectionem.*
Perfectius autem est, quod plus essentiae involvit.

die dafür dann umso mehr an Wesentlichem von diesen Erscheinungen einschließen.

Aber «... der Geist verliert und verwirrt sich, wenn es eine große Anzahl von Umständen zu untersuchen oder Konsequenzen zu verfolgen gibt.»[67] Darum ist es nötig, ein «Inventaire exact»[68] anzulegen, was zum einen ein riesiges Unternehmen des Sammelns erfordert, und zum anderen eine leitende Hinsicht, der gemäß das zu Sammelnde in eine Ordnung zu bringen ist. Dieses Inventar ist, so Leibniz,

> «zusammengestellt allein aus einer Menge von Listen, Aufzählungen, Tabellen und Reihen, die dazu dienen werden, bei welcher Art von Betrachtung oder Überlegung auch immer stets den Katalog der Tatsachen und Umstände, wie auch der wichtigsten Voraussetzungen und Maximen, die dem Nachdenken als Grundlage dienen, im Blick zu haben.»[69]

Die gegebenen Tatsachen und Umstände sind nicht überhaupt nur irgendwie zusammenzutragen, sondern sind gezielt in den Blick zu nehmen, und zwar auf solches hin, was als ihr Wesentliches gilt und in eine möglichst umfangreiche und einfache Bestimmung eingehen kann. Da nun aber gerade die Dinge der Natur in ihrem Wesen eigentümlich zurückhaltend sind, bedarf es hier der «kunst die Natur selbst auszufragen, und gleichsam auff die folterbanck zu bringen, *Ars Experimentandi* so *Verulamius* wohl angegriffen.»[70]

So sehr die ‚unendlichen punca über alle unsere Begriffe gehen‘, und ‚nach gewissen höheren Vorstellungen‘ in die ‚ungeraden‘ Dinge ‚der Welt‘ *hinein entworfen* werden müssen, so sehr ist aus der eher verschwiegenen Natur nur im Experiment etwas *herauszubringen*, was sie ohne eine gewisse Gewaltanwendung nicht preisgeben würde. Dieses Herausbringen aber ist u. a. nötig, um die Listen und Tabellen besagten Inventars mit der gefordert großen Menge an Material zu füllen. Hierzu schreibt Leibniz ganz pragmatisch an den Churfürstlich Brandenburgischen Leibarzt Elsholz:

---

[67] «...l'esprit se perd et se confond lors qu'il y a un grand nombre de circumstances à examiner, ou des consequences à poursuivre ...» Brief an Jean Berthet, September 1677.

[68] *Nouvelles ouvertures*, AA, VI4a2, S. 182.

[69] «Cet inventaire ... ne seroit composé que de quantité de Listes, denombremens, Tables, ou Progressions, qui serviroient à avoir tousjours en veue dans quelque meditation ou deliberation que ce soit le catalogue des faits et des circonstances et des plus importantes suppositions et maximes qui doivent servir de base au raisonnement.» *ibidem*, S.183.

[70] Brief an G. Wagner vom 3. Januar 1697. AA, II3, N. 91.040.

«Wolten nun etzliche gelehrte undt vernunfftkündige auch der Natürlichen dinge liebhabende Persohnen solche zusammenordnung undt eintäffelung der dazu nötigsten experimenten wie ich sie beschreiben würde, vornehmen undt ... weit damit kommen, zum weinigsten soweit als ex datis müglich, das ist wen müglich die ursachen auß den gegebenen experimentis zuerrahten, wolten wirs bereit durch einen unfehlbahren weg thun; were es aber annoch nicht müglich in einer oder ander materi, so würde sich auch solches illa methodo aüsern undt erscheinen was noch für experimenta ad datorum supplementum nötig.»[71]

Ein Hauptbeitrag zum Erstellen des *Inventaire exact* besteht nun in der Beschaffung von Daten, einer Arbeit, die so umfassend ist, daß nur eine größere Gemeinschaft von vernunftkundigen und naturliebenden Menschen sie bewältigen kann. Allem Anschein nach ist noch der heutige Wissenschaftsbetrieb mit dieser Aufgabe beschäftigt, aber wie so oft trügt der Schein auch hier. Die Daten sind Ergebnisse von Experimenten, die derart anzulegen sind, daß sie dem Gefüge des Universums entsprechen. Eine Voraussetzung dabei ist u. a. dessen Durchgängigkeit. So ist es möglich, aus den im Experiment gewonnenen Eingeständnissen des Ausgefragten Rückschlüsse auf deren Ursachen zu ziehen. Doch sind aus Daten des Inventars nicht nur Rückschlüsse zu ziehen, sondern ebenso Schlüsse auf das Fehlen bestimmter Daten, die *noch nötig* sind, um zu einem unfehlbaren Urteil über eine Sache zu kommen. Darüber hinaus ist es sogar bei unvollständigem Dateninventar immer möglich, «... *ex datis* zu bestimmen, was das Wahrscheinlichste ist.»[72] Auf die besondere zeitliche Dimension einer solchen Welterkenntnis *ex datis* geht Leibniz nicht eigens ein.

Doch ist das Erheben, Sammeln und Rechnen mit Daten eingeschränkt, was die Wesenserkenntnis des Ausgefragten betrifft, denn die kann und muß oft noch weitergehen. Zwar ermöglicht diese Methode zum Teil sogar, zu Ursachen vorzustoßen, aber eben nur soweit, wie man «durch Überlegung *ex datis*»[73] kommen kann. Der Vorteil mathematisch vorgenommener Beweise und Experimente liegt vor allem darin, die Richtigkeit von Überlegungen zu garantieren, die sich allerdings «nicht an die Sache selbst hal-

---

[71] Brief an H. D. Elsholz Churfürstl. Brandenb. Leib Medicum zu Berlin. 24 Junii 1679, AA, Teilband C, ii1d, S. 730.

[72] «... lors même qu'il n'y aura pas assez de circomstances données pour former un jugement infallible, on pourra tousjours determiner ce qui est le plus probable ex datis.» *La vraie methode*, AA, Bd. VI A 1, S. 6.

[73] «J'adjoute tousjours: autant qu'on peut faire par le raisonnement, ex datis.» *ibidem*.

ten, sondern an die Charaktere, durch die wir die Sache ersetzt haben.»[74] Sowohl die Vorstellung unendlicher Punkte, die in eine (endliche) Sache hinein entworfen wird, als auch die Substitution der Sache durch Zeichen oder Charaktere sind konzeptuelle Maßnahmen, um die Dinge einer mathematischen Berechenbarkeit zuzuführen, die ihrerseits zur Sicherung des Überlegens dient. Beide halten sich nicht an die Sache selbst.

Die Beschränkung, die für eine bloße Erkenntnis *ex datis* wesentlich ist, kann durch die Sicherheit, die sie dem wissenschaftlichen Forschen bietet, nicht aufgewogen werden, da ihr der Zugang zum Bereich der grundlegendsten Ursachen versagt bleibt. Auf diesen Bereich zu verzichten hieße, den Erscheinungen der Welt nicht bis in ihren Seinsgrund und -ursprung nachzufragen, ja ihnen diesen Grund und Ursprung geradezu abzusprechen. Auch wenn Leibniz der maßgebliche Entdecker der Methode *ex datis* ist, und gerade *weil* er ihr Entdecker ist, überschätzt er ihren Erkenntniswert nicht, weiß er doch besser als jeder andere, wohin sie gehört, weiß um ihre Grenzen. Bei aller Begeisterung, die er natürlich auch selber für diese *Wahre Methode* der sicher rechnenden Erfassung von physikalischen, medizinischen, moralischen oder juristischen Erscheinungen hat, vergißt er doch nicht den Anspruch, unter dem die menschliche Vernunft steht, nämlich unter dem einer Einsicht in die Architektonik des Universums bzw. in dessen Ordnung. Das aber beschränkt sich nicht auf den Verbund der Bereiche von Physik, Medizin, Moral und Recht, und schon gar nicht auf nur einen von ihnen. Jedes einzelwissenschaftliche Vorgehen *ex datis* bedarf nach Leibniz einer metaphysischen Rückbindung an die Grundordnung des Universums, ohne die es am Ende bodenlos bliebe. Wieder zeigt sich da dessen Durchgängigkeit, und hier näher mit dem Blick auf die Bewegung.

Ausgehend von dem Befund, daß die Materie selber und als solche der Bewegung gegenüber gleichgültig ist, fragt Leibniz danach, wie denn Materie überhaupt in Bewegung ist und in Bewegung gerät. Und er führt folgende Überlegung durch:

> «... wenn auch die gegenwärtige in der Materie vorhandene Bewegung aus der vorhergehenden stammt, und diese ebenfalls aus einer vorhergehenden, [...] muß der zureichende Grund, der keines anderen bedarf,... sich in einer Substanz vorfinden, welche die Ursache der Reihe und ein notwendiges We-

---

[74] «Les preuves ou experiences qu'on fait en mathematique pour se garantir d'un faux raisonnement ... ne se font pas sur la chose même, mais sur les caracteres que nous avons substitués à la place de la chose.» *La vraie mthode*, a. a. O., S. 5.

sen ist,... denn sonst hätte man noch immer keinen zureichenden Grund, bei dem man stehenbleiben könnte.»[75]

Innerhalb der Materie nach dem Grund der Bewegung zu suchen, ist ein endloses Unterfangen, das nicht zum Ziel führt. Dieser schlichte Gedankengang ist metaphysisch, denn er verläßt, um Physisches zu ergründen, eben dieses selbst, da es diesen Grund nicht in ihm selber haben kann, wie die Überlegung zweifelsfrei zeigt. Diesen Weg dennoch einzuschlagen, bedeutet nicht nur, sich auf ihm zu verlieren, sondern das Physische von seinem Wesensgrund loszulösen und ihn mit Rechenergebnissen zu verdekken, deren Richtigkeit durchaus blendend ist.

Nun mag für die mathematisch sichere Physik der Grund der Bewegung grundsätzlich nicht feststellbar sein, die Gesetze aber, die sie bestimmen, sind in Formeln gefaßt, die eine sichere Berechnung garantieren und deren geradezu absolute Richtigkeit kaum in Zweifel gezogen werden dürfte. Die anzuerkennende Unangreifbarkeit, Fehlerlosigkeit und Funktionstüchtigkeit derartiger Gesetze sollte allerdings nicht verwechselt werden mit der Angabe des Ursprungs bzw. des Grundes von Bewegung: ihre gesetzmäßig gesicherte *Berechnung* ist nicht dasselbe wie ihre denkend ergründete *Wesensbestimmung*. Dieser prinzipielle Unterschied zwischen Erklärung und Einsicht ist sozusagen die Bedingung der Möglichkeit für die Methode *ex datis*. Ihm entstammt ihr Motiv, weshalb sie auch dort nicht herauszulösen ist. Er selber entspricht wiederum einer Grundverfassung des Universums, der zufolge «... alles in der Welt weise miteinander verknüpft ist»[76]. Und es ist eben die allerhöchste Weisheit Gottes, die

«... ihn vor allem die *Bewegungsgesetze* [hat] wählen lassen, die den abstrakten oder metaphysischen Gründen am meisten angepaßt und angemessen sind... Und es ist überraschend, daß man durch die Betrachtung der *Wirkursachen* oder der Materie allein nicht den Grund jener Bewegungsgesetze angeben kann,... denn ich habe herausgefunden, daß es hier nötig ist, zu den *Zweckursachen* zurückzugehen, und daß diese Gesetze nicht im Geringsten vom *Prinzip der Notwendigkeit* abhängen, so wie die Wahrheiten

---

[75] «... quoiuqe le present mouvement, qui est dans la Matiere, vienne du precedent, et celui-ci encore du precedent; ... il faut que la *Raison Suffisante*, qui n'ait plus besoin d'une autre Raison, ... se trouve dans une substance, qui en soit la cause, et qui soit un Etre necessaire... Autrement on n'aurait pas encore une raison suffisante, où l'on puisse finir.» *Vernunftprinzipien ...*, a. a. O., S. 14/15.

[76] «... tout est lié sagement dans le monde.» *Théodizee*, § 54, a. a. O., S. 286/287.

der Logik, Arithmetik und Geometrie, sondern vom *Prinzip der Angemessen-heit*, d. h. von der Wahl der Weisheit.»[77]

Der Grund der Bewegungsgesetze ist nicht durch eine *causa efficiens* anzugeben, durch keine. Aber nur die ist berechenbar. Dagegen ist das *Ziel* einer Bewegung, also dasjenige, um dessentwillen sie überhaupt ist, ihre tiefere Ursache: die *causa finalis*, der Zweck, der als solcher jedoch nicht berechenbar ist. Da nun einem Zweck an sich noch keine eigene innere Notwendigkeit zukommt, er somit auch nicht durch logisch zwingende Rückschlüsse als Grund aufgewiesen werden kann, deshalb ist er selber kein *zureichender* Grund der Bewegung und bedarf seinerseits eines solchen bzw. eines Prinzips.

Die weise Verknüpfung der Gebiete des Universums zeigt sich hinsichtlich der Bewegung im Zusammenhang a) des physikalischen Anstoßes, der die Bewegung in Gang setzt – das ist die Wirkursache – mit b) dessen metaphysischen Anlaß, dem Ziel, das die Bewegung *sein* läßt – das ist die Zweckursache, und mit c) dem metaphysisch-theologischen Sinn der Bewegung und besonders dem ihres Zweckes, d. h. mit der *convenientia* der auf Perfektion angelegten Architektur des Universums – die ist der zureichende Grund. Innerhalb dieses Zusammenhangs steht der physikalische Anstoß, die *causa efficiens*, zweifach vom Wesensgrund der Bewegung ab. Damit wird deutlich, daß eine ausschließlich physikalische Physik *ex datis* sich in einem gesteigerten Abstand vom eigentlichen Grund der Bewegung hält, einem Abstand, der gerade *ex datis* nicht sichtbar, nicht faßbar und nicht erfahrbar ist, der aber gleichwohl *ist*. Sich in diesem Abstand zu halten, heißt nun, nicht auf den Grund zu kommen und somit in Bezug auf ihn haltlos zu sein. Und sich in eben dieser Haltlosigkeit zu halten, verlangt die Anstrengung einer *künstlichen* Erhaltung. Weil das Wesen der Natur physikalisch nicht zu denken und zu ergründen ist, ist es dann naheliegend, dieses Wesen schlicht zu verleugnen und ihm sein Verständnis zu verweigern. Damit aber ist es, so sehr man es sich auch einreden mag, keineswegs erledigt.

---

[77] «La Sagesse Supreme de Dieu l'a fait choisir surtout les *Loix du Mouvement* les mieux ajustées et les plus convenables aux raisons abstraites, ou Metaphysiques. ... Et il est surprenant que, par la seule consideration des *causes efficientes* ou de la matière, on ne saura rendre raison de ces loix du mouvement decouvertes de notre temps, ... car j'ai trouvé qu'il y faut recourir aux *Causes Finales*, et que ces loix ne dependent point du *principe de la necessité* comme les verités Logiques, Arithmetiques, et Geometriques; mais du *principe de la convenance*, c'est à dire du choix de la sagesse.» *Vernunftprinzipien* ..., a. a. O., S. 16/17.

Richtigkeit ist kein zureichendes Kriterium für das Wesensverständnis der Sache selbst.

Nun kann der bloßen Rechenphysik die Gleichgültigkeit der Materie bezüglich Ruhe und Bewegung schon deshalb nicht fragwürdig werden, als das Rechnen, wie auch seine Zahlen und Zeichen selber prinzipiell gleichgültig sind. Von dort aus können die Fragen nach dem Sinn der Richtung und des Charakters einer Bewegung weder aufkommen noch gestellt werden. Hier, im doppelten Abstand vom Wesensgrund der Bewegung, bleibt als Notlösung für eine unmögliche Sinnbestimmung noch eine Bewertung von außen, und zwar was den Vorteil oder Nachteil ihrer Auswirkungen anbelangt. Die kann einen metaphysisch-sachimmanenten, schlüssigen Aufweis jedoch nicht ersetzen.

Wie soll nun einer Physik, die sich in der Gleichgültigkeit der Materie als ihrem Element hält, ohne daß sie diese allerdings als solche in Rechnung stellen könnte, einsichtig werden, daß die Materie *nicht* alle Formen annehmen kann? Die Möglichkeit zu dieser Einsicht tut sich nur jener metaphysischen Hinsicht auf, der sich die Architektur des Universums in ihren Grundzügen zeigt und nicht zuletzt eben auch darin, auf Perfektion hin angelegt zu sein. Wird dies alles entscheidende Kriterium des gesamten Leibnizschen Denkens nicht angemessen gewürdigt oder sogar übergangen, ist auch der Gedanke vereitelt, daß die Materie nur solche Formen annehmen sollte, die mit dem Ideal der perfekten Welt übereinkommen. Dieser Gedanke nun enthält ein Kriterium, demzufolge Formen, die der Ordnung des Universums förderlich sind, von solchen, die sie verletzen, unterschieden werden können und es letztlich auch müssen.

In dem von Leibniz entworfenen Zusammenhang der universalen Architektonik bestimmt sich alles durchgängig im Bezug auf die *Notwendigkeit* ewiger Wahrheiten oder die *freie Wahl* Gottes. Die Verbindlichkeit aller Bestimmungen gründet in diesem Bezug. Trifft Gott eine Wahl, dann immer im Hinblick auf die Perfektion des ganzen Universums, in der das Kriterium für die möglichen und unmöglichen Formen liegt. So gibt es, schon *bevor* Materie geformt wird, Formen, die für sie auszuschließen sind. Daher befindet sich die *geformte* Materie selber nicht mehr in einer Unbestimmtheit oder Gleichgültigkeit, da die Angemessenheit ihrer Form bereits entschieden ist. Diese Angemessenheit aber ist Bestimmungen eines Vorgehens allein *ex*

82

datis wegen ihres Abstands vom zureichenden Grund nicht erreichbar.[78] An die Stelle metaphysisch fundierter Bestimmungen der Formen von Dingen und ihren Umständen tritt dann die Einschätzung ihres Wertes. Hier entscheidet nicht die *Form* der geformten Materie *selbst* über ihre Angemessenheit, sondern ein von außen an sie herangetragener heterogener Wert. Angemessen sein jedoch ist nicht gleich wert sein.

Die Herkunft und Verbindlichkeit solcher Werte verdankt sich dem Abstand vom zureichenden Grund, der ihnen unerreichbar ist. Zwar kennt Leibniz Werte, etwa im Sinne einer bestimmten Quantität, oder von Geld, oder in der Perspektive eines Vorteils bzw. Nutzens, nicht jedoch als Seins- oder Wesensbestimmung, da deren Kriterium unmittelbar in der Angemessenheit einer Sache an die perfekte Ordnung liegt. Wert dagegen wird im Nachhinein zu- oder abgesprochen. Diesem Vorgehen fehlt dann aber auch das Kriterium, verletzende Formen von anderen unterscheiden und fernhalten zu können. Kein Ethikrat und keine Ethikkommission können dies ersetzen.

Gott unter- und entscheidet in einer Wahl, was mehr und was weniger angemessen ist. Entsprechendes steht dem Menschen zu. Dies allerdings nicht in Bezug auf Werte, die da eher als ein Hinweis auf die Überforderung des Menschen als Subjekt zu verstehen sind, und zwar indem sie sie verdecken. So bleibt das ausschließliche Rechnen *ex datis* ohne eine weiter vertiefende metaphysische Wesensbestimmung zwangsläufig bei der gleichgültigen Auffassung der Materie stehen und kann in diesem Horizont unmöglich über Sinn und Angemessenheit der Form etwa eines gespaltenen Atoms befinden.

Was hat es für uns mit dieser Wahl als dem Zureichenden Grund auf sich? Sie ist, im Zusammenhang der zu fundierenden Methode *ex datis*, zu treffen von ‚vernunftkundigen' und ‚naturliebenden' Menschen. In ihrer Vernunft und Liebe entsprechen diese dem Verstand und dem Willen Gottes. Dazu heißt es in der *Theodizee* näher: «Es gibt wahrhaftig zwei Prinzipien, aber diese sind beide in Gott, nämlich sein Verstand und sein Wille. Der Verstand ... stellt die Wesen vor, wie sie in den ewigen Wahrheiten sind und enthält den Grund, aus dem das Übel zugelassen wird. Der Wille aber geht nur auf

---

[78] Daß Naturwissenschaftler und Ingenieure zunehmend Materialien und Strukturen der Natur kopieren - wie etwa den Glasschwamm -, bleibt ein Vorgehen *ex datis*, das nicht im Prinzip der Angemessenheit fundiert ist.

das Gute.»[79] Es ist nicht so, daß das von Gott in seiner Liebe gewollte Gute hier unter die Werte zu fassen wäre, es ist umgekehrt: Werte unterstehen einer Auffassung des Guten, das sie beanspruchen. Dies Gute ist die durchgängige Verbindlichkeit, derer die Werte bedürfen, die sie aber nicht schaffen können.

Die Domäne des göttlichen Verstandes sind die ewigen Wahrheiten, und das Sein der Geschöpfe darin vorzustellen ist sein Sinn. In solchem Vorstellen findet seine Weisheit ihren Vollzug. Die Domäne des göttlichen Willens ist das Gute, nach ihm zu streben ist sein Sinn. In diesem Streben findet seine Güte ihren Vollzug. Doch weder die *Vorstellung* der Wesen in ewigen Wahrheiten noch der *Wille* des Guten sind auch schon die *Wirklichkeit* dessen, worauf sie aus sind. Darum «sei ein drittes Prinzip hinzugefügt: die Macht. Diese geht sogar dem Verstand und dem Willen vorher, aber sie wirkt, wie der eine es zeigt und der andere es verlangt.»[80] Das Verhältnis zwischen dem Prinzip der Macht und den Prinzipien des Verstandes und des Willens beschreibt Leibniz näher. Ebenfalls in der *Theodizee* heißt es dazu: «Gott ist zwar unendlich mächtig; aber seine Macht ist unbestimmt, und die Güte und die Weisheit bestimmen sie gemeinsam, das Beste hervorzubringen.»[81]

Sowohl dem Willen als auch dem Verstand geht die Macht vorher, die selber allerdings unbestimmt ist. Also lenken Wille und Verstand das, was ihnen vorangeht, indem sie diesem Richtung und Gangart vorgeben. Verstand und Wille sind jeweils und zusammen aus auf das Sein in Wahrheit und das Gute, doch erst im Verbund mit der Macht wird etwas hervorgebracht, produziert. Als wesenhaft unbestimmte bedarf die Macht der Bestimmung. Das unbestimmte Vorangehen braucht richtungsweisende Führung, die dem Verstand und dem Willen zukommen. Zwar sind beide nicht schon ursprünglich

---

[79] «Il y a véritablement deux principes, mais ils sont tous deux en Dieu, savoir, son entendement et sa volonté. L'entendement ... représente les natures comme elles sont dans les vérités éternelles; il contient en lui la raison pour laquelle le mal est permis, mais la volonté ne va qu'au bien. *Theodizee*, § 149, a. a. O., S. 462/463.

[80] «Ajoutons un troisième principe, c'est la puissance; elle précède même l'entendement et la volonté; mais elle agit comme l'un le montre et comme l'autre le demande.» *Ibidem*.

[81] «Il est vrai que Dieu est infinement puissant; mais sa puissance est indéterminée, la bonté et la sagesse jointes la déterminent à produire le meilleur.» *Theodizee I*, § 130, a. a. O., S. 420/421.

führend, wohl aber jeweils *aus auf* etwas. Dieses Aussein auf... bekommt dann erst den Charakter der Führung im Aufeinandertreffen mit der Macht.

Sollte die voraufgehende Macht aber führungslos sein, kann sie gerade mit dieser Führungslosigkeit den Willen und Verstand schließlich dazu nötigen, sie zu führen, wollen diese beiden nicht selber auf der Strecke bleiben. Diese drei: Wille, Verstand und Macht sind – so Leibniz – in dem einen Gott vereint und aufeinander abgestimmt. Gott *ist* gleichsam die abgestimmte Einheit dieser drei Prinzipien. Wird diese Einheit nicht bzw. nicht mehr verstanden, wird Gott nicht bzw. nicht mehr verstanden. Wird diese Welt nicht fundamental metaphysisch als die beste aller möglichen Welten verstanden, weil zu viel Leid, Ungerechtigkeit und Elend in ihr ist, wird am Ende der nur metaphysisch zu *verstehende* Gott einer physischen Profanisierung preisgegeben, die ihn jedoch nicht erträgt.

Es kann nicht darum gehen, von heute aus den Leibnizschen Gottesgedanken zu übernehmen oder abzulehnen, aber von ihm aus die entsprechenden Fundierungsfragen an die heutige Ordnung zu richten. Wir haben es heute weder mit einem solchen Gott noch mit einer solchen Natur zu tun, geschweige denn mit beiden; was unsere Ordnung beherrscht, ist eine zügellose Produktionsmacht, die sich an gleichgültiger Materie zu schaffen macht.

Unheimliche Künstlichkeit

ὡς αἰει τέχνη μέγ᾽ ἀμείνων ἰσχύος ἐστί
... wie immer ist umsichtige Gewandtheit der Gewalt überlegen.

Musaios

Sollten die schönen Künste... Blick und Zutrauen
in das Gewährende neu wecken und stiften?

M. Heidegger

Wenige Jahre nachdem Martin Heidegger in München seinen Vortrag *Die Frage nach der Technik*[82] gehalten hatte, schrieb Werner Heisenberg in einem Text, der den Titel *Die Rolle der Physik in der gegenwärtigen Entwicklung menschlichen Denkens*[83] trägt, u. a. Folgendes zum Verhältnis zwischen Mensch und Technik bzw. zwischen Technik und Mensch:

«Schließlich vollendeten die modernen Hilfsmittel für Verständigung und Verkehr den Prozeß der Ausbreitung der technischen Zivilisation. Zweifellos hat dieser Prozeß die Lebensbedingungen auf der Erde von Grund auf verändert; und ob man ihn billigt oder nicht, ob man ihn Fortschritt oder Gefahr nennt, man muß sich darüber klar werden, daß er längst einer Kontrolle durch menschliche Kräfte entwachsen ist. Man kann ihn eher als einen biologischen Vorgang im Großen ansehen, bei dem die im menschlichen Organismus angelegten Strukturen in immer weiterem Maße auf die Umwelt des Menschen übertragen werden und diese Umwelt in einen Zustand bringen, der für die zunehmende menschliche Bevölkerung zweckmäßig ist.»[84]

Heisenberg spricht von einem Prozeß, von einem Vorgang. *Als* dieser und *in* ihm findet das Verhältnis zwischen Mensch und Technik statt. Es ist der Pro-

---

[82] Martin Heideger, *Die Frage nach der Technik*, Pfullingen, 1978, im Folgenden FT.

[83] W. Heisenberg, *Die Rolle der Physik in der gegenwärtigen Entwicklung menschlichen Denkens*, in : W. Heisenberg, *Physik und Philosophie*, Stuttgart 1984.

[84] a. a. O., S. 183.

zeß, in dem der technisch orientierte Lebensstil sich ausbreitet und über die Erde legt. Das geschieht mit technischen Hilfsmitteln für Verständigung und Verkehr. Nicht zuletzt auch bei diesem Vorgang werden die Strukturen, die im menschlichen Organismus angelegt sind, auf die Umwelt übertragen. Und eben dieser Vorgang, d. h. die technische Ausbreitung von Strukturen des Organismus jenes Menschen, dieser biologische Vorgang, so Heisenberg, ist außer Kontrolle geraten. Wenn wir aber die nötige Kraft nicht haben, dieses Prozesses Herr zu sein, wie und in welchen Bahnen breitet sich dann die technische Zivilisation weltweit in einen zweckmäßigen Zustand aus? Auf diese und ähnliche Fragen findet sich in den Gedanken Heisenbergs keine echte Antwort.

Was die technische Zivilisation zur Vollendung gebracht hat, das sind Hilfsmittel für Verständigung und Verkehr, die als solche der Technik verpflichtet sind. «Zu dem, was die Technik ist», sagt Heidegger in dem erwähnten Vortrag, «zu dem, was die Technik ist, gehört das Verfertigen und Benützen von Zeug, Gerät und Maschinen, gehört dieses Verfertigte und Benützte selbst, gehören die Bedürfnisse und Zwecke, denen sie dienen. Das Ganze dieser Einrichtungen ist die Technik. Sie selber ist eine Einrichtung, lateinisch gesagt: ein instrumentum.»[85]

Diese Bestimmung der Technik erlaubt es, jenen Zug zu sehen, der alle Aspekte des Heisenbergschen Befundes eint: von der *weltweiten* 'Ausbreitung' der 'technischen' 'Zivilisation' über die zerschlagene Illusion einer 'Kontrolle' bis zu der 'Zweckmäßigkeit' des 'Zustands' der 'Bevölkerung' – nicht zu vergessen solches Gerät, das gewöhnlich am ehesten als Instru*ment* bezeichnet wird, d. h. die 'Hilfsmittel' sowohl der Kommunikation als auch des Transportes.

Im Wort *instrumentum* hört Heidegger über das *Mittel*-mäßige hinaus dasjenige, dem sich solches hier allererst verdankt und aus dem heraus es hier überhaupt erst das Hilfsmittel sein kann, das es ist, nämlich das *instruere*, das Einrichten, die Einrichtung. Und von diesem Verständnis des *instruere* aus eröffnen sich dann jene Fragemöglichkeiten hinsichtlich des Verstehensverhältnisses zwischen Mensch und Technik, die die anthropologischen Selbstverständlichkeiten, in denen die Heisenbergsche Darstellung sich verfängt, einzusehen und zu überwinden sind.

Die Ausbreitung der technischen Zivilisation ist zu verstehen allein im Sinne der Einrichtung der Technik, einer Einrichtung, die geschichtlich ist. So

---

[85] FT, S. 6.

können all die Einzeleinrichtungen wie Geräte, Apparate, Maschinen oder Institutionen, die als Ganzes die Einrichtung ausmachen, die die moderne Technik ist, Instrumente der Technik heißen. Mit ihnen und durch sie geschieht dieses Einrichten. Sowenig nun eines dieser Instrumente für sich selber schon Technik ist, ebensowenig ist das Wesen der Technik bekanntlich seinerseits etwas Technisches. Zum anderen ist dieses Wesen nicht ohne die Instrumente, die es in der Welt einrichten und so wirklich machen. Die instrumentale Vorstellung von der Technik spricht zwar einen Zug in der Entfaltung ihres Wesens an, ist aber nicht auch schon deren volle Wesensbestimmung. «Die nur instrumentale, die nur anthropologische Bestimmung der Technik wird im Prinzip hinfällig; sie läßt sich nicht durch eine nur dahinter geschaltete metaphysische oder religiöse Erklärung ergänzen.»[86]

Das *struere*, das die Instrumente der Technik prägt, richtet diese aus auf ein Einrichten, das sich ausbreitet im Organisieren, Planen, Programmieren, Steuern und Funktionieren. Das Richtung-, ja Tonangebende richtet hier ein «in den entgegengesetztgerichteten Bezug zu dem, was ist.»[87] Daher nehmen Physiker und Denker auch das Was und das Ist dessen, *was* denn heute wohl eigentlich *ist*, bereits in entgegengesetzten Richtungen in den Blick.

So schreibt Heisenberg, wiederum vor etwa sechzig Jahren in *Die Quantentheorie und die Struktur der Materie:* «... durch die Zusammenarbeit von 12 europäischen Ländern wird eine sehr große Beschleunigungsmaschine... in Genf konstruiert, von der man hofft, daß sie den Protonen Energien bis zu 25 Milliarden Elektronenvolt geben wird.»[88] Was da 'hoffen' und 'Hoffnung' heißt, sollte, kann hier aber nicht erörtert werden. Ist, aus der Sicht Heisenbergs, die Kon*struktion* einer Maschine, die Protonen mit Energien von 25 Milliarden Elektronenvolt beschießen kann, Anlaß zur Hoffnung, sieht Heidegger hingegen nicht nur in solchen riesigen Maschinen, sondern in der *Kraftmaschinentechnik* überhaupt etwas Beunruhigendes; und zwar nicht nur irgendein Beunruhigendes. Denn die Kraftmaschinentechnik, «gerade sie, sie allein ist das Beunruhigende, das uns bewegt, nach 'der' Technik zu fragen.»[89] Heute sind zu den mit künstlicher Energie betriebenen Maschinen ebenfalls mit künstlicher Energie betriebene ‚Rechner' gekommen, die für

---

[86] FT, S. 20.
[87] FT, S. 27.
[88] W. Heisenberg, *Die Quantentheorie und die Struktur der Materie*, a. a. O., S. 150.
[89] FT, S. 17.

uns mittlerweile alles andere als beunruhigend sind, weshalb es da auch nichts gibt, das uns in diesem Sinne bewegt, nach der Technik zu *fragen*.

Im Laufe dieses Fragens aber zeigt sich, daß die Einrichtung des technisch zweckmäßigen Weltzustandes sich nicht im Geringsten wie ein 'biologischer Vorgang im Großen' vollzieht, sondern daß dieser 'Prozeß' nicht natürlichen, vielmehr geschichtlichen Wesens ist, und zwar in dem Sinne, daß sich die Technik in der *geschichtlichen Konstellation* dessen, *was heute ist*, global einrichtend vordrängt und schließlich die Welt *ihre* Einrichtung wird. Dies Fragen nach der Technik ist daher selber zutiefst geschichtlich, denn die Frage nach dem, *was heute ist*, muß dazu auch noch «die Dimension, in der das Sein... west» ermessen. Nach der Technik zu fragen, kann also nicht bloß heißen, einfach Symptome und statistische Daten des Technischen zu präsentieren und sie auf wissenschaftliche Annahmen, Behauptungen und Selbstverständlichkeiten zu verrechnen.

So ist in dem Text *Die Kehre*, wie er in Band 79 der Gesamtausgabe veröffentlicht ist, zu lesen: «Darum beschreiben wir, indem wir versuchen, den Einblick in das, was ist, zu sagen, nicht die Situation der Zeit. Die Konstellation des Seyns spreche uns an.»[90] Wenn die Konstellation des Seyns uns anspricht, kann es, mit dem entsprechend eröffnenden Blick gelingen, zu sagen, was sich da zeigt, was da ist. Dieses Ansprechen, dieser Anspruch, ist *der allesentscheidende Moment* im Verstehen der Technik, denn es ist dieser Anspruch, den wir mit all den Maschinen und Apparaten, mit all unseren Planungen und aller Logistik einlösen und wirklich machen, ohne bisher jedoch etwas davon zu wissen, denn sonst wäre unser Verhältnis zur Technik nicht das, wie es uns heute selbstverständlich ist. Solange *wir* auf nichts ansprechen, das uns bewegen könnte, nach der heutigen Technik in ihrem geschichtlichen *Wesen* zu fragen, kommen wir allerhöchstens zu der Heisenbergschen Diagnose, der zufolge die Technik «längst einer Kontrolle durch menschliche Kräfte entwachsen ist». Was ist aber dann da am Werk, und was bewegt, ja überkommt uns, diesen uns entwachsenden Wachstumsprozeß der Technik auch noch mit allen Kräften voranzutreiben?

Was die Frage nach unserer Ansprechbarkeit angeht, so fährt der Text fort: «Aber wir hören noch nicht, wir, denen unter der Herrschaft der Technik Hören und Sehen durch Funk und Film vergeht.»[91]

---

[90] M. Heidegger, *Die Kehre*, in: Bremer und Freiburger Vorträge, Gesamtausgabe (im Folgenden GA) Bd. 79, Frankfurt/Main, 1994, S. 76.
[91] a. a. O., S. 77.

Film und Funk als Hilfsmittel zur Vollendung der technischen Weltzivilisation sind beide technische Instrumente, mithin etwas Technisches. Sie zu sehen und zu hören, benimmt uns der Möglichkeit, Hörende zu werden und Sehende, die in dieser Weise offen sind für einen im Wesen der Technik anklingenden Zu- bzw. Anspruch, der uns selbst, in unserem eigenen Wesen angeht. Nur, was ist unser Wesen?

Mit dem Hören von solch technischem *Seienden* vergeht uns das notwendige Hören auf einen Anspruch im *Sein*. Diese technischen Instrumente rechnen wir heute zu den Medien, und zwar zu denen, die vorführen, ausstrahlen und senden und die dazu u. a. einen künstlichen Antrieb erfordern, d. h. den elektrischen Strom. Zu diesen beiden kommen hinzu das auch von Heidegger erwähnte Fernsehen, desweiteren Koffer- und Autoradios, Walkmen, Mobiltelephone, jegliche Art von Stereoanlagen und nicht zuletzt alle mit dem Computer vernetzten Instrumente, einschließlich Scanner, digitaler Kameras etc. Mittlerweile steht das Seiende, das uns Hören und Sehen vertreibt, im globalen, massenhaften Vertrieb und richtet die Welt zweckmäßig ein.

Da es unmöglich und kaum noch gewollt ist, sich aus dieser technischen Vernetzung herauszuhalten, sollten wir uns dennoch einmal fragen, wie es denn jeweils mit uns und unserem je eigenen Hören steht, wird doch der Mensch «... gerade erst frei, insofern er in den Bereich des Geschickes gehört und so ein Hörender wird, nicht aber ein Höriger.»[92] Aber schon die Rede von einem Geschick ist für uns eher verstörend als klärend, dies Wort ist uns fremd, um nicht zu sagen nichtssagend. Umso mehr müßten wir Hörende *werden*, und nicht so sehr über das Hören sprechen. Auch ohne je das Gehör zu beanspruchen, könnte doch ‚Das Hören bei Heidegger' ohne weiteres Titel und Gegenstand irgendeiner wissenschaftlichen Forschungsarbeit sein.

Was diese elektrisch, mithin künstlich betriebenen Medien unserem Gehör und Gesicht präsentieren, hat auf eine ganz besondere Art – wie Heidegger es um 1938 in *Die Geschichte des Seyns*[93] nennt – «seine Anwesung im bloßen Scheinen.»[94] Das *bloße Scheinen*, von dem da die Rede ist, soll hier vornehmlich in Bezug auf die elektrisch-elektronischen Instrumente der Medien gesagt sein. Hinsichtlich der Möglichkeit nun, diesem bloßen Schei-

---

[92] FT, a. a. O., S. 28.
[93] GA 69.
[94] a. a. O., S. 151.

nen (der Medien) nicht zu erliegen oder ihm hörig zu werden, fährt Heidegger fort: «Die Unbedingtheit des bloßen Scheinens fordert von Jedem, der hier nicht untergehen will, sich in diesen Vorgang „einzusetzen"»[95]. Das bloße Scheinen ist das von jeglichem möglichen Ding entblößte Scheinen, das als solches grund- und bodenlos ist. In dieser Weise hat Anwesung alles Künstliche, das als solches gesichert ist durch «das unbedingte Planen»[96].

Die Unbedingtheit, die von jedem von uns fordert – ob gewußt oder nicht –, sich für und in das unbedingte Planen einzusetzen, oder andernfalls – ob es uns gefällt oder nicht – unterzugehen, diese Unbedingtheit ist die des *Mathematischen*, das, als das Galileische[97] «... mente concipere, ein über die Dinge gleichsam hinwegspringender *Entwurf* ihrer Dingheit»[98] ist. Da wir von einem Untergehen so recht nichts mitbekommen, würden wir uns demzufolge in die Unbedingtheit des bloßen Scheinens eingerichtet haben? Nichts spricht dagegen.

Das unbedingte, bloße Scheinen, das die Präsenz auch der elektrischen Medien stellt, benötigt die neuzeitlich-naturwissenschaftliche Axiomatik, die in einer prä-fixierten, un-bedingten Sicht nurmehr ausschließlich *Körper* in einem «Bereich des gleichmäßigen raumzeitlichen Bewegungszusammenhanges»[99] präsentiert. In diesem Bereich aber erfindet die Medienelektronik ihre durch und durch aus ihm bestimmten Apparate und Geräte. Die Lautstärke eines Radioapparates etwa kontinuierlich an einem Regler einstellen zu können, erfordert eben jene Gleichmäßigkeit, die Raum und Zeit als ununterbrochene Parameter ansetzen muß. Wenn wir bei uns zu Hause am Radio oder sonstwie vermeintlich aus nächster Nähe Musik hören, dann greift hier «... die Herrschaft von Raum und Zeit als Parametren für alles Vorstellen, Herstellen und Bestellen, d. h. als Parametern der modernen technischen Welt, auf eine unheimliche Weise in das Walten der Nähe... ein.»[100] Was sich so untrüglich und vollkommen überzeugend *wie* Musik

---

[95] ebd.

[96] ebd.

[97] Galileo Galilei, *Discorsi e dimostrazioni matematiche intorno a due nuove scienze attenenti alla meccanica ed ai movimenti locali*, in: Opere complete, Bd. XIII, hrsg. von Eugenio Albèri, Florenz 1855, S. 221f: „Mobile ... mente concipio omni secluso impedimento ..."

[98] Martin Heidegger, *Die Frage nach dem Ding*, Tübingen 1987, S. 71

[99] ebd.

[100] Martin Heidegger, *Unterwegs zur Sprache* (im Folgenden UzS), Pfullingen 1975, S. 212.

anhört, ist da bloßer, der Sicherung unbedingten Planens verhafteter Schein.

Das Allgemeingültige akustischer Gesetze muß zwangsläufig das Eigene des musikalischen Dinges, das Ein- und Ausrichtende des Musikinstrumentes, das Musische der Musik als von ihm unfaßbar außer Acht lassen. Das Allgemeine, bloß Akustische von Klarinette, menschlicher Stimme, Türenschlagen und Motorrad führt hier der Lautsprecher vor; das Allgemeine bloßen Bewirkens von Klarinettist, Sänger, Wind und Motor erzeugt hier eine elektrische Spannung von 220 Volt. Solch anlageakustischer bloßer Schein ist nichts anderes als auf Lautsprecher umgeschaltete Elektroenergie, gesteuert von zu Spannungen umgeschalteten Schwingungen. So vergeht uns, noch bevor wir es wahrhaft können, das Hören auf unmittelbar zu Hörendes, denn was dieses wissenschaftlich-akustische Vorstellen axiomatisch voraussetzt, ist, daß *alles nur irgendwie Hörbare* prinzipiell irgendeine Art von *Geräusch* sei und sonst nichts.

Doch, wie Heidegger bereits in *Sein und Zeit* sagt: «es bedarf schon einer sehr künstlichen und komplizierten Einstellung, um ein „reines Geräusch" zu „hören"».[101] ,Rein' kann nämlich ein Geräusch nur sein im Sinne von Galileis «mobile... omni secluso impedimento»[102], eines von jeglichem Einfluß ausgeschlossenen Beweglichen. Aber sowenig es ein solches *mobile* gibt, gibt es ein derartiges Geräusch. Dementsprechend ver-hörend ist das scheinbare, bloß akustische Hören von etwas, was es nicht gibt. In Film, Funk, Fernsehen und dergleichen präsentiert wissenschaftliches Verhören sich als Film, Funk und Fernsehen. In diese Verstrickung befangen, überhören wir auch die elektroakustisch verstellte Künstlichkeit des unbedingten Schallens und richten unser Hören auf eine technische Einrichtung aus.

Was der Lautsprecher geradezu denunzierend dokumentiert, wurde schon vorher auf ihn abgestellt, um ihm zustellbar zu sein. In ungeheurem Maße betrifft das auch die Musik, kommen wir doch nicht umhin, den elektrisch verspannten bloßen Schein ihrer ebenfalls als Musik zu bezeichnen. Und wer seine Stereoanlage einschaltet, tut dies nicht, um Elektrizität abzurufen, deren Spannung einen Pappkarton erzittern macht, sondern um ,Musik' zu ,hören'. Doch beides ist hier künstlich abgerichtet: diese ,Musik' und dieses ,Hören'.

[101] Martin Heidegger, *Sein und Zeit* (im Folgenden SuZ), Tübingen 1972, S. 164.
[102] siehe Fußnote 99.

Es wäre nun übereilt, wollte man sich, was das Benutzen der eigenen Stereoanlage betrifft, etwa auf die eigene, womöglich auch noch ‚interesselose' Gelassenheit berufen, als sei diese anscheinende Musik «... etwas, was uns nicht im Innersten und Eigentlichen angeht.»[103] Denn gerade *daß* diese Anlagemusik uns so angehe, darauf haben wir es doch angelegt. Das künstliche Hören von Anlagemusik ist in dieser Weise eine Art *animo concipio*, das dem die Dinge selbst überspringenden Entwurf des *mente concipio* Galileis entspricht. Besondere Bedeutung kommt in diesem technisch instrumentalisierten 'Hören' der Permanenz elektrischer Spannung zu, die weiterhin überwiegend durch Atomkraft bereitgestellt wird, und die ihrerseits wiederum nur aufgrund eines die Materie überspringenden Entwurfs von Materialität freigesetzt wird. So zieht – nach Heidegger – «... mit dem Atomzeitalter eine unheimliche Veränderung der Welt herauf. Dabei ist jedoch das eigentlich Unheimliche nicht dies, daß die Welt zu einer durch und durch technischen wird. Weit unheimlicher bleibt, daß der Mensch für diese Weltveränderung nicht vorbereitet ist ...»[104] Technische Instrumente wie eine Stereoanlage verlangen uns ein künstliches Hören ab, auf das wir keineswegs vorbereitet und dem wir nicht gewachsen sind, ein Hören, das sich an Seiendem ver- und den Zuspruch im Wesen des Seins überhört. So spricht nicht er uns, sondern wir auf das, was im bloßen Scheinen seine Anwesung hat an.

Die Vorstellung, die Technik sei ein neutrales Mittel für von Menschen gesetzte Zwecke, ist die gängige, ja herrschende. Wir haben uns längst wenn nicht in, so doch mit ihrer Herrschaft eingerichtet. Dieses Einrichten übernimmt das, was Heidegger in *Sein und Zeit* als «das Neutrum, *das Man*»[105] aufdeckt, das sich durch eine eigene Unfaßlichkeit auszeichnet. «In dieser Unauffälligkeit und Nichtfeststellbarkeit entfaltet das Man seine eigentliche Diktatur.»[106] Es diktiert, denn es «... schreibt die Seinsart der Alltäglichkeit vor»[107] und konstituiert auf diese Weise «das, was wir als „die Öffentlichkeit" kennen.»[108] Die Vorschriften, ergehen an jeden von uns auf dem Wege des *Geredes*[109], das mit seinem «autoritativen Charakter»[110] das

---

[103] Martin Heidegger, *Gelassenheit*, Pfullingen 1979, S. 22.
[104] a. a. O., S. 20.
[105] SuZ, S. 126.
[106] ebd.
[107] a. a. O., S. 127.
[108] ebd.
[109] s. SuZ, § 35, S. 167-170.

durchschnittliche Verständnis des Daseins vorzeichnet und es damit in öffentlicher Ausgelegtheit befangen hält.

Das Phänomen des Geredes, an ihm selbst bereits verschließend, ist heute besonders durch den Machtapparat von Funk, Fernsehen und Presse herausgefordert und von daher auf die Steigerung der wesenhaften Entwurzelung des Daseins abgerichtet, wodurch dieses Gefahr läuft, völlig «von den primären und ursprünglichen Seinsbezügen ...»[111] abgeschnitten zu werden. Was beispielsweise die Presse betrifft, so stellen ihre Produkte «die öffentliche Meinung daraufhin, das Gedruckte zu verschlingen, um für eine bestellte Meinungsherrichtung bestellbar zu werden.»[112] Das medial gesteuerte öffentliche Gerede schaltet tendenziell Möglichkeiten eines sachbezogenen und eigentlichen Verstehens und Auslegens aus. Im Geprassel veröffentlichter Meinungen geht dann jedes gehörige Gespräch unter, und das Sagen versagt. Die ausnahmslose Machtansetzung nicht allein auf und durch die Medien tyrannisiert operationell jedes Hoheitsgebiet grenzenlos, mithin global – vor allem das der Sprache, die dazu getrieben wird, in trostlose Künstlichkeit zu hetzen.

«Die Herrschaft der öffentlichen Ausgelegtheit hat sogar schon über die Möglichkeiten des Gestimmtseins entschieden, das heißt über die Grundart, in der sich das Dasein von der Welt angehen läßt.»[113] Die Ausgelegtheit des medial veröffentlichten Geredes hat auch über die Möglichkeit unseres Hörenkönnens entschieden – und damit auch über die Möglichkeiten, wie und ob Welt uns angeht und womöglich anspricht? Im Gerede würde über die Möglichkeiten unseres *Gestimmtseins* entschieden? Dann wird durch das Gerede und seine Auslegung nicht nur «bestimmt, was man und wie man „sieht"»[114], sondern ebenfalls, was und wie man „hört"! Die Einsicht in diese Verhältnisse und Grundzüge unserer eigenen Verfassung können und dürfen wir uns nicht erlauben, solange wir davon ausgehen, daß wir alles im Griff und unter Kontrolle haben, sogar noch die *Möglichkeiten, wie* uns etwas anspricht.

Aber genauer: nur in entsprechender Gestimmtheit kann uns das zu Hörende überhaupt ansprechen. Die Möglichkeiten, nicht nur so oder so gestimmt zu sein, sondern es allererst zu *werden*, sind, sofern das Gerede als

[110] a. a. O., S. 168.
[111] a. a. O., S. 170.
[112] FT, S. 22.
[113] a. a. O., S. 169 f.
[114] ebd.

eine Art der Rede Sprache ist, in eben dieser mit vorbestimmt. Die Verfassung unserer Sprache bestimmt mit darüber, was wir hören, und was nicht. In seiner Schrift *Über den Nationalcharakter der Sprachen* bemerkt Wilhelm von Humboldt Folgendes zu diesem äußerst erstaunlichen Verhältnis von Sprache und Stimmung. Dort heißt es:

> «In dem Gebiete des Denkens selbst aber wirkt die Sprache gerade auf eine Weise, die von selbst jedes Stillstehen bei einem erreichten Punkte verbietet. Denn es hängt nicht von ihrer Beschaffenheit die Erforschung einer Wahrheit, die Bestimmung eines Gesetzes, als wobei auch das Geistige eine feste Gränze sucht, wohl aber die Stimmung ab, in welcher der Mensch seine gesamten inneren Kräfte entwickelt ...»[115]

Von der Beschaffenheit der Sprache hängt die Stimmung ab, in der der Mensch seine *gesamten* inneren Kräfte entwickelt. Diese sind gestimmt. Welche Stimmung stimmend wird, hängt davon ab, *wie* Sprache ist, uns ist. Wir schalten die Stereoanlage ein und sagen: ‚Ich *höre Musik*'; wir schalten den Fernseher an und sagen: ‚Ich *sehe den Präsidenten*'. Wir *sagen* es, und *hören* entsprechend; wir *sagen* es und *sehen* entsprechend. Genauso sagen wir aber auch, daß wir „den knarrenden Wagen, das Motorrad, ... das knisternde Feuer"[116] hören, und zunächst hören wir all das auch auf die gleiche Art. Gleichwohl ist das in solch verstehendem Hören vernommene Seiende unter sich keineswegs gleich. Jedes *ist* anders und gibt anders zu hören. Daß es aber je etwas zu hören *gibt*, davon kann, darf und will die öffentliche Ausgelegtheit des Geredes als verschließende nichts wissen. Wie wäre denn auch, was es da jeweils zu hören gibt, jeweils zu hören?

Wir hören ein Düsenflugzeug am Himmel. Wir hören dessen Motor. Wir hören die Turbine des Düsenflugzeugs. Wir hören, auch hier unten am Boden, und gerade aufgrund dieser Distanz, das Ohrenbetäubende ihres dröhnenden Lärmens. Als dieses hören wir die Auflehnung der Materie, oder wesentlicher gesagt *der Erde*, die sich in dieser Auflehnung sträubt gegen das Ausreizen ihrer gegen sich selbst. So hören wir zugleich die Unerbittlichkeit einer zwingenden Macht, der die gegen sich selbst ausgereizte Erde trotz ihres Aufbäumens dagegen nicht entweichen kann, ist sie doch gezwungen, *sich selbst* daran zu hindern. So vermeint der technische Mensch die Natur zu beherrschen und selber Machthaber zu sein.

---

[115] Wilhelm von Humboldt, Gesammelte Schriften IV, Berlin 1903-1936, S. 428.
[116] SuZ, S. 163.

Diese Ver- und Überspannung, die die Akustik als einen zu messenden Schwingungskomplex betrachtet, ist zu hören. Das Ohrenbetäubende des Düsenlärms hat den Charakter des uns Bedrängenden, Aufdringlichen. Doch wir hören auch das Dumpfe im Dröhnen dieses Lärms. Als das Dumpfe eines lärmenden Dröhnens ist dies ein Röhren. Das Röhren aber erschallt nicht einfach. In seinem Erschallen hören wir einen Sog, der verschlingend ist, und der als solcher in einen Schlund zieht. Der aber ist selber erst das eigentlich Röhrende. Diesen Sog *hören* wir. Da der jedoch verschlingend ist, zieht er unser Hören ab, absorbiert und versprengt es. Das Absorbieren im Dröhnen des Düsenlärms überhören wir allerdings, solange uns nur die Aufdringlichkeit seines Getöses trifft. Denn in seiner Aufdringlichkeit ist der dröhnende Lärm uns lediglich lästig; so wenden wir uns weghörend von ihm ab und versagen ihm unser Hinhören. Weghörend von ihm, ist uns die Möglichkeit vereitelt, in seinem Tosen das Absorbierende zu hören, das trotz unserer Abkehr unser Hören gleichwohl ent- und bisweilen verführt. Unser Überhören des Soges geht in diesen Sog selber unter.

Das tosende Röhren derart dröhnenden Lärms *ist* die aus ihr und gegen sich aufgebrachte Erde – die Naturwissenschaften sprechen hier apathisch von gleichgültiger Materie –, *ist die Erde* in ihrem unausweichlich gegen sich selbst gerichteten Aufruhr. Wir hören die aufreibende Monotonie der Vergeblichkeit, mit der die Erde dem Zwang ihrer Herausforderung zu entgehen strebt. Herausgefordert, sich ihrem Streben, dieser Herausforderung zu entgehen, zu widersetzen und eben diesem Streben nicht stattzugeben, ist die Erde im Motor gezwungen, sich selbst festzusetzen und so geht bzw. fliegt statt dessen das Flugzeug fort. Wir hören die *Monotonie der Verhaftung der Erde im Antriebsmotor.* Ohne diese Monotonie fiele das Flugzeug vom Himmel. Durch das «Instrument einer Flugmaschine»[117] ist nun auch der Himmel, von Kondensstreifen durchkreuzt, selber zum Instrument der Technik geworden.

Auf ihre Art ist hier die Monotonie ebenso aufdringlich wie der Lärm. Ihre Aufdringlichkeit ist die eines nicht ablassenden gleichförmigen Andrangs, der uns in eben dieser Weise trifft und stören mag. Wir hören, daß die Motorenmonotonie weder Anfang noch Ende kennt, da sie keinem in sich und seinen Grenzen ruhenden Ding gehört. Wir hören das grollend gedrosselte

---

[117] M. Heidegger, *Ausgewählte Briefe Martin Heideggers an Heinrich Wiegand Petzet,* Jahresgabe der Martin-Heidegger-Gesellschaft 2003.

Andrängen von ständig zum Antreiben gestellter[118] Energie, die einzig nur *an*- und *ab*geschaltet werden kann. So bekundet sie Verhaftung im Unbedingten der universal geltenden Gesetze der modernen Physik. In der Monotonie des Maschinenlärms hören wir universal Zwingendes und Jeweiligkeit Ausschaltendes, hören wir Universales. Dies wendet, wie Heidegger sagt, „versus unum, nämlich: *das Eine Ganze* des Anwesenden als Bestand zu stellen."[119]

Das Uni-versale des auf der Stelle zur Stelle stehenden und als solchen nicht selber vom Fleck kommenden Motors drängt sich auf in der Monotonie seines Lärms. In ihr hören wir seine Bewegtheit, d. h., daß selbst wenn er auf vollen Touren läuft, *er* doch *nicht* vorankommt. Die Monotonie bekundet die anhaltende, sich in sich drehende Kreisbewegung von Motor und Maschine. „Die Rotation ist die in sich zurücklaufende Drehung, die Bestellbares (Treibstoff) in das Bestellen von Bestellbarem (Triebkraft) umtreibt."[120] Monoton stumpfen Motoren- und Maschinenlärm unser Hören ab, und wir verlernen, die Ohren zu spitzen. Das gilt nicht nur vom rauschenden Straßenlärm der Großstadt, sondern ebenso vom dröhnenden Traktormotor und vom Summen des Computers.

Als Instrumente der Technik *machen* Maschinen, Motoren, Apparate diesen oder jenen Lärm, der aber gezwungenermaßen immer un-bedingt bleiben muß. Zwangsläufig geraten wir dadurch in ein vorstellendes Hören, und zwar deshalb, weil hier nichts ist, das einem hinhörenden, entgegenkommenden Hören[121] etwas zu sagen hätte und ihm daher nahegehen könnte. Nun kann vorstellendes Hören sich den aufdringlichen Andrang gestellten Lärms gleichsam vom Leibe halten und sich nicht aus der Ruhe bringen lassen. Zu leicht hören wir dann den Motor in den Verweisungsbezügen eines Bewandtniszusammenhangs, obwohl das herausfordernde *Stellen* nicht etwas bei etwas bewenden *lassen* kann. So auch nicht einen Motor, denn «in das Bestellen gewendet, ist er in das Verwenden gestellt.»[122] Ebenso bleiben wir in vorstellendem Hören befangen, wenn wir den Lärm eines Motors lediglich auf Dienlichkeit hin entwerfen und so gerade das *Sich*einrichten der Technik in und durch ihre Instrumente ignorieren. Dann überhören wir aber auch die alarmierende Absage, die jeder Verläßlichkeit

---

[118] vgl. FT, a. a. O., S. 20.
[119] GA 79, S. 32.
[120] a. a. O., S. 34.
[121] s. UzS, S. 260: „entgegenkommendes, hörendes Sagen"
[122] GA 79, S. 26.

durch Motorenlärm erteilt wird. Doch könnten wir hören, daß all dieser Lärm wie ein einziger Mängelbescheid, ja wie eine einzige Mißtrauenserklärung an die Erde ist.

Die Monotonie des unbedingten Lärmens drängt allem anderen Tönenden, Klingenden, Schallenden den ihr eigenen Charakter eines Gleichgültigen auf. Zwar sind weiterhin der Wind in den Bäumen, spielende Kinder, bellende Hunde zu hören, doch schon durch den Lärm nur eines Motors verliert Jedes das jeweilige *Aufgehen* seines Tönens. Jedes Geräusch hat zwar noch seine Stelle irgendwo im Raum, und der Gesang einer Amsel ist immer noch wunderbar – ein Offenes tut sich durch sie aber nicht mehr auf. Die in der Monotonie herrschende Gleichgültigkeit macht auch jedes Tönende und Klingende sich gleich. «Als Gleiche sind ... /sie/ gegeneinander in der äußersten Absperrung.»[123] Von hieraus mag die Vermutung aufkommen, daß Gleiches von den Teilnehmern sogenannter ‚sozialer Netzwerke‘ gelten könnte.

Der Lärm des nur ein- und ausschaltbaren Seienden kennt kein Anfangen und kein Aufhören, kennt keine Jeweiligkeit, und raubt so die Möglichkeit, daß die Dinge «aus ihrem Zueinander miteinander uns angehen.»[124] Die Dimension ihres Zueinanders ist den Dingen genommen, indem der Lärm auch nur eines Motors sie von einander ab- und aus ihr aussondert. Weil selber atemlos, erstickt solcher Lärm den Dingen ihr Tönen und Schallen und vereitelt uns die Möglichkeit, von ihnen aus ihrer wesenhaften Zusammengehörigkeit angegangen zu werden. Motorenlärm nimmt den Dingen ihr Gehören und bannt unser Gehör in Benommenheit. Die unserem gebannten Gehör verbannten Dinge ent- und verziehen sich in eine Gleichgültigkeit und starren uns *aus ihr* wieder an. Wo ein Motor lärmt, herrscht Gleichgültigkeit, da ist kein Tönen und Schallen, das unserem Hören welteröffnend aufgehen könnte. Und sollte es einmal einen der immer seltener werdenden Momente geben, in dem kein Motorenlärm unser Ohr bedrängt, so ist uns doch durch ihn das Hören schon in dem Maße vergangen, daß wir unsere gewohnte Gleichgültigkeit kaum verlassen, und mit dem Tönen und Schallen der jetzt aus ihrem Zueinander miteinander uns angehenden Dinge unser Sein in der Welt sowohl in sie als auch in ihr hörend vollziehen würden.

---

[123] GA 79, S. 36.
[124] a. a. O., S. 24.

Zwar hören wir zunächst das Motorrad, den Kuckuck, die Brandung, und es ist sicher ein Ver-hör, wollte man, in einer völlig künstlichen Haltung hier bloße Geräusche wahrnehmen, doch «könnte es förderlich sein, wenn wir uns abgewöhnen, immer nur das zu hören, was wir schon verstehen.»[125] Denn auf diese Weise hören wir heute unmöglich den «unheimlichen Angang des überall Gleich-Giltigen»[126], d. h. dessen, was uns, und dies schon von ihm her, gleich wie, gleich gilt. Der Lärm der Großstadt etwa ist *Getöse* des Gleich-Giltigen, ist die *zu hörende* Monotonie des «Einerlei»[127]. Eingeebnet in das Einerlei ist die Jeweiligkeit des je Ertönenden. Gerade für sie aber, für diese Jeweiligkeit eines Ertönenden gab es im Deutschen ein Wort, das mittlerweile untergegangen ist –

Nu gevougete sich daz,	Nun fügte sich das,
daz Marke an einem tage gesaz	daß Marke eines Tages saß
ein lützel nâch der ezzenzît,	ein wenig nach der Essenszeit,
sô man doch kurzewîle pflît,	da man Kurzweil pflegt,
und losete sêre an einer stete	und lauschte, abseits, getroffen
einem leiche, den ein harpfere tete	einer Melodie, die ein Harfner spielte

Fast immer, wenn in Gottfried von Straßburgs *Tristan*, wie hier [V. 3505 – 3510] von Musik die Rede ist, taucht das Wort *leich* auf, meist übersetzt durch *Melodie*. Leich ist eine gespielte Weise, eine Musik. Seine Wurzel *lig* findet sich etwa im Griechischen ἐλελίζω (elelizo), das soviel besagt wie *erschüttern, beben, in Bewegung versetzen*. In germanischen Sprachen finden sich Bedeutungen wie *hüpfen, springen, tanzen*. Das mittelhochdeutsche *leichen* heißt: *hüpfen, aufsteigen* und nennt das Laichen der Fische; *leichen* besagt weiter auch: *sich gelenkig biegen, wenden, winden*.

Jeder der Sprünge eines laichenden Fisches ist etwas besonderes, denn *jedesmal* bricht er von neuem aus seinem Element, dem Wasser, aus in ein anderes, fremdes, ihm unwirtliches Element, die Luft, und muß doch dorthin zurück, von wo er losgesprungen war. In jedem Sprung aber ist es nur er, der eine Fisch, der springt, jedesmal.

Hören wir eine Melodie wie einen Leich? Hören wir, daß jeder ihrer Töne ausbricht *aus* einem verbergenden Element, und daß dieses Ausbrechen zugleich einen Einbruch bedeutet *in* ein anderes Element, nämlich das der Entborgenheit, das seinerseits durch diesen Einbruch für uns erst als solches

---

[125] UzS, S. 160.
[126] GA 79, S. 25.
[127] ebd.

aufgebrochen wird? Hören wir mit dem tönend aufbrechenden Einbruch des Tönenden das zu ihm gehörende entschwindende Entfallen in das Element seiner unauslotbaren Herkunft? Folgen wir hörend dem anhebenden Aufgang und der wieder eintauchenden Rückkehr? Der wieder in sein Element eingeholte Fisch jedenfalls ist für uns nicht einfach weg, sondern wir folgen seinem Entschwinden ins Unbekannte, Unvertraute, uns Verborgene mit und nach. So folgen wir jedesmal, bei jedem Sprung, dem *einen* wieder ein- und auftauchenden Springer, d. h. ihm in seiner Bewegung.

Jeder Ton einer Melodie muß, damit überhaupt Melodie sei, sich nicht nur der Bewegung ἐκ τοῦ μὴ ὄντος εἰς τὸ ὄν[128], «aus dem Nicht-Anwesenden... in das Anwesen»[129] fügen, sondern muß, dem Leich gehorchend, aus dem Anwesen sich ab, zurück in das Nicht-Anwesende wenden. Einen permanenten *Ton* können wir deshalb nicht hören, weil es ihn nicht gibt. Doch hören wir die je *in* diesem Leich und *als* dieser eine Leich weiligen Töne, die uns so aus ihrem Zueinander miteinander angehen. Auf ihre Weise je verwandt mit dem Wesen des Leichs sind dann ebenso Vogelgezwitscher, Hammerschläge, Glockenläuten, wenn nicht auch das Lauten der je einer Stimme gehörenden Rede. Denn alles dies ist wiederum je einräumend.

In seinen *Vorlesungen über die Ästhetik* sagt Hegel: «... die Glocke... tönt frei aus, obschon ihr dröhnendes Forthallen mehr nur gleichsam ein Nachklang des einen punktuellen Schlags ist.»[130] Die Glocke tönt frei aus – das Freie des Austönens ist hier sowohl der Freiraum des Tönens, als auch das mähliche Aufgehen ihres Verklingens. Allerdings ist der Glockenton nicht bloß der dumpfe Nachklang eines punktuellen Schlags. Punkt und Schlag sind kausal gar nicht zu erfassen, und noch weniger der Glockenton selbst, der dem Schlag auf einen Punkt nicht nur *nach*folgt, sondern selber *hinausträgt in* ein Offenes. Und vereinzelte Glockentöne gibt es höchstens, um die Stunde zu schlagen.

Jeder Glockenton ruft zu weiteren Tönen auf, deren gemeinsames Klingen sich ins Läuten entfaltet und so erst eigentlich aufgeht in ein freies Tönen. Unvergleichbar einem Melodieinstrument gibt die Glocke nur *einen* Ton. Dadurch wird ihr Läuten jedoch nicht im geringsten monoton, denn nicht weil da nur ein Ton wäre, könne es auch zu nichts anderem, als zu dessen Wiederholung kommen, die dann eben zwangsläufig eintönig klingen wür-

---

[128] Platon, *Symposion*, 205 b.
[129] FT, S. 15.
[130] G. W. F. Hegel, *Vorlesungen über die Ästhetik*, Frankfurt/M., 1970, Bd. III, S. 174 f.

de – das nur Eine dieses Tones ist nichts Mangelhaftes oder Unvollkommenes, sondern notwendig, damit hier überhaupt Wiederholung *sei*, und d. h. im Sinne des Leiches: *holendes* Wieder-holen. Dies nämlich braucht ein Eines, das als solches erst dem Holen ein Wieder-und-wieder anweist, so in die Gegend, aus der zu holen ist, einweist, und sie dergestalt *als* die Gegend, *aus* der zu holen ist, erweist.

Im Fortwähren seines Wieder-holens zieht der Leich der Glocke den Hörenden fort von seinem ‚Standpunkt', fort von dem an das Seiende des Alltags verfallenen Hören. Doch wird er in diesem Fortwähren nicht hingezogen zu etwas Bestimmtem, etwa einem anderen Seienden, sondern hinein in…, und zwar in eine Weite, die nur während des fortwährenden Wiederholens des einen Glockentones sich weitet. So gehen in ihr auseinander bekanntes Nahes und unerkanntes, wenn nicht unkenntliches Fernes. Beide gehen in dieser Weite als solche auf. Das fortwährende Wieder-holen des Läutens zieht fort in ein Anderswo, das gänzlich anders ist als jedes uns gewöhnlich zugängliche Wo. Dies Anderswo mag uns aus seiner Ferne her angehen, sofern wir ihm im Gefolge der läutenden Glocke unser ‚entgegenkommendes' Gehör schenken. Weder einem Lautsprecher noch einem Kopfhörer kann ein Gehör sich je schenken. Dieser Wendung entspricht zur Zeit nichts.

Die zu durchhörende und in dieser Weise zu erhörende Weite geht auf im freien Austönen des Läutens. Das Freie aber er-läutet die Glocke selbst, indem das *Aus*tönen die ganze Luft erfüllt mit ihrem weitenden Klang, der auch noch dem Himmel *seine* Weite aufgehen läßt. All das ist aber nur aus dem Element und gegen es hervorgeholt, das an ihm selbst ein Wiederholen ernötigt, weil es dies in gewisser Weise selbst ist [: der aufspringende Fisch muß zurück ins Wasser]. Demzufolge hört dann auch das Läuten selber auf, verklingen allmählich seine Töne.

Unmittelbar nach dem das Läuten verhallt ist und die Glocke gerade schon nicht mehr tönt, findet sich unser Hören, das durch sie und mit ihr einer unbestimmten Ferne anempfohlen war, nun, während des lautlosen Nachhalls der Glocke, in einer Helle – d. h. einem Hall –, in der uns und aus der uns das Anwesende geläutert angeht. Dieser lautlose Nachhall des Läutens ist nicht etwa eine subjektive Empfindung in unserem Inneren oder gar ein bloßer Nervenreiz, vielmehr liegt er über allem. Während dieses Momentes, dessen Dauer sich nicht in Minuten oder sonstiger Chronometrie fassen läßt, *ist* das Glockenläuten noch und zwar in der Weise, die dem verwandt ist, was Heidegger im *Ursprung des Kunstwerks* von einem griechischen Tempel sagt: «Der Tempel gibt in seinem Dastehen den Dingen erst ihr Gesicht und den Menschen die Aussicht auf sich selbst.»[131] Was hier nur hörbar dasteht, das ist der lautlos läuternde Nachhall des verklungenen Glockenläutens.

Die Glocke könnte solange ein einzigartiges Ding sein, als nicht Motorenlärm das Walten der zu durchhörenden Weite erstickt. Dieser Lärm aber gehört dem „Entbergen von der Art des Bestellens. Wo dieses herrscht, vertreibt es jede andere Art der Entbergung."[132] Daher vertreibt das im Bestellen als Bestand Entborgene die anders Entborgenem eigene Weise *seiner* Entborgenheit. In diesem Sinne wird auch Glockenläuten vertrieben, und nicht nur mit der Vertreibung seiner vergeht uns das Hören. Wir vergessen das „Hörenkönnen"[133].

Die Geräusche, die wir in unserer Wohnung von Elektrogeräten hören, haben grundsätzlich keine gediegene Herkunft und gehören als unbedingte keinem Ding. Auch die Stereoanlage steht in Betrieb, sie strahlt akustische Lautsprecher-‚Musik' ab; sie strahlt nur *ab*. Solcher Schall ist an ihm selber herkunftslos. Dagegen gibt ein Musikinstrument die selber nicht tönende Herkunft seiner Töne sowie seines Tönens zu Hören, und zwar *durchwesend*. Das einfachste Musikinstrument gibt sowohl seine als auch die Herkunft seiner Melodie zu hören. Wir hören in diese Herkunft *hinein*, in ihre Richtung. Hier ist nicht ‚Negation des Tones' – wie Hegel sagen würde –, sondern Rückgang in die Herkunft.

Dagegen riegelt die elektrische Spannung ab. Es gibt keine, nicht einmal die allergeringste Möglichkeit, daß ein Lautsprecher uns in diese wesenhafte Rückwendung vorzöge. Wird ein Zimmer, ein Wohnraum, den etwa Schrank, Tisch und Stühle einräumen, stereophon beschallt, so werden seine Dinge aus ihm aus- und voneinander abgesondert, ohne daß noch eines dem anderen wesenhaft sein könnte. Daß uns das nicht aufgeht, wäre einiger Fragen würdig. Denn auch so geschieht Vertreibung, und d. h. für unser Hören, daß das rückhaltlose Abstrahlen der Lautsprecher unserem Hören das Entgegenkommen austreibt und *uns* schließlich «in den entgegengesetztgerichteten Bezug zu dem, was ist»[134] hineindrängt. Das, was uns ansprechen mag, schalten wir mit dem Einschalten von Radio, Stereoanlage oder Fern-

---

[131] *Holzwege*, Frankfurt/M., 1980, S. 28 [32].
[132] FT, S. 31.
[133] UzS, S. 260.
[134] ebd.

sehapparat für uns aus. Wir können betroffen, beeindruckt, ja ganz von solchem Künstlichen ergriffen sein, nichts geht uns hier nah, weil hier nichts *ist*, was uns *nahe*gehen könnte. In diesem Zusammenhang sei jenes technische Verhör erwähnt, in dem Walter Benjamin das technische Produkt des Tonträgers Schallplatte begreift. So sagt er, daß sie es dem Original möglich mache, «dem Aufnehmenden entgegenzukommen... das Chorwerk, das in einem Saal oder unter freiem Himmel exekutiert wurde, läßt sich in einem Zimmer vernehmen.»[135] Um dies sagen zu können, muß einem Hören und Sehen schon unbemerkt vergangen sein.

Sofern die Abstrahlungen des Lautsprechers unserem Hören das ihm eigene, durchhörende Entgegenkommen abdrängen, werden wir auf uns selbst als die Subjekte dieses Hörens zurückgeworfen. Durch den Lautsprecher genötigt, kann jeder Hörende das Abgestrahlte nurmehr «auf *sich zu* als die Bezugsmitte beziehen und so in „das Leben" einbeziehen.»[136] Nur ein Subjekt, das mit sich als solchem im reinen ist, kann hier von Entgegenkommen sprechen, wird doch gerade umgekehrt unserem Hören *sein* entgegenkommender Wesenszug ausgetrieben. Zwar wesenhaft «der Gelassenheit zum freien Hören übereignet,»[137] könnte uns doch ‚unter der Herrschaft der Technik, deren Kontrolle unsere Kräfte übersteigt, Hören und Sehen durch Funk und Film' vergehen und könnten wir aus unserem Wesen vertrieben werden. Das allerdings kann und vor allem will sich keiner vorstellen. Aber gerade hierin liegt das Un-Heimliche der Künstlichkeit insbesondere der Instrumente der Medientechnik, mittels derer wir nur zu leicht unterscheidungslos in den Schwindel künstlicher Wirklichkeit, in reale Virtualität geraten. Weiter und weiter entrinnen wir uns in der Verfolgung von Möglichkeiten, die es in Wahrheit nicht gibt. Was ist Wahrheit?

Doch wäre zu sehen, daß die heutige Welt die Autorität eines Sinnganzen einbüßt und damit ihre eigene, so daß sie selber kaum mehr ist. An ihrer Stelle schwillt ein Vakuum, in dem die Medien sich herausnehmen, uns in haltloser und betäubender Stimmungsmache für die Ratlosigkeit ihrer Meinungsmache unempfindlich zu machen. Doch Sinn wird so keiner. Dafür wird dies Vakuum als der Freiraum ausgenutzt, in dessen erstickender Leere jeder Konkurrent jeden muß übervorteilen und ausstechen können. Die

---

[135] W. Benjamin, *Das Kunstwerk im Zeitalter seiner technischen Reproduzierbarkeit*, Frankfurt/M., 1979, S. 13.
[136] GA 65, S. 129.
[137] UzS, a. a. O., S. 261.

konsequente Einrichtung solcher Verhältnisse erfordert Verfahren, die für ihren reibungslosen Ablauf in Harmlosigkeit zu neutralisieren sind. Alles umgreift dann das fade Grau einer prahlenden Öffentlichkeit, deren leichtfertiger Scharfsinn sich in ihrer eigenen Öde verliert.

Die technische Zivilisation weltweit einzurichten erfordert, über die Ausbreitung der Medien hinaus, einen ausliefernden Wettbewerb, der auch noch die Arbeit als zu aufwändig dem Elend aussetzt. Das Beengende dieser Ordnungsmacht ist durch nichts zu sprengen, auch nicht durch eine, die mächtiger wäre als sie. So vertreibt denn auch hämischer Handel mit verführerischer Propaganda energisch jedes verantwortliche Handeln aus dem Spielraum zukünftiger Entscheidungen und überwuchert ihn durchtrieben mit unbilligen Marktgesetzen. In diesem Sinne spricht Macbeth den letzten Satz des ersten Aktes: *False face must hide what the false heart doth know*[138] – Ein irreführend falsches Gesicht muß verhehlen, was ein hinterlistig falsches Herz weiß.

Aber Künstliches ist ungegründetes Seiendes und darum trügerisch, denn es entbehrt einer Grundlage, eines Grundes, auf bzw. in dem es gründen und so ruhen könnte und den kein *mente concipio* ihm je herzustellen vermag. Ruhen, liegen heißt griechisch κεῖμαι (keimai); κοίτη (koite) ist das Lager, die Lager- und Ruhestätte. Deren Wurzel *kei-, liegen, findet sich im Lateinischen sowohl in *cunae*, Wiege, Nest, als auch in *civis*, Bürger, Mitbürger. Im Deutschen gehören hierher *Heirat, Heimat, Heim*. Un-Heimlich ist das, was außerhalb unserer vertrauten Wohnstätte uns nicht geheuer ist. Ohne je in einem eigenen gediegenen Grund gründen zu können, sind die Produkte von Funk, Film und Fernsehen prinzipiell künstlich. Ihre Künstlichkeit ist insofern unheimlich, als daß wir selber durch sie aus dem Grunde unseres Wesens vertrieben und darum heimatlos zu werden drohen.

Nun ist hier jedoch alles entgegengesetztgerichtet im Bezug zu dem, was ist, denn wir nennen doch ‚Musik', was die Lautsprecher abstrahlen, sagen, daß wir den ‚Präsidenten' am Bildschirm sehen. Und sind es nicht wirklich ‚Tomaten', die wir in unseren Breiten auch im Winter frisch aus dem Treibhaus auf den Tisch bringen? All das aber hat doch weniger etwas Unheimliches als vielmehr etwas vergewisserndes, bestätigendes, denn die technische Welt stellt ja gerade alles sicher. So könnten wir uns beruhigt in Sicherheit wiegen. Die Sicherstellung von allem Seienden kann jedoch nie

[138] W. Shakespeare, *Macbeth*, I, 7, 84.

104

bewirken, was Heidegger «das beruhigt-vertraute In-der Welt-sein»[139] nennt, da dieses gleichsam nur umwillen des Ausbrechens aus ihm gepflegt wird. Wo die Pflege dieser Ruhe und Vertrautheit durch rasende technische Schnelligkeit und berauschende Erlebnisse unhaltbar wird, ist die notwendige Möglichkeit genommen, aus jenem Sein in der Welt auszubrechen. Technische Instrumente forcieren die Verwahrlosung der Dinge und hintergehen die Möglichkeit jeden Heimischseins. Dagegen sichern wir unsere Befangenheit in unheimlicher Künstlichkeit.

Im Betreiben der Technik und der sie einrichtenden Instrumente liegt somit in unvergleichlicher Weise die «Vermessenheit...: in der Versagung jeglicher Offenheit gegenüber dem erscheinenden Walten dieses zu überwältigen, ihm dadurch gewachsen zu sein, daß seiner Allgewalt die Stätte des Erscheinens verschlossen bleibt.»[140] «Nicht-dasein ist der höchste Sieg über das Sein.»[141] Dieser höchste Sieg aber ist jener, der im Zuge dessen errungen wird, was Heidegger als die *höchste Gefahr* im Wesen der Technik erblickt – ein Sieg, der nicht zuletzt durch den Absturz des Menschen aus seinem Wesen errungen wird. Das Unheimlichste wäre hier, wenn wir uns unser *ursprüngliches* Un-Zuhause völlig verstellten, und damit die Herkunft jeden Zuhauses. Dann entginge uns aber auch jenes, worin, wohinein und wohindurch, wie Heidegger sagt, «der Mensch sein Auge und Ohr öffnet»[142]. Technische Apparate jeglicher Art vertreiben unser Sehen und Hören in den entgegengesetztgericheteten Bezug zum wohnenden Sein bei den Dingen, mit Anderen und *in* der Welt.

«Wir wissen nicht, – sagt Heidegger – was die ins Unheimliche sich steigernde Herrschaft der Atomtechnik im Sinn hat.»[143] *Wir* jedenfalls sollten uns nicht der vielleicht notwendigen Einsicht verschließen, daß unser Hören und Sehenkönnen *zutiefst* verstört ist, und daß wir so nicht mehr, noch nicht, ja *längst noch nicht* hören.

---

[139] SuZ, S. 189.
[140] M. Heidegger, *Einführung in die Metaphysik*, Tübingen 1987[5], S. 135.
[141] a. a. O., S. 136.
[142] FT, S. 22.
[143] *Gelassenheit*, a. a. O., S. 24.

Zur Dynamik der Rationalität

I

Rationalität ist nicht dasselbe wie Ratio, Sinnlichkeit nicht dasselbe wie Sinn, so wie Seligkeit nicht dasselbe ist wie Seele. Rationalität gehört zu *ratio* und ist auf sie bezogen. *Ratio* heißt Rechnung, Rechenschaft, Rücksicht, Verhältnis, Beziehung, Plan, System, Theorie, Lehre, Methode, Regel, Grundsatz, Weise, Zustand, Einsicht, Vernunft, Vernunftschluß, Beweggrund, oder einfach Grund.

Der Begriff der *Rationalität* nun erscheint im Laufe der Geschichte zwar vornehmlich im Zusammenhang einer bestimmten Fragestellung, wird aber letztlich so unterschiedlich verwendet, daß ein einheitlicher, verbindlicher Sinn nicht unmittelbar auszumachen ist. Solange die Bedeutung des Wortes *Rationalität* aber nicht in einem Mindestmaß eingegrenzt ist, besteht die Gefahr, sich in Beliebigkeit zu verlieren und damit auch, gar nicht erst zu einer *Möglichkeit* zu kommen, ihren Horizont, falls nötig, zu erweitern, ja überhaupt einen Horizont zu erblicken.

Wenn etwa Wilhelm Traugott Krug mit einer Schlichtheit, die von Hegel fast mitleidig belächelt wurde, in seinem *Handwörterbuch der Philosophischen Wissenschaften* von 1828 (Artikel *Rationalismus*, S. 420) über die Rationalität sagt, sie sei «der einzige grundwesentliche Vorzug des Menschen vor den übrigen Thieren der Erde», so begreift er sie als eine Eigenschaft, ohne die der Mensch nicht Mensch wäre, und stellt sich so in eine über zweitausend Jahre alte abendländische Tradition der Bestimmung des Menschen. Für Krug liegt in der Rationalität ein allumfassender kritischer Anspruch, denn, so Krug weiter, einer rationalen Prüfung kann sich «nichts entziehen wollen, auch die geoffenbarte Religion nicht, weil sonst der blinde Glaube unvermeidlich ist, und weil sonst kein Gegner der geoffenbarten Religion widerlegt werden kann.» (S. 421) Mit dieser Äußerung stellt sich Krug in die Tradition der Rationalität und ihres Begriffes selbst. Dieser ist philologisch zuerst belegt um 200 n. Chr., bei Tertullian, wo ihm sogleich der Umkreis seiner Geltung zugewiesen wird: die Theologie.

106

Zu jener Zeit bedeutet Christentum das Christ*sein* eines einzelnen Menschen, sowohl für sich als auch in seiner Gemeinde. Von einem Christentum im Sinne einer kirchlich organisierten Weltreligion kann damals schon deshalb nicht die Rede sein, als die Kirche selber sich damals gerade erst ausbildet. Diesem geschichtlichen Moment nun fällt zum ersten Mal das Wort *rationalitas* ein. Es ist dies ein recht komplexer Moment, in dem die griechische Bildung mit ihren *grundlegenden sachlichen* Fragen an das Heilsgeschehen – vorgebracht etwa von Irenäus – gleichsam abgelöst wird von lateinischer Mentalität, wie sie der Jurist Tertullian vertritt. Zur Stärkung und Verteidigung des Christusglaubens dient ihm die in der sogenannten *regula fidei*, der Glaubensregel, zusammengefaßte Überlieferung der Glaubensüberzeugung. Diese *regula* soll weniger die formale Richtigkeit des Glaubens sichern, als vielmehr seine Ursprünglichkeit bekunden und verwahren. Im Rahmen dieser streitbaren Selbstbehauptung der Christen spricht Tertullian in seiner Schrift *Über die Seele*[144] dieser neben *sensualitas* (Sinnlichkeit) und *intellectualitas* (Verstand) das Attribut der *rationalitas* zu, der Rationalität. In einem Moment, da es historisch gilt, Irrlehren unbedingt auszuschließen, kommt Rationalität ins Spiel.

Eine nähere Bestimmung der *rationalitas* findet sich wiederum rund zweihundert Jahre später, und zwar bei bei Augustinus, der unter einer Reihe diverser Definitionen, die er im zweiten Buch von *De Ordine* anführt, auch den Unterschied zwischen *rationalis* und *rationabilis* herausstellt: «rationale esse dixerunt quod ratione uteretur vel uti posset»[145] «was sich der ratio bedient oder bedienen kann, das wird ‚rational‘ genannt.» Hier ist *rationalitas* die *potestas*, das heißt, das Vermögen und die Macht, sich der *ratio* zu bedienen, sie zu gebrauchen, zu benutzen. Dieses Vermögen der Nutzung ‚hat‘ nur der Mensch, es ist ihm gegeben, es kommt ihm zu, ist ihm eigen. Doch sieht Augustinus in dieser Gabe auch die Gefahr einer Eigenmächtigkeit des Menschen, insofern nämlich, als Menschen der bloßen Neugier verfallen können, die in seinen Augen nichts anderes ist als *mortua cura*[146], als ein *totes*, vergebliches *Bemühen*. Ein solches Bemühen und Besorgen ist darum tot, weil «non enim religiose quaerunt, unde habeant ingenium, quo ista quaerunt»[147], weil «sie nämlich nicht fromm gestimmt fragen, woher sie

---

[144] Tertullian, *De anima* 38, 6, hg. J. H. Waszink. CCSL 2 (1954) 842.
[145] Augustinus, *De ordine* libri II, 11, 31.
[146] Augustinus, *Confessiones*, V, 3,4.
[147] *Ibidem.*

das *ingenium* haben, mit dem sie nach jenen Dingen fragen.» Oder anders gesagt, wie sie denn zu dem Vermächtnis dieses Vermögens kommen, derart zu fragen.

Rationalität darf und kann, kann und darf nie die Wirklichkeit der göttlichen Offenbarung ersetzen, sondern ist lediglich ein Hilfsmittel zur Stärkung und Vertiefung des Glaubens. Ihr Sinn ist bedingt durch die Bedeutung, die ihr als Sekundantin der Glaubenswahrheit zur Erlangung des Heils zukommt. Sie ist zwar ein Attribut des Menschen, das ihn von den übrigen Geschöpfen absetzt, soll von den Menschen aber nicht dazu benutzt werden, daß «serviunt creaturae potius quam creatori»[148], daß sie dem Geschöpf mehr dienen als dem Schöpfer, dem Seienden mehr als dessen Grund.

Bei ihrem ersten Aufkommen in der Geschichte erscheint Rationalität als das Vermögen des Menschen, die *ratio* als ein Mittel zu nutzen. Als Mittel ist sie gebunden an einen Zweck, auf den sie ausgerichtet ist, und auf den zuvor schon der Mensch selber aus ist. Rationalität ist dann das Vermögen, die *ratio* auszurichten und zu orientieren. Worauf aber der Mensch aussein mag, bestimmt sich ganz aus seinem Wesen, zu dessen Attributen eben auch die Rationalität gerechnet werden kann. Das heißt: das Vermögen, die *ratio* auszurichten, ist bezogen auf die Wesensbestimmung des Menschen. Die ist je geschichtlich, je epochal.

Daß nun der Begriff der Rationalität erst im geschehenden Untergang der Antike und während des Errichtens der christlichen Kirche auftaucht, besagt zunächst nur, daß dem Wesen des Menschen gemäß seiner ersten metaphysischen Bestimmung eine *Nutzung* der *ratio* nicht zukam. Das mag deutlicher werden, wenn wir berücksichtigen, daß der lateinische Ausdruck *animal rationale* dem grammatischen Subjekt des *animal* ein Adjektiv zuschreibt, ein Eigenschaftswort, das als Eigenheit dieses *animal* das *rationale* bestimmt. Dieser lateinische Ausdruck legt eine Nutzung allerdings bereits nahe. Nicht so die durch diese Vokabel übersetzte Wendung des Aristoteles, das ζῷον λόγον ἔχον (zoon logon echon), das *,Tier', das die Sprache hat*, dessen Beziehungswort, das ἔχειν (echein), *haben*, im Lateinischen entfällt. Über den Bezug von Menschenwesen und λόγος (logos) verfügt dort das ἔχειν, das ,haben', das dem damaligen Menschen eine Benutzung des λόγος vorenthält. Der überaus weite und tiefe Sinn des ἔχειν dieser Wendung müßte ermessen werden, um das Verhältnis von Mensch und

---

[148] *Ibidem*, 3,4. Augustinus zitiert hier selber Röm. 1, 25.

λόγος einzusehen. Je größer die geschichtliche Entfernung zu jenem antiken λόγος wird, desto nutzbarer wird dagegen der kybernetische „Logos" der Logik und Logistik.

Die Rationalität kann sich an der ihr zur Verfügung stehenden *ratio* auch versehen indem sie diese vornehmlich auf das *creatum*, das geschaffene Seiende richtet und sich so daran verliert, anstatt sich dessen *creator* und Grund zu widmen. Einer solchen Nutzung gebietet allerdings die angemessen nur zu glaubende Offenbarungswahrheit Einhalt. Es ist jene Zeit der Konsolidierung der Kirche, in der Dogmen aufkommen, die, wie bereits früher die fixierte *regula fidei*, ebenfalls der Sicherung des Kirchenglaubens dienen. Mit dem Ende des Mittelalters aber verliert die Kirche ihre universelle, katholische Autorität und zwar gerade im Bereich dogmatischer Verstehensvorgaben. Es ist nicht zuletzt Luthers Ablehnung auch jeglicher Dogmatik, die unter anderem mit der These «sacra scriptura sui ipsius interpres»[149], daß die Heilige Schrift also selber ihr eigener Interpret sei und ihr Verständnis keiner Regelung durch autoritative Interpretationsvorgaben bedürfe, die einer jener Anlässe wurde, das Menschenwesen neu zu bestimmen. Der Mensch der Renaissance und des Humanismus verschafft sich zunehmend selber seinen Halt, und dies nicht zuletzt, indem er seine *ratio* vorzüglich für sich nutzt. Diese Benutzung vermag die Religion immer weniger in Grenzen zu halten, da der sich anbahnenden neuzeitlichen Rationalität eine Macht eigen ist, der der Glaube nicht gewachsen ist. Hier weitet die Rationalität ihren Einsatzbereich auf Kosten der Autorität der Offenbarungswirklichkeit aus.

II

Jetzt ist es nicht mehr der Streit gegen häretische Irrlehren der Gnostiker, in dem die Rationalität erfolgreich zum Zuge kommt, sondern gegeneinander zur Entscheidung stehen die Weltordnung der christlichen Glaubenslehre und die Wirklichkeitskompetenz mathematischer Axiomatik, deren Rationalität sich bekanntlich durchsetzen wird. Dabei ist die Auseinandersetzung zwischen der Kirche und Galilei geradezu epochemachend. Einen Hinweis

---

[149] M. Luther, Assertio omnium articulorum M. Lutheri per bullam Leonis X (1520). Weimarer Ausg. 7, 97.

auf seinen Gebrauch der *ratio* gibt jene berühmte Definition der Bewegung, die sich in seinen *Discorsi* findet. Dort heißt es:

> «Mobile super planum horizontale projectum mente concipio omni secluso impedimento, jam constat ex his, quae fusius alibi dicta sunt, illius motum aequabilem et perpetuum super ipso plano futurum esse, si planum in infinitum extendatur.»[150]
>
> «Ich denke im Geiste einen Körper auf eine horizontale Ebene geworfen und alle Hindernisse ausgeschlossen, so ergibt sich aus dem, was anderswo weitschweifig gesagt ist, daß seine Bewegung über diese Ebene gleichförmig und immerwährend sein würde, würde die Ebene ins Unendliche ausgedehnt.»

Es gilt hier weniger, die physikalische Bedeutung dieser Aussage zu ermessen, als vielmehr zu verstehen, was Galilei da *denkt* und wie er es *denkt*. Dies Denken ist ein Konzipieren, ein Konzipieren im Geiste: *mente concipio*. Zwar geschieht alles Konzipieren im Geiste und es hätte so gesehen genügt, wenn er einfach gesagt hätte *concipio*, doch es geht Galilei in einer betonten und schier unverzichtbaren Weise um seinen Geist, um seine *mens*. ,*Mente* concipio' heißt da: ich konzipiere und fasse zusammen *im* Geist, *durch* den Geist und *für* den Geist. Dieses Denken benutzt die *mens* als seine Domäne bzw. sein Anwesen, um sich allein darin einzurichten. Gefaßt wird darin ein *mobile*, ein Bewegliches. Das wird in einer bestimmten Verfassung vorgestellt, nämlich in einer Bewegung zu sein, die gleichförmig und endlos sei. Nun ist bekanntlich kein Ding auf der Welt je in einer solchen Verfassung, kein Ding ist je so gewesen und wird je so sein, ganz einfach, weil nichts so *sein* kann. Nur eine rein mentale Konzeption kann ein solches *mobile* vorstellen, genauer gesagt, *sich* vorstellen. Diese *mens* gibt sich in ihr selber für sich selber etwas vor, das sie in ihrem Konzept an sich nimmt, und das so ihre Annahme ist.

Entscheidend für die Konzeption eines unmöglich seienden *mobile* und seiner Bewegung sind Voraussetzungen, die diese Unmöglichkeit ausräumen. Das besorgt ebenfalls die *mens*, indem sie alles ausschließt, dem dies *mobile* in seiner Bewegung begegnen könnte: *omni secluso impedimento*. Derartiger Unbezüglichkeit des *mobile* muß entsprechen eine Unendlichkeit, in die die *Bewegung* sich fortsetzen können soll. An einer Stelle der *Discorsi*, die dasselbe Problem etwas weitschweifiger behandelt, heißt es:

---

[150] Galileo Galilei, *Discorsi e dimostrazioni matematiche intorno a due nuove scienze attenenti alla meccanica ed ai movimenti locali*, in: Opere complete, Bd. XIII, hrsg. von Eugenio Albèri, Florenz 1855, S. 221f.

«[*Sagredo:*] Veramente mi par che tal supposto abbia tanto del probabile, che meriti di esser senza controversia conceduto, intendendo sempre che si rimuovano tutti gl'impedimenti accidentarii ed esterni, e che i piani siano ben solidi e tersi ed il mobile di figura perfettissimamente rotonda, sì che ed il piano ed il mobile non abbiano scabrosità. Rimossi tutti i contrasti ed impedimenti, il lume naturale mi detta senza difficoltà, [che una palla grave e perfettamente rotonda, scendendo per le linee *CA, CD, CB*, giugnerebbe ne i termini *A, D, B* con impeti eguali].»[151]

«Wahrlich, diese Annahme scheint mir dermaassen wahrscheinlich, daß sie ohne Controverse zugestanden werden müsste, vorausgesetzt immer, dass alle zufälligen und äusseren Störungen fortgeräumt seien, und daß die Ebenen durchaus fest und glatt seien, und der Körper von vollkommener Rundung sei, kurz Körper und Ebene frei von jeglicher Rauhigkeit seien. Wenn alle Hindernisse fortgeräumt sind, sagt mir mein natürlicher Verstand ohne Schwierigkeiten, daß ...»[152]

Unter der Voraussetzung, alles mögliche, natürlich Gegebene wegzudenken, beginnt das *lumen naturale*, die natürliche Einsicht, ohne Schwierigkeit zu sprechen. Diese *mens* macht ihrem Charakter der *Denkkraft* alle Ehre, da sie ihrem *lumen naturale* alles natürlich Gegebene gleichsam mit aller Kraft vom Leibe hält, das, gemessen an der geradlinigen, unendlichen Bewegung als deren Störung und Hindernis konzipiert ist. Und nichts ist einleuchtender als Störungen, Hindernisse und Widrigkeiten auszuräumen (*rimuovere!*). Dieser Mentalität ist die Natur, so wie sie sich selber und zumal den Sinnen gibt, die Störung ihres Konzeptes von Perfektion. Das *mente concipere* übernimmt selber das Geben dessen, was es gibt und erweitert so seinen Zuständigkeitsbereich, den Bereich seiner ἐπιστήμη (episteme).

Bei aller Renaissance kann und will diese *mens* die antike Unterscheidung nicht mehr treffen zwischen den Fragen τὶ μαθών und τὶ παθών – *ti mathon* und *ti pathon* –, d. h. zwischen Fragen, in denen es jeweils darum geht, *wie* denn jemand auf etwas gekommen ist: «τὶ μαθών bezieht sich immer auf ein μάθος (mathos:), einen Grund *in der Erkenntnis* od. *im Verstande*, τὶ παθών dagegen auf ein πάθος (pathos:), einen Grund... *in einer Leidenschaft* od. *in einer Einwirkung von außen.*»[153] Die Frage, *wie* diese *mens* zu

---

[151] *Ibidem.* [Salviati, Sagredo, Simplicio]

[152] Unterredungen und mathematische Demonstrationen über zwei neue Wissenszweige, die Mechanik und Fallgesetze betreffend, Bd. II, Dritter und vierter Tag, übersetzt von Arthur von Oettingen, Leipzig 1891, S. 20.

[153] F. Passow, *Handwörterbuch der Griechischen Sprache*, Artikel μανθάνω, Leipzig 1852, Bd. II, S. 123.

ihrem *mobile* gekommen ist, ist insofern obsolet, als es hierfür einzig und allein nur noch sie selbst gibt, ihr eigenes *(mente) concipere*. Dies hält hier entsprechend der Denkkraft dieser *mens* jeglicher Beeinflussung von einem πάθος, einer Empfindung oder Leidenschaft stand und hält sich selber so unbeeinflußt durch. Dem konzeptuellen Ausschluß der natürlichen Gegebenheiten der Dinge als *impedimenta*, also als Hindernisse, entspricht der ‚mentale‘ Ausschluß des πάθος (pathos) in seiner ungeradlinigen, unvollkommenen Wechselhaftigkeit. Nichts natürlich Gegebenes schränkt die mentale Konzeption der Natur ein, die sich allein auf μάθοι (mathoi) bezieht, und die schon deshalb *mathematisch* ist. Diese anästhesierende und für sich selbst apathische Benutzung der *ratio*, der *mens* bzw. des *ingenium* – um nicht zu sagen diese *mortua cura* – beginnt sich in Europa einzurichten, indem sie das europäische Denken ausrichtet. Faktisch bemächtigt sich das *Pathos apathischer Mathesis* dieses Denkens und stimmt es ein auf die rationale Einrichtung aller Natur. In dieser Richtung erobert es sich kontinuierlich eine Domäne des Verstehens nach der anderen.

Um das Jahr 1685 kommt es in England zu einer weiteren Ausbildung des galileischen Konzeptes, und zwar mit Isaac Newtons mathematischen Prinzipien der Philosophie der Natur. Deren *Lex prima* lautet:

> «Corpus omne perseverare in statu suo quiescendi vel movendi uniformiter in directum, nisi quatenus illud a viribus impressis cogitur statum suum mutare.»[154]
> «Jeder Körper beharrt in seinem Zustand der Ruhe oder der gleichförmigen geradlinigen Bewegung, wenn er nicht und soweit er nicht von eingeprägten Kräften gezwungen wird, jenen Zustand zu ändern.»

Das, was Newton hier sagt, gilt universell von jedem Körper, daß er nämlich in jenem Zustand beharre, in dem er ursprünglich ist. In Anlehnung daran wird dieses Gesetz auch die *lex inertiae* genannt, das Trägheitsgesetz, weil an einem so vorgestellten Körper keine eigene Aktivität oder Finalität festgestellt werden kann. Er bietet damit das perfekte neutrale Objekt für äußere Kraftanwendung. Newton selbst allerdings spricht von *perseverare*, und nicht von einem gleichsam antriebslosen, unmotivierten Körper, sondern von einem, der in seinem Zustand *beharrt*. Dieses Beharren ist dessen ursprüngliche Verfassung, weshalb deutlicher von der *lex perseverantiae*, dem Beharrungsgesetz, zu sprechen wäre. Selber aber spricht die *perseve-*

---

[154] Isaac Newton, *Philosophia naturalis principia mathematica – Axiomata, sive leges motus*, Bd. I, London 1726, S. 13.

112

rantia ganz im Sinne der *impedimenta exclusa*, der ‚ausgeschlossenen Hindernisse' Galileis, von einer ausschließenden Haltung, einer die se-vero ist, d. h. *sine vero*, also eine, die keinen Einspruch oder Widerspruch duldet, einen Wider-Spruch, der sagt: «In Wahrheit aber...». Der Körper in *per-severantia* ist ursprünglich taub für einen natürlichen Austausch, ist isoliert und unansprechbar konzipiert, ja geradezu verstockt, wenn nicht autistisch. Deshalb ist ein Zwang nötig (*cogitur*), den äußere Kräfte (*viribus*) auf ihn ausüben müssen, damit er seinen Zustand ändert. Er selber verharrt apathisch ohne Ambitionen. Dies sei die universell gesetzmäßige Grundverfassung aller Körper – jedenfalls aller so konzipierten Körper.

In derselben Weise benutzt dann auch Descartes die *ratio*, wenn er etwa im Appendix zur vierten der *Regulae ad directionem ingenii*[155] bei seiner Vorstellung einer *mathesis universalis* deren schrankenlose Allgemeingültigkeit konzipiert «... circa ordinem et mensuram nulli speciali materiae addictas...»[156] – hinsichtlich Ordnung und Maß, ohne eine spezielle Materie, auf die sie angewendet werden, wie z. B. Zahlen, Figuren, Sterne und Töne. Gegenständliche Besonderheiten, die die Materie einzelner wissenschaftlicher Fachgebiete ausmachten, werden von der *mathesis universalis* absorbiert, der zufolge, wie Descartes in seiner *Dioptrique* sagt, «... la manière dont des images... se forment en notre cerveau est comme, lorsque l'aveugle... touche quelques corps de son bâton...»[157], was soviel heißt, daß wir ursprünglich blind sind und der Sinn des Sehens unserem Hirn Bilder von Körpern übermittelt so wie der Stock einem Blinden, der sie damit abklopft.

Rationalität folgt dem Anspruch, das Wesen der *ratio* auszurichten. Mit der Rationalität der beginnenden Neuzeit nun richtet sich die *ratio* – was immer das heißen mag – selber in sich selber für sich selber ein, indem allem natürlich Gegebenen als solchem die Annahme verweigert wird und dadurch der Prozeß einer geradezu unendlichen Kompetenzerweiterung in

---

[155] *Regeln zur Steuerung des Verstandes.*
[156] R. Descartes, *Regulae*, IV. Oeuvres, ed. Adam/Tannery 10, p. 378:
«...illa omnia tantum, in quibus aliquis ordo vel mensura examinatur, ad Mathesim referri, nec interesse utrum in numeris, vel figuris, vel astris, vel sonis, aliove quovis objecto talis mensura quaerenda sit; ac proinde generalem quandam esse debere scientiam, quae id omne explicet, quod circa ordinem et mensuram nulli speciali materiae addictas quaeri potest, eandemque, non ascititio vocabulo, sed jam veterato atque usu recepto, Mathesim universalem nominari, quoniam in hac continetur illud omne, propter quod aliae scientiae et Mathematicae partes appellantur.»
[157] *La Dioptrique*, in: *Discours de la méthode*, Garnier-Flammarion, Paris 1966, p. 131.

Gang kommt. Die Erweiterung aber geschieht nicht in einer Leere oder einem Niemandsland, sondern geschieht immer als Gebietsübernahme. Das ausschließende und zugleich vereinnahmende Prinzip der Globalisierung beginnt die Welt mit dem Aufbruch in die Neuzeit zu erfassen.

In seinem ‚omni secluso impedimento' geht es Galilei nicht nur darum, das auf eine Ebene gebrachte *mobile* nirgends anstoßen und ohne jede Einschränkung laufen zu lassen, sondern auch – und vielleicht allem zuvor –, sich *denkend nicht aufzuhalten* bei und mit „anderem" als der Bewegung eines isolierten Bewegten. Über anderes sieht und geht dieses Denken hinweg – bis heute.

III

Die naturwissenschaftlichen Gesetze und ihr Funktionieren sagen deshalb gerade *nichts* über das von ihnen Übergangene und Ignorierte. Da dieses also nicht in ihnen *vorkommt,* können diese Gesetze dafür auch nicht ansprechbar sein. Weil nun das (naturwissenschaftliche) Gesetz augenscheinlich nicht zur Beeinträchtigung bzw. zum Untergang – oder gar zur Vernichtung – dessen führt, worum es in ihm geht, und was in ihm erfaßt ist, braucht es aus seiner Sicht auch auf nichts außerhalb seiner zu achten, braucht dies nicht zu berücksichtigen. Daher hören alle naturwissenschaftlichen ‚Überlegungen' (etc.) eben hier auf, ohne daß noch danach gefragt würde, ob etwa mit einem beabsichtigten und gesetzmäßig erreichten Effekt nicht wiederum etwas weiteres bewirkt wird, das allerdings an einer vom Gesetz nicht erfaßten und nicht erfaßbaren Stelle hervortritt.

Was aber *denken* Galilei, Newton und Descartes und auch Leibniz mit ihrem ausschließenden „ohne"? Das Denken selbst als hypothetisches, axiomatisches *mente concipere* schließt aus. Es ist ihm daran gelegen, den Ausschluß *denkend* zu vollziehen. So geht es ihm nicht nur darum, Hindernisse, Einsprüche und Besonderheiten auszuschließen – das zwar auch –, sondern mehr noch darum, eine Unbestimmtheit bereitzustellen, die ein berechnend planendes Herstellen als Freiraum seiner Einrichtung benutzt. In diesem Sinne denkt dieses Denken etwas *fort* und behauptet sich so als dasjenige, das fortdenken *kann*. Es behauptet *von* sich dieses Vermögen, und es behauptet sich *gegen* Kritik und Angriffe. Dieses Fort*denken* von Hindernissen, Einsprüchen und Besonderheiten ist ein Ausweichen, das etwas ausläßt, es nicht beachtet und ungedacht läßt. Deshalb können seine durchaus funktionierenden Resultate doch in keiner Weise zum Maßstab für das Denken

114

und sein Zudenkendes genommen werden. Dieses wird da *völlig* ignoriert, d. h. *nicht* gedacht, weil ausgeschlossen. Nur schließt sich derartiges Weg- und Fortdenken auf diese Weise selber die Möglichkeit aus, sich selber zu denken.

Wir haben es hier mit einem Denken zu tun, das nicht nur etwas, das da vielleicht ‚in seinem Weg' liegen mag, unmittelbar ausräumt, sondern dem nie je etwas im Weg liegen soll. Dazu muß es sich sozusagen immer freie Bahn halten. Das Freihalten der geradlinigen Bahn ist die von diesem Denken selbst zu schaffende Voraus-Setzung (Axiom) für Projektionen und Projekte ohne Anhalt, denen nichts Einhalt gebietet, die sich an nichts halten wollen und müssen. Solcher *Halt* aber wäre hier das Zudenkende. Das ausschließende Denken jedoch ist getragen von einem Widerwillen, dessen ausschließlicher Grundsatz die Perseverantia *seiner* ist, die totale Durchgängigkeit. Diese beansprucht das All des geradlinigen, einförmigen Allgemeinen.

Die sich durchsetzende Durchgängigkeit bestimmt in einer geschichtlich eigenen Weise die Neuzeit. Das *Denken* von Galilei, Descartes, Leibniz und Newton *verhält* sich rational, es geht rational Verhältnisse ein zu anderem und zu sich, es richtet rationale Verhältnisse ein und richtet der *ratio* selber Verhältnisse ein. *Weil* nun das *mente concipere sich* selber das gibt, was es (*für*) sich nimmt, dabei aber die „Natur" meint, bzw. anvisiert, die gleichsam sein *intentum* ist, deshalb ist das *mente concipere* in der Ab-solutheit seines Konzeptes auf besondere Weise von dem eben so Konzipierten abhängig: von der Natur.

Weil dieses Denken seinen Bezug zur Natur aus dem Vakuum des *mente concipere* aufnimmt, können dort nicht die natürlichen Gegebenheiten, so wie sie an ihnen selbst sind, Eingang finden, sondern nur abgesonderte, dem Konzept zuvor angemessene Daten. Diese Invasion der Daten aber braucht auf ihre Art so etwas wie Raum, ist raumgreifend *im* Verstehen, braucht Menschen, die sich auf sie verstehen. Sie sind es dann auch, die die entsprechende Datenverarbeitung verrichten. Solche Verarbeitung ist aber nicht so sehr auf den Beruf beschränkt, sondern ist vielmehr eine menschliche Existenzweise geworden: existieren *per* Mobiltelefon, *per* ipod, *per* Navigationsinstrument, *per* Monitor, *per* Lautsprecher etc. Eingegangen in Daten, kann das „Gegebene" nur als Information an das ausschließende Axiom zu seiner „Würdigung" übermittelt werden. So wird Existenzvollzug Datenermittlung, Datenübertragung und Datenauswertung. Wir leben Statistik.

Ganz in diesem Sinne heißt es in einem Buch über den aktuellen Zustand der Computersimulation: «Die Bedingung der tatsächlichen Konstruierbarkeit der griechischen Geometrie, die Orientierung der aristotelischen Wissenschaft am Sinnlich-Gegebenen oder die Unterordnung der rationalen Naturerkenntnis bei Descartes unter den Raum – und später bei Immanuel Kant unter die reinen Anschauungsformen von Raum und Zeit – dienen der Verhinderung des Imaginären und der Rückbindung an die Wirklichkeit als gegenständlichen Anwendungskontext.»[158] Hier nimmt das Konzept der auszuschaltenden Verhinderung bzw. einer auszuräumenden *impeditio* Züge des Pathos einer *Pará-noia* an.

Dem mag erneut jener Dichter antworten, der eben zu der Zeit beginnender Anästhesie der Wissenschaften lebte und der ein Verständnis für das Phantastische und den Wahn hatte wie kaum ein anderer, William Shakespeare:

«Alas! poor man, grief has so wrought on him, He takes false shadows for true substances.»[159]

«Oh je! armer Mann, die Last der Sorge hat ihn so zermürbt, daß falsche Schatten er für wahre Wesen hält.»

Und Botho Strauss, jener Autor, der vor wenigen Jahren eine Fassung des *Titus Andronicus* verfaßt hat, schreibt uns in einem seiner letzten Bücher zur modernen wissenschaftlichen Erkenntnis folgendes:

«Das Gewölle der Erkenntnis, wie von einem höheren Geist ausgewürgte, unverdauliche Reste an beinerner Rationalität und haarigem Zahlwerk. Der Eule Auswurf ist auf uns gekommen, jenes wüste Wissen, Komplexität, die uns Krankheit, Tod, Lust und Erkenntnis kommensurabel und damit unkenntlich macht. Zu kleine Begründungen allenthalben, zu dünne, gefälschte Zusammenhänge, ein Schlüssel da, ein Schlüssel dort, als baute sich das Undurchdringliche aus tausend Modulen durchschauter Prozesse auf.»[160]

---

[158] Gabriele Gramelsberger, *Computerexperimente*, Bielefeld 2010, S. 261.
[159] W. Shakespeare, Titus andronicus, III.
[160] Botho Strauss, *Vom Aufenthalt*, München 2009, S. 28f.

Die Welt Europas

Für Ivo de Gennaro

Ab urbe condita heißt jenes umfangreiche Werk des römischen Geschichts-schreibers Livius, von dem zwar nur ein recht kleiner Teil im ursprünglichen Wortlaut erhalten, dessen Titel jedoch sprichwörtlich geworden ist: ‚seit Menschengedenken'. *Ab urbe condita* – Von der Gründung der Stadt an –, das ist nicht nur der Titel einer Schilderung von Roms Anfängen bis in die eigene Lebenszeit von Livius, die Zeit der Pax Romana, sondern er besagt auch, daß die wahre Geschichte mit derjenigen von Rom beginnt, also um 753 v. Chr., und daß alle früheren Begebenheiten nicht eigentlich geschicht-lich sind. Noch auf uns trifft dieses Geschichtsverständnis in gewisser Weise zu, ist für uns das Römische doch in der Tat von besonderer Geschicht-lichkeit, da es viel ungebrochener auf uns gekommen ist als das Griechische, von dem manches bei seiner Übersetzung ins Lateinische verlorenging. So schreibt der französische Rechtsgelehrte Michel Villey unmittelbar nach dem Zweiten Weltkrieg in einer Darstellung des Römischen Rechts: «Qu'ils en aient ou non conscience, les peuples d'Occident vivent dans le droit ro-main.»[161]

Leben wir heute, leben die Völker des globalisierten Europa im römischen Recht? Und was heißt das für die Völker der Erde, von denen sich keines der Eroberung durch europäische Technik verschließen kann? Leben sie unter dem Einfluß solch universeller Gesetzmäßigkeiten, ob bewußt oder nicht, ir-gendwie auch im europäischen Weltentwurf mit seinem römisch geprägten Rechtsdenken? Diese Fragen führen zu weiteren, die grundsätzlichere Über-legungen verlangen. Dabei geht es zunächst um zwei Aspekte: a) was besagt eigentlich der Ausdruck «im Recht leben – vivre dans le droit?», und b) wie wesenhaft geschichtlich ist dieses Leben im Recht, daß es auch unse-rem Leben heute noch, im Zeitalter der Globalisierung, möglich sein soll, in einem Recht zu existieren, das sich seinen Weg *ab urbe condita* gebahnt hat?

---

[161] «Ob es ihnen bewußt ist oder nicht, die Völker des Okzident leben im römischen Recht.» Michel Villey, *Le Droit Romain*, Presses Universitaires de France, Paris 1946, S. 8.

Beide Fragen zusammen wollen Eines wissen: kann Recht geschichtstragend, wenn nicht sogar geschichtsgründend sein? Und wie ist es um diese geschichtliche Autorität in einer globalisierten Welt bestellt? In diesem Sinne soll der Horizont für die folgenden Überlegungen erweitert werden, und zwar über Livius' Titel *Ab urbe condita* hinaus, oder genauer gesagt zurück, nämlich hin zu *Europa condita*. Für diese Gründung, die zweifellos in Griechenland geschah, gibt es jedoch weder ein Datum, das dem der Gründung Roms im Jahre 753 v. Chr. entsprechen würde, noch eine vergleichbare historische Darstellung und darum auch nicht einen solchen Titel. So sehr moderne Rechtsauffassungen, ja die gesamte moderne Zivilisation von der römischen geprägt sein mögen, die geschichtlichen Ursprünge und besonders noch die des aktuellen europäischen Denkens finden sich, worauf auch Hegel hinweist, in Griechenland: «Das Prinzip der modernen Zeit beginnt in dieser Periode, – mit der Auflösung Griechenlands im Peloponnesischen Kriege.»[162]

Es liegt auf der Hand, daß das römische Recht nicht selber das Prinzip der modernen Zeit ausmacht, wohl aber mit zu dessen Entfaltung gehört, in der auch wir uns noch befinden. Europas Identität ist geschichtlich wie keine sonst, denn sie beruht in dem, was *Weltgeschichte* heißen kann, nämlich im Hinblick darauf, was *Welt* je geschichtlich bedeutet.

In *Sein und Zeit* heißt es am Ende der Seite vierundsechzig: «1. Welt wird als ontischer Begriff verwendet und bedeutet dann das All des Seienden, das innerhalb der Welt vorhanden ist.»[163] Das All des Seienden, das innerhalb der Welt vorhanden ist – alles, was irgendwie seiend ist, macht zusammen die Welt aus, mithin auch die Bezüge und Verhältnisse all dieses Seienden untereinander, die eben zum Teil dann auch rechtlich zu bestimmen und zu regeln sind. Ändern sich nun die Art und Weise, wie dies Seiende vorhanden ist und damit auch seine Verhältnisse untereinander, ändert sich Welt im Sinne der erwähnten Definition. Eine solche Weltveränderung schlägt sich dann in entsprechenden Rechtsbestimmungen nieder, d. h. in Bestimmungen, die jeweils Verhältnisse zwischen Vorhandenem regeln.

---

[162] Hegel, *Vorlesungen über die Geschichte der Philosophie*, Werke, Bd. 20, Frankfurt 1970, S. 404.
[163] M. Heidegger, *Sein und Zeit*, Tübingen, 1972[12], S. 64.

Auf der folgenden Seite oben heißt es dann weiter in *Sein und Zeit*. «3. Welt kann wiederum in einem ontischen Sinne verstanden werden, jetzt aber nicht als das Seiende, das das Dasein wesenhaft nicht ist und das innerweltlich begegnen kann, sondern als das, „worin" ein faktisches Dasein als dieses „lebt".»[164] Dasein ist hier eine Wesensbezeichnung, die allein das Sein des Menschen anspricht und keines anderen Seienden, das es sonst noch geben mag, da kein Seiendes außer dem Menschen in betontem Sinne *da* ist. Von allem, was ist, ist nur der Mensch dem Sein von Seiendem aufgeschlossen. Dasein meint hier also nicht im traditionellen Verständnis, irgendwie vorhanden zu sein, sondern zu existieren als das aufgeschlossene Da, das den Dingen und Menschen in ihrem Sein offensteht und sie nur so überhaupt verstehen läßt.

Welt: das, „worin" ein faktisches Dasein als dieses „lebt". Das Sein des Menschen beruht unter anderem darin, nicht vorhanden, sondern *da* zu sein *in* der Welt bzw. in einer je geschichtlichen Welt: Welt ist das Worin für das Existieren des Da-seins, das nur der Mensch *ist*. Die Offenheit dieses Da – und es zu sein – kann nicht emphatisch genug gedacht werden. Dann nämlich kann sich auch zeigen, inwiefern jetzt Welt das Ganze der Sinn- und Verweisungsbezüge zwischen dem Seienden, aber auch im Sein ist, die ganze Sinnentfaltung, „worin" wir wir selbst sind und demgemäß auch ursprünglich *im Recht*.

Aufschluß über die Dimension dieses allein menschlichen In-Seins findet sich in der Geschichte der Wörter ‚in' und ‚bin' selbst: «... „in" stammt von innan-, wohnen, habitare, sich aufhalten; „an" bedeutet: ich bin gewohnt, vertraut mit... Der Ausdruck „bin" hängt zusammen mit „bei"; „ich bin" besagt wiederum: ich wohne, halte mich auf bei... der Welt, als dem so und so Vertrauten.»[165] Beide, sowohl das ‚in' als auch dies ‚sein' sprechen davon, vertraut zu sein mit etwas. Von hieraus ist der Weg zur Ethik übrigens nicht allzu weit, denn sowohl das griechische *éthos* als auch das deutsche ‚Sitte' sprechen, wie erwähnt, einstimmig vom Sitzen, also von der Seßhaftigkeit – Seßhaftigkeit, deren Recht sich geschichtlich an die Verbindlichkeit von *nómoi* hielt, von Gesetzen, die eben nicht mehr nomadisch waren. Erst mit dem Habituellen des Wohnens eröffnet sich ein geschichtlicher Aufenthalt in jenem Sinngefüge, das Welt heißt. Solchen Halt aber kennt die Globalisie-

---

[164] a. a. O., S. 65.
[165] a. a. O., S. 54.

rung prinzipiell nicht und darf ihrem Wesen zufolge auch bei nichts Halt machen.

Die gerade angeführten Bestimmungen der Welt und des In-Seins stammen aus *Sein und Zeit*, einem der bedeutendsten philosophischen Werke des letzten Jahrhunderts, einem Werk, das dem Denken eine bis dahin verborgene Dimension eröffnet, die allerdings bis heute weitgehend ignoriert wird. Gleichwohl ist es eben jene Dimension des Da des Seins, in der sich das immense Ausmaß der Globalisierung wie nirgends sonst erschließt.

Die verhaltene Kraft dieses eigentümlichen Denkens beruht in dem, *was* es denkt, in seiner gedachten Sache. Auf die weist dort, in *Sein und Zeit*, gleich zu Beginn ein Zitat aus Platons *Sophistes* hin, das also der Zeit der ,Auflösung Griechenlands im Peloponnesischen Kriege' entstammt, einer Auflösung, an der auf ihre Weise die Sophisten beteiligt sind und die von Sokrates, Platon und Aristoteles bekämpft wird. Das Zitat, in dem auf seine Weise bereits die Geschichte des Seins anklingt, lautet:

> «Denn offenbar seid ihr doch schon lange mit dem vertraut, was ihr eigentlich meint, wenn ihr den Ausdruck ,seiend' gebraucht, wir jedoch glaubten es einst zwar zu verstehen, jetzt aber sind wir in Verlegenheit gekommen.»[166]

Mit einer solchen Rückbindung wurzelt sich das fundamentale Denken von *Sein und Zeit* in jener Frage ein, die – ob deutlich, ob verweigert oder vergessen – die Geschichte Europas und seiner Identität von Anfang an bestimmt: die Frage nach dem Sein des Seienden, die heute von der Funktionalität erledigt wird.

Wie erscheint nun diese Frage an dieser Stelle des *Sophistes*? Bei ihrem Bemühen, das Wesen des Sophisten, das sich ständig einer Bestimmung entzieht, dennoch zu fassen zu bekommen, sehen sich die beiden Protagonisten dieses Dialogs, ein Fremder aus Elea und Theaitetos, ein Anhänger des Sokrates, genötigt, eine bis dahin undenkbare Möglichkeit des Nichtseins von Seiendem anzuerkennen: der Sophist ist nicht, was er ist und ist umgekehrt, was er nicht ist. Dieser Möglichkeit stattzugeben bedeutet, sich von früheren Denkern abzusetzen, ja ihnen zu wiedersprechen und mit ihnen zu brechen. Das jedoch gilt zu jener Zeit als ein schamloses, frevlerisches Verhalten.

---

[166] Platon, *Sophistes*, 244 a.

120

Um sich nicht durch Rücksichtslosigkeit an der Autorität der früheren
Denker zu vergehen, richtet der Fremde das Wort an sie und bezieht sie so
gedanklich in den Dialog mit ein, wodurch dieser seinerseits geschichtlich
wird. Sie sind es, die er auf ihr Vertrautsein mit der Bedeutung des Seienden
anspricht, und hier vor allen Parmenides. Dessen Schüler nämlich war der
Fremde in Elea, weshalb es umso schändlicher wäre, sich selbstherrlich über
seinen Lehrmeister zu überheben. Der Fremde wird gerade in den Kreis um
Sokrates eingeführt als ein Kenner des Parmenideischen Denkens, der von
sich selber sagt, «... genug darüber gehört zu haben..., und auch daß es ihm
nicht entfallen ist.»[167] Daß unser heutiges Fortschrittsdenken in Bezug auf
Gründungsväter so gut wie keine Scheu kennt, ist eine banale Tatsache, die
sich nicht zuletzt an unserer Gleichgültigkeit hinsichtlich identitätsstiftender
Momente unserer Geschichte zeigt, wie auch an der Jagd nach Innovationen.

In welcher Welt dieser Dialog stattfand, wird nun wiederum durch eine
einleitende Bemerkung des Sokrates deutlich, wenn er, in Anlehnung an
Homer[168], sagt, daß Götter, «... um die Ehrfurcht und die Frömmigkeit der
Menschen zu beschauen ...»[169], diese heimsuchen und überführen. Solche
Gegenwart solcher Götter ist unsere Sache nicht. Als kritische Götter der
Unterscheidung von «Übermut und achtbaren Gesetzen»[170] stünden sie
ungehemmtem globalen Fortschritt auch nur im Wege.

Hier ist es die Würde des Parmenides, die unter der Obhut der Götter ge-
wahrt werden soll. Und dies um so mehr, als er selber auf eine Spur gelangt
war, die «über den gängigen Weg der Menschen hinaus»[171] führt in den
Bereich göttlicher Wahrheit, in dem kein Sterblicher je heimisch, sondern
wesenhaft fremd ist. Was Parmenides vom Sein des Seienden sagt, hat er
dort erfahren und gesagt bekommen von der Göttin, die ihn ermahnt, ihrem
«Sagen zuzuhören und es zu behalten.»[172] Der aus Elea stammende Gast
des Sokrates aber, der seinem Lehrer dementsprechend zugehört hat, will
sich über dies Behaltene nicht hinwegsetzen, auch wenn er darin keinen Anhalt für die Bestimmung des Sophisten findet. Der Fremde steht selber noch
im Anspruch der Göttin. Die in *Sein und Zeit* entworfene Frage nach dem

[167] ibid. 217 b.
[168] *Odyssee*, XVII, 483-7.
[169] Platon, *Sophistes*, 216 a.
[170] ibid. 216 b.
[171] Parmenides, Fr. B 1, 27.
[172] ibid. Fr. B 2, 1.

Sein selbst nimmt diese Überlieferung an und auf und bleibt ihr eingedenk. Und sie der Wiederholung und Ausarbeitung der Seinsfrage voranzustellen und ihr den ersten Platz einzuräumen, wird den frühen Denkern und ihrer Würde mehr gerecht als manches historische Kolloquium über Vorsokratiker.

Parmenides nun, nachdem er auf seinem Weg alle gewohnten Städte und Ortschaften hinter sich gelassen hat, gelangt vor das Tor der Wahrheit, zu dem Dike die Schlüssel verwahrt. Dike ist bekannt als die Göttin der Gerechtigkeit. Sie ist es, die über den Aufschluß der Wahrheit entscheidet. Weder seinen Schülern noch sonst jemandem hätte Parmenides vom Sein sprechen können, hätte Dike es nicht für rechtens befunden, ihn der Göttin der Wahrheit begegnen zu lassen. Die empfängt diesen «wissenden Helden»[173] wohlgesonnen und heißt ihn mit den Worten willkommen: «Dir Heil, nach dem sich kein arges Geschick zu dir gesellte, diesen Weg voranzufahren, sondern sowohl Themis als auch Dike.»[174]

Themis ist bekannt als die Göttin der Satzung und des Gesetzes. Nicht einfach sie und Dike lassen dem Parmenides das förderliche Geschick seines Weges zur göttlichen Wahrheit zukommen, sondern sowohl Themis als auch Dike, sowohl Themis, die titanische Mutter, als auch Dike, deren olympische Tochter. Die Gunst, die Parmenides zuteil wird, widerfährt ihm, aus den Ursprüngen des Stammes der Götter, aus den Anfangsgründen der Theogonie selbst, soweit reicht die Aufgeschlossenheit seiner Mitteilungen vom Sein des Seienden. Wir wären respektlos in Bezug auf den Anfang unserer eigenen europäischen Geschichte und damit in Bezug auf uns selbst als heute lebende geschichtliche Wesen, wollten wir dieses Vermächtnis ausschlagen, nur weil wir uns nicht vorstellen können, einer Göttin zu begegnen, und schon gar nicht, von ihr angesprochen zu werden – wir haben dafür kein Ohr. Unser Verhältnis zu göttlichem Wesen ist zu unverständig, als daß wir etwas über dieses Verhältnis ausmachen könnten. Die Frage des Seins, der das europäische Denken seine Identität verdankt, ist nicht nur sachlich und philosophisch legitim, sondern genießt die Gunst ursprünglicher Rechtmäßigkeit. Heute muß Europa sich fragen, wie authentisch es seine geschichtliche Identität vollzieht, d. h. was ihm das Sein bedeutet.

Seiner weitreichenden Gesinnung, seinem θυμός (thymos), kommt die Göttin der Wahrheit wohlgesonnen entgegen: πρό-φρων (pro-phron).

[173] ibid. Fr. B 1, 1. εἰδός φώς.
[174] ibid Fr. B 1, 26 f.

Wenn wir heute, falls überhaupt, von Wahrheit sprechen, dann ausschließlich im Sinne von Richtigkeit, wobei wir nicht im entferntesten darauf kämen, hier an ein Wesen zu denken, dem wir willkommen sind, das uns wohlgesonnen ist und uns aufnimmt, und das für seine Kunde ein offenes Ohr beansprucht. Fragen wir bei Methodendiskussionen in Bezug auf Wahrheit danach, was uns denn überhaupt erst auf einen Weg zur Wahrheit gelangen läßt? Können wir – nach Kant – noch nach einer Ermöglichung fragen, die sich nicht aus der Verfassung der Vernunft des Subjekts allein bestimmt, sondern aus so etwas wie jenem Geschick, das Parmenides von den Göttinnen Themis und Dike zuteil wird?

Indem die Göttinnen der Satzung und des Rechts ein Geschick gewähren, das nicht arg und nicht übel ist, wehren sie auch Widriges und Ungünstiges, wehren sie Mangel und Entbehren ab. Sie streiten für Gesetz und Gerechtigkeit und gegen Gesetzlosigkeit und Unrecht. Solch bestimmt umrissene Wesensbereiche, die jeder Göttin und jedem Gott je zukommen, waren zu Parmenides' Zeiten zwar deutlich und den Griechen wohl vertraut, dies allerdings erst seit Homer und Hesiod.

> «... woher jeder einzelne Gott stammte oder ob sie schon immer alle da waren, wie sie aussahen», so Herodot in seinen Historien, «das wußten die Griechen sozusagen bis gestern und vorgestern nicht. Hesiod und Homer haben... den Stammbaum der Götter in Griechenland aufgestellt und ihnen ihre Beinamen gegeben, die Ämter und Ehren unter sie verteilt und ihre Gestalt bezeichnet.»[175]

Was Herodot in diesem schlichten Satz schildert, ist nichts Geringeres als der Anfang, *das erste Aufgehen der Welt Europas*.

Trotz einer früheren Anlehnung an ägyptische Götter wurden die griechischen, wie Herodot berichtet, jenen doch nicht einfach abgeschaut, sondern Homer und Hesiod haben ihnen ihren Stammbaum in Griechenland verschafft; sie verleihen ihnen ihre Beinamen und entsprechen damit ihrem je besonderen Charakter; sie verteilen das Gebührliche und ihre Vermögen unter ihnen und richten ihnen so ihre je eigenen Wesensräume ein; sie bedenken sie mit dem Ansehen ihrer jeweiligen Erscheinung, so daß sich jeder für sich auszeichnen und von den anderen abheben kann. Solches haben Homer und Hesiod von den Musen erfahren.

In Griechenland bedeutet hier keine geographischen oder politischen Grenzen, sondern die hellenische Welt. Diese Welt aber eröffnet sich und

---

[175] Herodot, *Historien*, II, 53, Hrsg. J. Feix, München 1988⁴.

geht wiederum erst auf aus den Verhältnissen und Bezügen, die diese Götter untereinander und zum Seienden im Ganzen haben. Es sind dies die
Grundzüge, die diese Welt verfügen. In diesem ganz eigenen, vielfältigen
Verfügen zeichnen sich die Verfügungen und Weisungen von Themis und
Dike besonders aus, da sie über jegliches mögliche Maß verfügen. Sie kennen das Sein, das einem jeden Seienden zukommt. Hier muß beachtet werden, daß Dike eben nicht mit Justitia gleichgesetzt werden kann und noch
weniger mit einer heutigen Idee von der Justiz als einer der Gewalten des
Staates. Alles, insofern es überhaupt nur *ist*, ist von Dike betroffen, sie verfügt das All des Seienden ohne Ausnahme, allem mißt sie das jeweilige Sein
zu.

Wenn etwa Heraklit im Fragment B 61 sagt «Meerwasser, ein sauberstes
und abscheulichstes – Fischen genießbar und gesund, Menschen untrinkbar
und schädlich»[176], so ist es Dike, die im Zuge der Wesensentfaltung des
Seins sowohl den Fischen als auch den Menschen ihr jeweiliges eigenes Sein
zumißt, wie zum Beispiel auch im Fragment B 9 dem Esel und dem Menschen: «Esel mögen Stroh lieber als Gold.»[177] Das heißt aber, daß Dike und
Gerechtigkeit nicht nur im menschlichen Leben Geltung haben, sondern, ob
Fisch, Esel oder Mensch, daß jedes Seiende auf seine Weise im Recht ist.
Recht und Sein bestimmen sich hier wechselweise. Darüber wacht Dike. Und
selbst jene Einzige, Unbegreifliche, ohne die ewig Nacht wäre, «die Sonne
wird ihre Maße nicht überschreiten, sonst werden die Erynien, die Schärgen
der Dike sie finden.»[178] Dike waltet über allem, über dem Größten und
Kleinsten.

So ist das Maß des Atoms, wie schon sein Name sagt, die Unzerteilbarkeit
bzw. ist es das, was nicht zu zerteilen ist, und zwar nicht in dem Sinne, daß
es technisch nicht möglich wäre, es zu zerteilen, also der Mensch mit seinen
Möglichkeiten hier nicht weiterkäme. Das Atom ist vielmehr ein nicht zu
Zerteilendes, weil diesem Seienden eine Zerteilung nicht zukommt und es
das Maß seines Seins bei einer Zerteilung überschreiten würde und längst
schon tatsächlich überschreitet. Das A- des A-toms spricht vom Sein, nicht
von Machbarkeit. Darum ist das Atom von seinem *Sein* her nicht im Geringsten eine Sache der mathematischen Naturwissenschaft, der Technik oder

---

[176] θάλασσα ὕδωρ καθαρώτατον καὶ μιαρώτατον, ἰχθύσι μὲν πότιμον καὶ σωτήριον,
ἀνθρώποις δὲ ἄποτον καὶ ὀλέθριον.

[177] ὄνους σύρματ' ἂν ἑλέσθαι μᾶλλον ἢ χρυσόν.

[178] Fr. B 94: Ἥλιος γὰρ οὐχ ὑπερβήσεται [τὰ] μέτρα· εἰ δὲ μή, Ἐρινύες μιν Δίκης
ἐπίκουροι ἐξευρήσουσιν.

124

der Wirtschaft. Dies zu verkennen könnte Dike auf den Plan rufen. Dem bloß physikalischen Atom dennoch seine physikalische Zerspaltung aufzuzwingen heißt, ihm ‚Un-recht' anzutun und es der Macht der A-dikia auszuliefern, Adikia, die der Dike zuwider ist. Mit der Bedeutung, die wir heute dem altgriechischen Wort Atom beilegen, täuschen wir uns selbst und die alten Griechen. Diese Täuschung ignorieren wir, und sie bleibt belanglos.

Dike verkennend sich einer Sache zu bemächtigen, fordert Gewaltanwendung. Bia (βία) – Gewalt und Hybris (ὕβρις) – Übermut, Überheblichkeit, Frevel, stehen dem Wesen der Dike entgegen, sie widersetzen sich ihr und leisten ihr Widerstand. In diesem Sinne schreibt der Freiburger Rechtsgelehrte Erik Wolf in seinem umfassenden und tiefblickenden Werk über griechisches Rechtsdenken unmittelbar nach dem Zweiten Weltkrieg: «... es ist das Wesen der „ὕβρις" die Anmaßung, welche dem wirklichen Anspruch entgegensteht, das Vorwegnehmen, welches dem Zukommenden vorgreifen will und das Maßlose, welches keine Zuteilung anerkennen kann.»[179] Und hierzu führt Wolf gleich im Anschluß eine Stelle aus Hesiods *Werke und Tage* an, wo dieser seinen Bruder ermahnt, sich dem Recht nicht zu verschließen: «O Perses, du aber achte die „δίκη", nicht aber die „ὕβρις" vermehre!»[180] Wörtlicher als das *achte!* ist das 'ἄκουε (akoue) zu übersetzen mit *höre!* – höre und horche, was Dike verfügt! Solches Gehör folgt nicht der Verbreitung der Hybris, sondern schickt sich selber in den Anspruch der Göttin, ganz so wie Parmenides und sein Schüler, wie Homer und Hesiod, wie Pindar und Sophokles, denn die anfängliche griechische Welt ist auch die eines Gehörens in einem betonten und weitreichenden Sinn.

So wenig Dike nur die Göttin menschlicher Rechtsangelegenheiten ist, sondern diejenige, die jedem Seienden das Sein beimißt, das ihm zukommt, so wenig ist ihre Gegnerin, die Hybris, allein auf menschliches Tun und verwerfliches Verhalten beschränkt. Herodot etwa schreibt in seinen Historien von dem Fluß Gyndes[181], einem Nebenfluß des Tigris, der ein heiliges Pferd des Perserkönigs Kyros, das in die Fluten gesprungen war, mitreißt. Hier sind sowohl das Pferd als auch der Fluß von Hybris getrieben. Darauf nun, daß geradezu alles und jedes Seiende für die Hybris gleichsam entflammen kann, weist wiederum Heraklit hin, wenn er sagt: «Hybris ist zu löschen

---

[179] Erik Wolf, *Griechisches Rechtsdenken*, Bd. I, Frankfurt 1950, S. 134.
[180] Hesiod, *Werke und Tage*, 213: ὦ Πέρση, σὺ δ᾽ ἄκουε Δίκης, μηδ᾽ ὕβριν ὄφελλε.
[181] Herodot, *Historien* I, 189.

mehr als Feuersbrunst.»[182] Warum eine Feuersbrunst zu löschen, nötig ist, liegt auf der Hand. Gelöscht werden auch Durst und rasender Zorn. Aber Hybris – es sei sogar noch nötiger sie zu löschen als Feuersbrunst? Das ist nur der Fall, wenn es sich dabei nicht um diese oder jene Überheblichkeit handelt, sondern wenn die ganze Ordnung, das Gefüge der Welt selber durch sie gefährdet ist, ja wesenhaft das Seiende im Ganzen.

Ein Feuer, das wütet, macht vor nichts Halt, aber alles zum Raub seiner Flammen. Es kann sich, vom Wind angefacht, rasend ausbreiten, alles, worauf es trifft verzehren und Verwüstung hinterlassen. Hybris ist verwüstender. Sie breitet sich auf zweifache Weise aus: a) sie ist ansteckend, entzündend für alles Entflammbare, und b) indem das hybride Seiende für sich allein auf mehr erpicht ist als sein jeweiliges Sein, greift es durch sein Abdrängen und Ausschließen der anderen in die Welt eines gemeinsamen Mit--einander, Für-einander und Zu-einander ein. Damit schließt solches Seiende nicht nur sich selbst von dieser Welt aus, sondern auch diese Welt von sich.

Wenn wahr ist, was Erik Wolf sagt, daß nämlich Adikia und Hybris Gegenwesen der Dike sind, dann besagt dies, entsprechend wesentlich gedacht, daß diese beiden sich nicht einfach gegen Dike stellen, sondern gegen deren Wesensvollzug überhaupt, gegen das Walten der Dike. Jeweiliges Sein jedem Seienden verfügend, teilt Dike die angemessenen Verhältnisse und Sinnbezüge zu, in denen, als Welt, der Mensch da ist. So ist Recht ein Grundzug von Welt, Hybris aber ihre ständig unverständige Widersacherin im Seienden. Wo Hybris sich breit machen kann, da schrumpft der Bereich der Dike.

Die Welt aber, und zwar hier die anfänglich europäische, wird durchmessen im Gehör, sie ist Dimension des Gehörs im wesentlich empathischen Sinn des In-Seins. Dagegen sperrt sich hybrides Seiendes verstockt ab, so wie es das Alte Testament in Bezug auf den Menschen vom Volk Israel sagt. In Jesaja VI heißt es:

«(9) Gehe hin und sprich zu diesem Volk: Höret und verstehet's nicht; sehet, und merket's nicht! (10) Verstocke das Herz dieses Volks und laß ihre Ohren hart sein und blende die Augen, daß sie nicht sehen mit ihren Augen noch hören mit ihren Ohren noch verstehen mit ihren Herzen ...»

---

[182] B 43: ὕβριν χρὴ σβεννύναι μᾶλλον ἢ πυρκαϊήν.

Hier ist es der Gott des Alten Testamentes, der sich aus der besonderen und einmaligen Beziehung zum Volk Israel zurückzieht, indem er den Israeliten den Sinn ihrer Sinne vorenthält. Das allerdings nur vorübergehend, denn er bleibt ihnen weiterhin verbunden. Dem gehorchenden Menschen hält Gott die Treue, d. h. dem Menschen, der Gerechtigkeit übt. Diese Gerechtigkeit, wie sie bei Micha VI, 8 genannt wird, heißt hebräisch *sädäq*[183]. Aber sie ist nicht bloß eine von Gott geforderte Eigenschaft des Menschen, sondern, wie der Religionswissenschaftler Klaus Koch 1953 schreibt: «Sädäq ist nicht im Menschen, sondern der Mensch ist in Sädäq.»[184] Wer aus ihr heraustritt, gerät statt dessen in Sinnverlust.

Solchen Sinnverlust beschreibt für die griechische Welt Hesiod, wiederum in *Werke und Tage*. Auch Dikes Autorität verliert entscheidend an Ansehen und Würde in dem Augenblick, da ihre Wesensbegleitung Αἰδώς (Aidos), die Scheu, zusammen mit der Übermut vergeltenden Νέμεσις (Nemesis) sich auf den Olymp zurückzieht und der Hybris das Feld überläßt.[185] In Abwesenheit vor allem der würdigenden Scheu oder Ehrfurcht kommt es zu jenem Zeitalter, das Hesiod das eiserne nennt. In ihm lebt er selber und muß am eigenen Leibe erfahren, daß Gerechtigkeit verkehrt werden kann, wenn zum Beispiel seinem Bruder von korrupten Hütern der Ordnung zugesprochen wird, was nicht ihm, sondern dem Hesiod zukommt. Die Menschen des eisernen Zeitalters «... üben „Faustrecht"[186], halten für „δικὴ"(Dike), was sie mit ihren Händen ergreifen, erraffen, rauben, verteidigen können. Da „ist keine Scham."[187]»[188] Dike kann nur walten, wo die Stimmung würdigender Scheu das Weltgefüge beseelt. Die Haltung der Zurückhaltung aber ist nicht die Stimmung des überwältigenden Überwindens der Globalisierung. Der ist die auf würdigende Scheu gestimmte Welt der Gerechtigkeit der Dike zu-

---

[183] „Es ist dir gesagt, Mensch, was gut ist und was Gott bei dir sucht: nichts anderes als Gerechtigkeit tun, Freundlichkeit lieben und aufmerksam mitgehen mit deinem Gott." (Micha 6, 8).

[184] Klaus Koch, *SDQ im AT. Eine traditionsgeschichtliche Untersuchung*, Heidelberg 1953, S.

[185] *Werke und Tage*, 196 f.:
Endlich empor zum Olympos vom weitumwanderten Erdreich,
Beid' in weiße Gewande den schönen Leib sich verhüllend,
Gehen von den Menschen hinweg in der ewigen Götter Versammlung
Scham und heilige Scheu; und zurück bleibt trauriges Elend.

[186] *Werke und Tage*, 189.

[187] *ibidem*, 192/193.

[188] Wolf, a. a. O., S. 133.

wider. Im rücksichtslosen Überwinden des Seins von Seiendem kehrt sich Europa von sich selber ab, dies aber auf seine Weise: europäisch.

Wie weit wir uns mittlerweile von einer Einsicht in die Notwendigkeit zurückhaltender Würdigung entfernt haben, zeigt sich an der Gleichgültigkeit, die wir heute hinsichtlich des Vermächtnisses der europäischen Geschichte an den Tag legen. Dabei dient zeitlich historische Entfernung dazu, die sachlich wesensmäßige Entfernung zu Früherem zu verschleiern und zu übergehen. Jedes Verständnis der Geschichte ist selber geschichtlich, auch unser wissenschaftliches.

So erzählt im Platonischen Dialog *Protagoras* dieser selbst den Mythos von der Gründung des Menschengeschlechts durch die göttliche Zuteilung der Vermögen, die das Wesen des Menschen vor allem sonstigen Seienden auszeichnen. Zuteilend sind hier besonders Epimetheus und Prometheus, dessen Frevel die Menschen das Feuer verdanken. Trotz aller Befähigungen und Künste, die die beiden dem Menschen zugemessen haben, ist dieser allerdings noch nicht eigentlich Mensch, denn etwas kommt seinem Sein grundwesentlich zu, was Epimetheus und Prometheus ausgelassen haben: nämlich sowohl Dike als auch Aidos – Gerechtigkeit und würdigende Scheu. Darum schickt Zeus den Götterboten Hermes, um den Menschen das, was ihrem Wesen zukommt, auch zukommen zu lassen. Da fragt Hermes nun hinsichtlich Scham und Gerechtigkeit:

«Soll ich, so wie die Künste verteilt sind, auch diese verteilen? Jene nämlich sind so verteilt: *Einer*, welcher die Heilkunst innehat, ist genug für viele Unkundige, und so auch die anderen Künstler. Soll ich nun auch Recht und Scham ebenso unter den Menschen aufstellen, oder soll ich sie unter *alle* verteilen?» «Unter *alle*», sagte Zeus, «und alle sollen teil daran haben; denn es könnten keine Staaten bestehen, wenn auch hieran nur wenige Anteil hätten, wie an anderen Künsten. Und gib auch ein Gesetz von meinetwegen, daß man den, der Scham und Recht sich anzueignen unfähig ist, töte wie einen bösen Schaden des Staates.»[189]

Die Verbindlichkeit des Rechtes wird von jener ehrfürchtigen Zurückhaltung gewährt, die die gesamte Gemeinschaft ausnahmslos stimmt, sie ist die Atmosphäre des Weltgefüges, das ohne sie nicht ist. Nicht nur Gerechtigkeit und Scheu sind zusammen zu erhalten, sondern die ganze Gemeinschaft zusammen muß diesen Erhalt verbürgen. Mit dieser Verfügung zu brechen, ist ein Verbrechen am Menschenwesen und damit zugleich ein Bruch mit den Göttern. Aufgrund der historischen und geistigen Entfernung zu diesem

---

[189] Platon, Protagoras, 322 c-d, Übers.: Schleiermacher.

Mythos können wir ihn unbeteiligt zur Kenntnis nehmen und uns darüber hinaus auf den demokratischen Fortschritt im Laufe der Neuzeit berufen. Aber würdigen wir ihn dann auch mit einer Ehrfurcht, die ihm womöglich zukommt? Wir lassen uns dann jedenfalls nicht durch den abschließenden Zusatz des Zeus in Verlegenheit bringen, der unser abgründiges europäisches Menschsein anspricht und uns heute dadurch in eine Ausweglosigkeit versetzen könnte, in eine Aporie. Was aber, wenn wir unansprechbar geworden sein sollten und davon nicht einmal etwas ahnen würden? Wie können wir ein offenes Ohr haben für unsere Geschichte?

Die Hybris, die die Alten als Gegenmacht zum rechtmäßig gehörigen Sein erfahren haben, diese βία, diese Macht, ist der Schwelbrand im Seienden, der geschichtlich im Laufe der Neuzeit zu jener Feuersbrunst entfacht wird, die wir Globalisierung nennen.

Vom Wert der Dinge

Die Chremata des Xenophon

Neben einem Dach über dem Kopf und Essen und Trinken bedürfen wir zusammen mit Anderen auch noch einiger Anreize und Pharmaka, das sind Heil- und Betäubungsmittel. Unser Sprechen, Handeln und Denken widmen wir unserem Schutz und Ernährung, unserem Miteinander und der Gesundheit. Uns ist an uns gelegen.

Unser Schutz, das sind nicht zuletzt Atombomben und Drohnen, unsere Ernährung dann genetisch manipulierte Organismen, unser Miteinander verbreitet digitalisierte Netzinformation und unsere Gesundheit Fitnessstudio und Präimplantationsdiagnostik. Hinzu kommen überlieferte Dinge, Zeugnisse und Vorstellungen, die wir ebenfalls längst effektionistisch begreifen. So schwimmen und treiben wir und sind gemeinhin Plankton.

I

Strepsiades hat Schulden, besonders durch seinen Sohn Pheidippides, der ein Pferdenarr ist und da mit nichts geizt. Wendig wie er ist, wendet sich Strepsiades an einen Sokrates, um bei ihm so sprechen zu lernen, daß er sich bei seinen Gläubigern herausreden kann. Damit beginnen *Die Wolken*, eine Komödie des Aristophanes, der vor etwa 2400 Jahren in Athen lebte. Um sein Ziel zu erreichen, ist Strepsiades zu allem bereit. Dieser Sokrates aber vergewisserte sich:

> «Wie nun? Bist du mit uns auch gewillt, keinen Gott mehr anzuerkennen,
> Als nur diese drei: das Chaos, die Wolken, und das Vermögen der Sprache?"[190]

Strepsiades schuldet Geld, das heißt τὰ χρήματα, *ta chremata*, und Gläubiger heißt χρήστης, *chrestes*. Beide Wörter klingen nicht nur ähnlich, son-

---

[190] Σωκράτης «... ἄλλο τι δῆτ᾽οὖν νομιεῖς ἤδη θεὸν οὐδένα πλὴν ἄπερ ἡμεῖς, τὸ Χάος τουτὶ καὶ τὰς Νεφέλας καὶ τὴν γλῶτταν, τρία ταυτί...» Aristophanes, *Die Wolken*, 423 f.

130

dern haben ihre Wurzeln in dem gemeinsamen Grundwort χράω, *chrao*, das ein Wort des Handelns und der Hand ist. Die Gläubiger des Strepsiades händigen ihm Geld aus, und er begibt sich so, auf seine Weise, in ihre Hand. Daß Geld im Handumdrehen ausgegeben werden kann, und selbst das Geld, das man nicht hat, ist einer seiner Charaktere, die uns leicht vergessen lassen, wessen wir bedürfen, und Haltlosigkeit scheint Freiheit.

Es gehört zum Wesen des Geldes, eines für ein anderes zu nehmen. Das aber betrifft sogar die Götter, wenn Chaos, Wolken und Sprachvermögen[191] eben als Götter genommen werden können, oder sogar sollen. Was ist dann heilig? Das maßlos verworrene Treiben der Alltagsgeschäfte? Unfaßbare, unstet am Himmel verfließende Dunstgestalten? Eine überredende, stets siegreiche Sprachgewandtheit[192]? In solchen Zeiten thront kein Gott über allem, sondern «der Wirbel herrscht, und hat den Zeus verdrängt!»[193] Im Schwung des Wirbels gerät alles ins Wanken und auf nichts ist dann Verlaß. Versprechen aber brauchen Verbindliches, an das sie sich halten.

Für seine Unterweisung in rechtsverdrehender Rede schwört Strepsiades Sokrates bei den olympischen Göttern, ihn üppig zu entlohnen. Doch der fragt zurück: «Bei welchen Göttern? Götter sind bei uns als Währung außer Kurs.» Darauf Strepsiades: «Wie schwört ihr denn? Habt ihr den Eisenkurs wie in Byzanz?»[194] Ist also, wo Götter nicht währen, Geld Verbindlichkeit? Kann Geld heilig sein, daß man bei ihm schwört? Können Götter Währung sein, νόμισμα, *nomisma*?

In Kleinasien, vor etwa 2600 Jahren, brachten die Lyder geprägte Münzen als Geld in Umlauf. Zweihundert Jahre später, zur Zeit des Sokrates, war es verbreitet anerkannt, in Byzanz aus Eisen, in Libyen aus Leder, bei uns verflüchtigt es sich in Virtualität und fließt mit der Geschwindigkeit des Stroms. Als die Gläubiger des Strepsiades die Schulden eintreiben wollen, die er bei ihnen hat, verlangen sie von ihm Geld[195]: τὰ χρήματα, *ta chremata*. Daraufhin fragt er, wer denn da von ihm Geld wolle, d. h. ἀργύριον, *argyrion*.

Nun nennt das Wort χρήματα (*chremata*) zunächst die Dinge des alltäglichen Gebrauchs, heißt aber auch *Geld;* und ἀργύριον (*argyrion*) bedeutet ursprünglich *Silber,* heißt dann aber ebenfalls *Geld.* Schließlich be-

---

[191] γλόσσα, also wörtlich *die Zunge.*
[192] νικᾶν ... τῇ γλώττῃ πολεμίζων. «siegen ... im Streit der Zungen.» *Die Wolken,* 418.
[193] Δῖνος βασιλεύει τὸν Δί᾽ ἐξεληλακώς. *Die Wolken,* 1470.
[194] Σωκράτης: ποίους θεοὺς ὀμεῖ σύ; πρῶτον γὰρ θεοὶ ἡμῖν νόμισμ᾽ οὐκ ἔστι.
Στρεψιάδης: τῷ γὰρ ὄμνυτ᾽; ἢ σιδαρέοισιν ὥσπερ ἐν Βυζαντίῳ. *Die Wolken,* 245 f.
[195] 1240 – 1273.

deutet νόμισμα (*nomisma*) jene Gewähr, bei der auch geschworen wird, seien es Götter oder Eisenmünzen als gültige Währung, hier wiederum *Geld*[196], anfangs jedoch Überlieferung, verläßliche Gewohnheit, Brauch oder Sitte.

Nicht nur, daß es damals offenbar drei verschiedene Wörter mit der Bedeutung *Geld* gab, sondern jedes dieser Wörter hat noch eine jeweils eigene, andere Bedeutung unabhängig vom Geld, und die ist früher. Wir jedoch sagen da immer einfach bloß *Geld*. Daß diese Sachlage beim Übersetzen problematisch sein kann, ist offensichtlich, hier aber nicht von Belang. Entscheidend sind hingegen die Verhältnisse, die zu jener Zeit in jener Weise zur Sprache kommen. χρήματα, ἀργύριον und νόμισμα verstehen das eine selbe Geld je anders und sprechen es in einer je anderen Hinsicht an. Dabei kann sogar eins ins andere über- und eingehen.

In seiner *Kyropädie* läßt Xenophon, der die *Wolken* des Aristophanes schon kannte und der mit Platon ein Hörer des geschichtlichen Sokrates war, den armenischen Feldherrn Tigranes, der dem Kyros in einer Schlacht unterlegen war, auf dessen Frage nach seinem Vermögen antworten: «... das Geld aber,... samt der Schätze,... beträgt in Silber eingerechnet mehr als dreitausend Talente.»[197] *Geld* ist hier die Übersetzung von χρήματα und *Silber* die von ἀργύριον. Doch muß Tigranes nicht zwangsläufig Münzgeld im Blick haben, das kann mit allem anderen Aufbewahrten zum Schatz gehören, zum θησαυρός, *thesauros*. Dann aber muß auch χρήματα nicht *Geld* bedeuten, sondern durchaus *die Dinge des alltäglichen Gebrauchs*. Die Unterschiede des Aufbewahrten und des Benutzten gehen ein in die sie einende Einheit des gewogenen Silbers. Den Übergang vollzieht das Einrechnen, das λογίζομαι εἰς..., *logizomai eis...*, das Eines mit einem Anderen in einem Weiteren zusammenbringt, und dies ist das Silber. Darin meldet sich der einbeziehende Charakter des Geldes, der sich von Anfang an in Tausch, Wandel und Wechsel einrichtet.

Das Eingehen sowohl des im Gebrauch Befindlichen als auch des zurückgelegten Aufbewahrten *in* Silber wird möglich durch einen *geschichtlichen* Übergang, nämlich den des Tausches von Waren gegen Waren zum Tausch von Waren gegen Geld und Geld gegen Waren. Der radikale Wandel in der

---

[196] In der von William James Hickie besorgten englischen Übersetzung der *Wolken* wird diese Zeile übersetzt: «By what gods will you swear? For, in the first place, gods are not a current coin with us.» ,Götter sind bei uns keine gängige Münze' – νόμισμα, sie sind da kein Münzgeld, gelten nicht als Geld.

[197] χρήματα... σὺν τοῖς θησαυροῖς... ἔστιν εἰς ἀργύριον λογισθέντα τάλαντα πλείω τῶν τρισχιλίων. *Kyropädie*, III, 1, 33.

Bedeutung des Getauschten spricht sich aus im unterschiedlichen Sinn der Wörter für Geld, die eben keine Synonyme sind. Die Hinsichten, in denen diese Wörter das Geld jeweils in den Blick nehmen, haben ihre eigene, vom Geld unabhängige Herkunft. Die Bereiche von χρήματα, ἀργύριον und νόμισμα liegen sowohl zeitlich als auch sachlich vor dem Geld. Sein Wesensverständnis gewährt nur eine geschichtlich-sachliche Einsicht in diese Bereiche.

Im *Oikonomikos*, dem ersten der Ökonomie gewidmeten Handbuch, mißt Xenophon den χρήματα eine besondere Bedeutung zu, hier allerdings meist im Sinn von *Besitz* oder *Vermögen*. Damit hält es sich gleichsam in der Mitte derjenigen Bedeutung von *Dingen des Gebrauchs* und der von *Geld*. In Gebrauch sind da zunächst Pferde, Kleinvieh, Äcker, Flöten, und Geld, ἀργύριον, sowie Freunde und Feinde. Für den, der sich darauf versteht, durch sie den Nutzen des Hauswesens zu mehren, gehören solche Dinge und Menschen zu den χρήματα, zum Vermögen. Doch auch persönliche Charaktereigenschaften können zum Nutzen oder Schaden des Hauses sein. Vermögen ist das, was vermag, Nutzen zu verschaffen. Entscheidend dafür ist neben der Eignung der Sache selbst bzw. des Menschen der kenntnisreiche Umgang mit ihnen, ihre Handhabung. Aber nicht alles Handhaben ist darauf aus, Nutzen zu mehren.

Ein Nutzvermögen anzusammeln ist nicht dasselbe wie das Zusammentragen dessen, was das Hauswesen benötigt. Aus einer solchen Not aber sprechen τὰ χρήματα, sie ist ihr Herkunftsbereich, und diese Not zu wenden deren Sinn. Sie gehören zum Not-wendigen. Dies sind näher die Geräte[198], das Werk- und Rüstzeug. Gerätschaften sind sie aber nur auf Grund einer Ordnung innerhalb des Hauses, die vom Wissen geleitet ist, «… das Seiende zu besorgen und vom Seienden mit Leichtigkeit herauszugreifen, was zu handhaben nötig ist.»[199]

τὰ χρήματα sind zunächst die notwendigen Dinge des alltäglichen Gebrauchs. Die sind nur dann wahrhaft χρήματα, wenn sie auch, wie ihr Name sagt, zur *Hand* sind, und das sind sie, wenn sie griffbereit sind. Diese Bereitschaft haben sie dank des für sie jeweils vorgesehenen Platzes, an den sie gehören, der ihrer ist. Nur dort und nur von dort aus sind sie, was sie als χρήματα sind: zur Hand. So liegen die handlichen Dinge nicht nur gut in

---

[198] τὰ σκεύη, *Oikonomikos*, 8, 11.

[199] …διοῖκειν τὰ ὄντα εἰδέναι καὶ τῶν ὄντων εὐπόρως λαμβάνουσα ὅτῳ ἂν δέη χρῆσθαι… (8, 10).

der Hand, sondern beziehen sich von ihrem Platz aus auch hin auf die Hand. Die Richtung dieses Bezuges ist das „Zu" für die Hand, in dem sie die Hand von sich aus angehen. Dies Zur-Hand-sein faßt Xenophon in einer einmaligen Weise:

> «Denn der Platz selbst wird nach dem verlangen, was abwesend ist, und was der Wartung bedarf, wird der prüfende Blick ausfindig machen, und das Wissen, wo jedes sich befindet, wird es schnell an die Hand geben, so daß man nicht in Schwierigkeiten kommt, will man es verwenden.»[200]

Die Notwendigkeit der Gerätschaften, die zu handhaben sind, bestimmt sich aus der Ordnung, die sie brauchen, um zur Hand zu sein. Entweder sind die χρήματα in der mit ihnen arbeitenden Hand, oder doch meistens an ihrem Platz. Sind sie weder hier noch dort, bleibt der Platz wie verwaist zurück, vermisst sie und verlangt nach ihnen: ποθήσει, *pothesei* – er macht sich bemerkbar. Dies allerdings nur bei denen, die da auch wissen, was wohin gehört. Einem Außenstehenden oder Gast, der hier nicht zu Hause ist, sondern fremd, bleiben die Bezüge der Gehörigkeit der Dinge und Plätze verborgen. Als die notwendigen Bezüge, die zusammen ein jeweiliges Hauswesen ausmachen, verleihen sie den χρήματα ihre ursprüngliche Bedeutung. Wie aber kann die sich in die des Geldes wandeln?

Auf diese Frage, die alles andere als philologischer Natur ist, findet sich da keine Antwort. Sie kann sich im *Oikonomikos* auch nicht finden, da dieses Handbuch der Hauswirtschaft ganz auf den Nutzen ausgelegt ist und auch die χρήματα nur in Bezug auf ihn in Betracht kommen. Dabei wird zwischen Geld und zuhandenen Geräten nicht wesentlich unterschieden. «Beim Zeus» sagt Sokrates am Ende des *Oikonomikos*, «ich schwöre..., daß ich fest davon überzeugt bin, daß alle Menschen von Natur das lieben, woraus sie Nutzen für sich erwarten."[201] Diese Liebe bzw. Neigung, von der Xenophons Sokrates hier spricht, nimmt dem notwendigen Gebrauch die Dinge aus der Hand und stellt sie ein in die Rechnung des Nutzens. Ihre Bedeutung im Hauswesen entspricht nicht mehr dem Wortsinn, der sie zur Hand sein läßt. Zwar kommen die χρήματα noch nicht abhanden, mit dem verallgemeinernden Nutzen aber entfernen sie sich in bloße Vorhandenheit

---

[200] ἡ γὰρ χώρα αὐτὴ μὴ ὂν ποθήσει, καὶ <τὸ> δεόμενον θεραπείας ἐξετάσει ἡ οψις, καὶ τὸ εἰδέναι ὅπου ἕκαστόν ἐστι ταχὺ ἐγχειρεῖ, ὥστε μὴ ἀπορεῖν χρῆσθαι. *Oikonomikos*, 8, 10.

[201] Νὴ Δία, ἐγὼ δέ σοι, ἔφην, ὦ Ἰσχόμαχε, ἐπομόσας λέγω ἦ μὴν πιστεθεῖν σοι φύσει [νομίζειν] φιλεῖν ταῦτα πάντας ἀφ' ὠφελεῖσθαι νομίζωσιν. a. a. O., 20, 29.

134

und werden Gegenstände. Die notwendige Nähe, in der sich die Dinge des Gebrauchs zur Hand halten, und von der τὰ χρήματα spricht, wird nie als deren fundamentale Bestimmung aufgedeckt und begriffen. Im Hinblick auf die allgemein leitende Idee des Nutzens wird das Handeln dem Handel unterstellt, entfernen sich zuhandene Gerätschaften in eine Vorhandenheit und können τὰ χρήματα auch Geld bedeuten. Das heißt aber auch, daß nur im Bezug auf eine solche Idee Dinge bewertet und berechnet werden. Die ursprünglichere Bestimmung ist deren notwendiges Brauchen, die sich jedoch nicht im Lichte einer Idee wie der des Nutzens zeigt.

II

Mit der Auseinandersetzung zwischen dem Streben nach einer allgemeinen Verwertbarkeit von Denkmöglichkeiten und der Leidenschaft für ein allgemein verbindliches Sachverständnis[202] hebt die Geschichte der Metaphysik an, die sich im Begreifen einer allumfassenden Systematik vollendet. Deren nachhaltig verkümmerndes Ende geht uns noch heute durch und durch an. In ihm hat sich eine Denkmöglichkeit und -notwendigkeit angebahnt, dieser Geschichte auf den Grund zu gehen, und das heißt jetzt, sich auf seine Abgründigkeit einzulassen. Aus ihr, mit ihr und in ihr könnte das Sein von Mensch und Dingen einen anderen Anfang nehmen, sofern das entsprechende Seinsverständnis nicht erst nur angebahnt würde, sondern zum Vollzug käme. Ein erster, entscheidender Schritt zu dessen Vorbereitung findet sich in *Sein und Zeit*[203] von Martin Heidegger, worin die Frage nach dem Sinn von Sein entfaltet wird.

Im Hinblick auf jenen Sinn ist das Seiende, das dort als erstes auf die Grundzüge seines Seins hin befragt wird, das, was uns im Alltag am näch-

---

[202] s. Platons Warnung vor dem Denken als einer Ware: *Protagoras*, 314a f. «Denn überdies ist noch weit größere Gefahr beim Einkauf der Kenntnisse als bei dem der Speisen. Denn Speisen und Getränke, die du vom Kaufmann oder Krämer eingehandelt hast, kannst du in anderen Gefäßen davontragen und, ehe du sie essend oder trinkend in deinen Leib aufnimmst, sie zu Hause hinstellen, und auch dann noch, einen Sachverständigen herbeirufend, beratschlagen, was davon du essen und trinken sollst und was nicht und wieviel und wann; so daß es bei dem Einkauf nicht viel bedeutet mit der Gefahr. Kenntnisse aber kannst du nicht in einem anderen Gefäße davontragen, sondern hast du den Preis bezahlt, so mußt du sie in deine Seele selbst aufnehmend lernen und hast deinen Schaden oder Vorteil schon weg, wenn du gehst.» Übers. Schleiermacher.

[203] M. Heidegger, *Sein und Zeit*, Tübingen 1972[12]; zur Zuhandenheit der χρήματα s. besonders §§ 14-21.

sten ist, und das sind die Dinge. «Die Griechen hatten einen angemessenen Terminus für die "Dinge": πράγματα, d. i. das, womit man es im besorgenden Umgang (πρᾶξις, Praxis) zu tun hat.»[204] Zu diesen πράγματα (Pragmata), die hier in einem recht weiten Sinne zu nehmen sind, gehören auch «τὰ χρήματα – Dinge, sofern sie im Gebrauch und damit zur ständigen Verfügung stehen.»[205] Wenn es nun darum geht, «ein Ding... überhaupt verfügbar zu machen, also herzustellen, muß der Herstellende zuvor kennengelernt haben, welche Bewandtnis es überhaupt mit dem Ding hat.»[206] Gleiches gilt für „den prüfenden Blick, der ausfindig macht, was der Wartung bedarf."[207] Ohne mit der Bewandtnis vertraut zu sein, wäre er dazu nicht in der Lage.

Dinge im Gebrauch zu handhaben heißt, in bewährter Weise um ihre Bewandtnis zu wissen. Solche Dinge bzw. solches Gerät wird hier Zeug genannt, dessen Seinsart die «Zuhandenheit»[208] ist. «*Ein* Zeug ist strenggenommen nie.»[209] Denn jedes ist immer verwiesen an eine «Bewandtnisganzheit, die zum Beispiel das in einer Werkstatt Zuhandene in seiner Zuhandenheit konstituiert.»[210] Die Bewandtnisganzheit zeigt sich dann auch in der ‚platzanweisenden' Ordnung der σκεύη, *skeue*, der Geräte.[211] Die gründet letztlich in einem Verweisungszusammenhang, der die jeweilige Welt eines Hauswesens ausmacht, deren Zusammenhalt der leere Platz, an den ein Zeug gehört, verlangt, ποθήσει *pothesei*. Erst wenn Zeug aus und in der Welt verstanden wird, in die es gehört, und das heißt auch, erst wenn Welt als das Ganze von Sinn- und Verweisungsbezügen verstanden ist, die eine jeweilige Bewandtnisganzheit ausmachen, kann der Wechsel im Sein eines Seienden von zuhandenem Zeug in vorhandene Ware verstanden werden, was aber wiederum nötig ist, um zu verstehen, was Geld ist.

Geld ist nur im Tauschen, in Tauschhandel und Handelsgeschäften. Im Tauschgeschäft verschafft sich jeder der daran Beteiligten etwas vom anderen für sich. Geld gehört in das Beschaffen und ist selber dafür geschaffen, geprägt und gezeichnet. Es ist selber nicht ein ursprünglicher Zug des

---

[204] a. a. O., S. 68.
[205] M. Heidegger, *Die Frage nach dem Ding*, Tübingen 1987³, S. 54.
[206] a. a. O., S. 55.
[207] s. Anmerkung 201.
[208] *Sein und Zeit*, a. a. O., S. 69.
[209] a. a. O., S. 68.
[210] a. a. O., S. 84.
[211] s. Anmerkung 199 u. 200.

136

Tauschhandels, sondern wird zu einem geschichtlichen Moment in ihn eingeführt und ist darum *wie* ein Brauch: es wird Brauch, χρήματα für νόμισμα zu geben und zu nehmen, also zu tauschen. Damit kommt ein neues Begreifen in das Tauschgeschäft, und zwar ein metaphysisches. Von nun an gibt es hier zwei Bereiche des Gebens und des Nehmens. Der eine ist der des Handelns, der andere der des Auffassens.

Gewöhnlich gibt und nimmt das Handeln etwas im Verstehenshorizont des Bewandtnis- und Verweisungszusammenhangs der Hauswelt. Hier verweist Zeug auf Zeug: der Nagel auf den Hammer, der Hammer auf den Nagel... Das Zuhandene ist entdeckt in der Bewandtnis, die es mit ihm bei etwas anderem hat. In der Welt desjenigen, der sich nicht auf das Reiten versteht – so ein Beispiel in Xenophons *Oikonomikos*[212] –, hat es für ihn selbst mit einem Pferd keine vollziehbare Bewandtnis. Zu χρήματα werden Dinge für den, der sie zu handhaben versteht. Dieses Verständnis ermöglicht ὠφελία (ophelia), Nutzen, Vorteil bzw. Gewinn, die die Voraussetzung dafür ist, zu den χρήματα zu gehören. Nutzen ist zu ziehen *aus* etwas, und darauf muß sich einer verstehen. Alles, was der Hauswelt zuträglich ist, macht die χρήματα mit aus. All das ergibt das ‚Vermögen' des Hauses.

Beim unmittelbaren Tauschhandel werden zwei Dinge aus dem Beziehungsreichtum eines jeweiligen Haushaltes in ein bestimmtes Verhältnis gesetzt und aufeinander bezogen. Dieser Bezug ist aber nicht der eines Verweisens innerhalb der jeweiligen Hauswelt. Nun begegnen im Handel auch Haushalt und Werkstatt. Doch so viele Haushalte es auch geben mag, für etliche von ihnen reicht doch immer nur eine einzige Bäckerei, eine einzige Schreinerei etc. In einen solchen Kreis von Haushalten gehört ein Handwerker mit seinem Handwerk, hier hat es seinen Platz. Und heraus aus der Werkwelt und der Hauswelt begegnen sich die beiden Dinge, die für den Moment, während dessen sie sich außerhalb ihrer vormaligen Welt begegnen, Ware sind. Ware ist weltloses Zeug. Aber das Waresein ist nur vorübergehend und darf nur vorübergehend sein als bloßer Übergang von einer Bewandtnisganzheit in eine andere.

Auch in jener Schiffsküche, die der Sokrates des Xenophon auf einem phönikischen Schiff besichtigt hatte[213], verlangt der Ort der Schiffswelt, an dem das an ihn gehörende Zeug *nicht* ist, nach eben diesem Zeug. Ebenso aber mag in einem Ganzen, für es, ein Zeug fehlen, dem es seinen ihm darin

---

[212] *Oikonomikos*, 1, 8.
[213] a. a. O., 8, 10-11.

zukommenden Ort erst noch anweisen (νέμειν, *nemein*) möchte. Solche Orte sind das ‚Zu' der Zuhandenheit des Zeugs, an denen und von denen aus ist es *zur* Hand. Hierhin muß es nach dem Gebrauch wieder zurück. Der leere Platz aber, der das abwesende Gerät vermisst, verlangt nach ihm, und ruft es dahin zurück. So wie dies ein Nachrufen ist, kann das Ganze der Haus- oder Werkwelt ein Zeug, das darin *noch nicht* zur Hand ist, herrufen. Beide sind ein holendes Rufen und je eigen bestimmt. Geradezu unendlich entfernt klingt das Nachrufen des Ortes – in diesem Falle aber der Person – noch nach, wenn Hegel vom Tausch sagt, sein Prinzip sei «die vollgültige Tat des das Eigentum aufgebenden Willens.»[214] Aber welcher Unterschied des Aufgebens besteht hier zwischen Xenophon und Hegel!

Xenophon spricht an der erwähnten Stelle des *Oikonomikos* von dem Platz, an den ein Zeug gehört; Hegel spricht vom Eigentum, das einem Subjekt gehört. Hier geht es um ein Gehören, dessen Bezugsmitte das Subjekt, und dessen dialektische Verfassung spekulativ bestimmt ist. Auch Xenophon kennt das Eigentum, das beim Tauschhandel den Besitzer wechselt, doch bestimmt sich dort das Gehören durchaus noch aus den notwendigen Wesensbezügen der Hauswelt, d. h. aus den Bezügen einer Bewandtnisganzheit – auch wenn die da nicht eigens als Welt genannt und gedacht ist.

Der Bezug auf das Geld unterbricht die Verweisungen der Bewandtnis. Weltlose Ware spricht nicht selber auf ein Zeug, sondern nur auf Geld an. Mittels Ware kann es nicht zum Austausch einer jeweiligen Haus- oder Werkwelt mit einer anderen kommen. Das Geld verstellt die *unmittelbare* Rückkehr einer Ware ins Zeugsein. Es versperrt jeder der beiden Waren diesen Weg zurück, indem es sich zwischen sie schiebt. Das so aufklaffende Zwischen ist der als diese Kluft zu verstehende Spielraum des Geldes. In dem Augenblick aber, da es eingeführt ist, treibt das Geld diesen unverbindlichen Abstand zwischen alle Waren. Die *Bestimmtheit des Tausches* einer bestimmten Ware gegen eine andere bestimmte Ware verschwindet. Damit schwindet den Verweisungsbezügen ihr eigentümlicher Sinn.

Was da an Bestimmtheit verloren geht, wird entsprechend an Beliebigkeit gewonnen. Die Bestimmtheit einer Ware ist jeweilig, die Beliebigkeit des Geldes gilt allgemein. Im Geld bemächtigt sich ein Allgemeingültiges des Jeweiligen, wenn nicht der Jeweilig*keit*. Das Allgemeine aber vereinzelt, indem sich die Dinge einer Hauswelt nicht mehr aufeinander beziehen, son-

---

[214] G. W. F. Hegel, *Enzyklopädie der philosophischen Wissenschaften*, Bd. III, Frankfurt a. M., 1979, S. 308.

138

dern, ihrer Welt enthoben, alle nur noch auf das Allgemeine. Das Geld als Bezugsgröße entwurzelt.

In der vorübergehenden Zeitspanne des Wareseins setzt das Geld an und befaßt dieses weltlose Zeug mit einer Allgemeinheit, die für alles gilt. Dies ist nur möglich, weil das Zeug, im Verlust seiner Welt, als Ware vorübergehend ortlos ist, sich gleichsam in einem Niemandsland befindet. Das ist das Stammland des Geldes, wo das Zeug lediglich noch auf die *Möglichkeit* seines Bewendens reduziert ist. Für das Möglichsein eines je bestimmten Bewendens ist das Geld allgemeines, neutrales Symbol, denn nur in dem Möglichsein eines Bewendens kommen Verkäufer und Käufer überein. Die Möglichkeit aber ist ein Seinsmodus. Was heißt dann, in diesem ganz bestimmten Zusammenhang, Möglichsein eines Bewendens bzw. einer Dienlichkeit oder eines Dienens? In dieser bestimmten bloßen Möglichkeit seines Dienens ist ein bestimmtes Zeug eben *nicht* zuhanden, da nicht mehr und noch nicht an seinem Platz in einer jeweiligen Hauswelt.

Da das Geld keinem besonderen, sondern allem Seienden als Ware gilt, werden Dinge und Menschen durch es wesentlich in ein Nicht gestellt, das mehr oder weniger vernehmbar Züge des Nihilismus prägen, sie werden „vernichtst"[215]. Sie wechseln in eine Nichtigkeit, in der das Geld seine Macht ausübt. Aus dieser Nichtigkeit aber muß ein Zugriff bzw. ein Rückgiff auf die Dinge möglich sein. Der bezieht sich auf die Zählbarkeit, die die Wirkmöglichkeit erfaßt. Die im Waresein aufgehaltene, ja aufgestaute Dienlichkeit, die da unbemerkt umschlägt in Nutzbarkeit, muß zählbar werden, und nur hier ist sie zählbar.

Das Seiende, das sich als wirkendes zeigt und als wirkendes anspricht, hat sich aus der Hauswelt ‚emancipiert', es ist nicht mehr ein χρῆμα, *chrema*. Solch wirkendes Seiendes schmeichelt dem Menschen, dessen Entlastung es anspricht. Da er sich aber selbst zunächst vom innerweltlichen Seienden, das er *nicht* ist, versteht, begreift er sich selber im Horizont des Wirkens.

Die Dienlichkeit, die in der Verläßlichkeit beruht, verliert als Ware diese Ruhe, wird Wirkmöglichkeit und als solche ‚dynamisch'. Das Seiende auf seine Wirkmöglichkeit hin zu verstehen und zu entwerfen, wird allgemein üblich. *Dieses* Verständnis wird der neue νόμος (nomos), Brauch. Das Sei-

---

[215] s. hierzu F. Nietzsche: «Der Vernichtung durch das Urteil sekundiert die Vernichtung durch die Hand.» *Aus dem Nachlaß der Achtzigerjahre*, Darmstadt, 1997, Bd. III, S. 670.

ende muß zuvor auf seine Wirkmöglichkeit hin entdeckt sein, soll es zum Münzgeld kommen. Hieraus zieht es all seine Potentialität.

Mit der bloßen Wirkmöglichkeit jedoch kann es nie sein Bewenden haben wie mit einem Zeug, das zur Ruhe bringt und zur Ruhe kommt. Und worin besteht die Unruhe der die Hauswelt verlassenden Wirkmöglichkeit? Sie schießt ins Geld. Das Wirken im Modus unwirklicher Wirkmöglichkeit ist nicht, solange es nicht wirkt. Es muß, um – wirklich – *zu sein*, ständig wirken. Geld ist der ständige Halt der Möglichkeit ständigen Wirkens. Auch es selber ist auf ständiges Wirken aus und wird schließlich das Instrument der Verwirklichung schierer Potentialität. Die wird der einzige Hinblick auf alles Seiende, bemächtigt sich seiner in einer Invasion des Weltsinns und treibt es an.

Nur wo das Sein zum Allgemeinen wird bzw. geworden ist, kann Seiendes nicht in seinem Sein, sondern in Geldwertung gegeben sein. Münzgeld wird eine maßgebende Gestalt des Allgemeinen. Inwiefern hat das Allgemeine es nötig, maßgeblich zu sein und zu gelten? Dies Allgemeine *muß* sich sogar zur Geltung bringen und braucht dazu das Seiende – jedes. Im Geld beansprucht das Allgemeine das Seiende. Und gehören nicht die Zahlen zum Allgemeinsten *überhaupt*?

Die Zahlenreihe ist unendlich und nirgends bestimmt. Dahinein verflüchtigt sich Geld und macht von dort aus seine Ansprüche geltend. Weist Geld so aber nicht auch immer von sich weg auf zu erstehende Waren? Da dies jede beliebige Ware sein kann, zeigt das Geld hier seine uneingeschränkte ‚Wandlungsfähigkeit‘, nämlich alles und jedes umwandeln zu können: Gegentausch von allen notwendigen Dingen des Gebrauchs in Gold und umgekehrt. Davon spricht Heraklit: «Für Feuer ist Gegentausch alles und Feuer allem, so wie dem Gold die Dinge und den Dingen das Gold.»[216]

Feuer ist nicht desselben Wesens wie alles Sonstige und Gold nicht wie τὰ χρήματα. Dennoch, aber gerade auch deshalb, können alle χρήματα in Gold eingetauscht werden und Gold in sie. Im χρῆμα, *chrema*, spricht die Zuhandenheit, die, als die auszusetzende, Bedingung dieses möglichen, allumfassenden Tausches ist.

Das Geld braucht den bedingungslosen Wechsel in der Welt der zuhandenen Dinge, d. h. den durch nichts eingeschränkten und an kein Verbindliches gebundenen Wechsel, der ebenso ungehalten wie total ist. *Jedem*

---

[216] Fragment B 90: πυρός ἀνταμοιβὴ τὰ πάντα, καὶ πῦρ ἁπάντων, ὅκωσπερ χρυσοῦ χρήματα καὶ χρημάτων χρυσός. Diels und andere übersetzen χρήματα hier mit «Waren».

140

Ding und Seienden gelten zu können heißt, von *sich aus* keinem zu gelten. Und wenn das Geld selber χρήματα wird, wenn das Geld selber die Ware seines Gegentausches wird? Dann gilt es nur noch sich selbst und rast über jegliches wesenhafte Seiende hinweg. Es bezieht sich dann auch nicht mehr auf solch wesenhaft Seiendes, sondern läßt das Seiende nach *ihm* fragen, um *es* sich bemühen. Es verschließt sich dann dem Seienden, das aber längst auf das Geld angewiesen ist.

Das Geld ist sich dann, als *das* Allgemeine, sein einziges Seiendes, auf das es sich bezieht. Die Allgemeingültigkeit zeigt sich jetzt darin, daß es sich scheinbar selbstgenügsam *allem* Seienden – außer sich – verweigern kann. So kann es alles aufwirbeln, die Dinge und ihren Sinn, also den Menschen. Doch am Ende ist das Geld als das Unwesen der Dinge gerade in ihm an sie gebunden.

Nun können auch Gedanken Ware werden, wenn sie aus der Welt des Denkens, die sich der Seinsverfassung des Seienden und ihrer selbst annimmt, herausgelöst und auf verwertbare Wirkmöglichkeiten eingeschränkt werden. Diese Beschränkung beraubt sie ihrer Reichweite, die das Freie der Wahrheit durchmißt. Und eben die ist das Verbindliche des Denkens. Im vorübergehenden Modus des Wareseins aber sind die Gedanken ihres Verbindlichen, d. h. der Wahrheit, entbunden. Zwar können Gedanken als Ware nicht nur Dingen, sondern wiederum einem ‚Denken' gelten, das jedoch so, daß sie darin etwas bewirken, sie sind berechnend. Sie rechnen nämlich mit der eigenen Wirkung auf das andere Denken, einer Wirkung, zu der es nur solange kommen kann, als jenem Denken nicht aufgeht, in welche Berechnung es gestellt ist.

Handel im Wandel

Am Beginn der folgenden Überlegungen muß ein Hinweis stehen, der unserer Aufmerksamkeit sogleich eine Richtung gibt: die Art und Weise nämlich, wie die Wirtschaft die Philosophie begreift, ist naturgemäß nicht philosophisch. Ebensowenig kann die Philosophie die Wirtschaft in wirtschaftlichem Sinne bedenken. Doch ist beiden trotz dieses offenkundigen Unterschiedes eines gemeinsam, und das ist die Notwendigkeit, *die Welt auszulegen.* Kein Geschäftsmann kann ohne eine gewisse Kenntnis und Auslegung der konkreten Situation eine Entscheidung treffen. Jeder Philosoph hat die Welt, in der wir leben, denkerisch einzusehen und zu interpretieren.

Der bloße Unterschied, der zwischen wirtschaftlichem und philosophischem Denken besteht, kann jedoch leicht zu einer unüberbrückbaren Kluft werden, und ebenso kann aus der Gemeinsamkeit, und d. h. die Welt auszulegen, der voreilige Schluß gezogen werden, daß doch letztlich jeder Mensch die Welt irgendwie verstehen und auslegen muß und daß deshalb jeder eine Art persönlicher Philosophie hat, weshalb *die* Philosophie nichts anderes wäre als ein Bildungsgut für Kulturbeflissene.

Die Frage nach einer Philosophie der *Globalökonomie* betrifft nun gerade auch das Verstehen und die Auslegung der heutigen Welt. Sie gilt sowohl für den Philosophen als auch für den Geschäftsmann.

Der Philosoph muß die Welt *denkend* verstehen, der Geschäftsmann kalkulierend und verhandelnd. Darum braucht sich der Geschäftsmann um die Philosophie *als solche* keine Gedanken zu machen. Der Philosoph hingegen muß die Wirtschaft als eines der Phänomene dieser Welt bedenken. Das geschieht traditionell im Rahmen einer Gesellschaftstheorie oder Ethik. Sollte aber unsere heutige, aktuelle Wirtschaft aus verschiedenen Gründen eine dominierende Einrichtung dieser Welt geworden sein, dann fragt sich, ob die Philosophie selber nicht einen entsprechend neuen, angemesseneren Ansatz braucht, um diese Wirtschaft in den ihr eigenen, spezifischen Momenten denkend zu verstehen.

Von jenem neuen Denkansatz und seinen Einsichten aus könnte dann möglicherweise auch die herrschende Wirtschaft sich selber tiefer verstehen und fundierter handeln – sofern daran ein Interesse besteht. Das heißt jedoch nicht, daß die Philosophie eine neue Wirtschaftstheorie entwickeln wollte und könnte, sondern nur, daß sie der heutigen Wirtschaft *auf den Grund* kommen möchte. Was aber ist das Andere, das Neue der heutigen Situation, daß es in der Tat eine veränderte Ausrichtung des Denkens in einem geänderten Bezugsrahmen von uns verlangt? Forderungen nach einer neuen Kultur und einem neuen Denken sind jedenfalls von der Wirtschaft selbst zu hören.

Vermutlich handelt und verhandelt der Mensch doch seit er existiert, also schon immer. Und er hat sich dabei wohl auch immer auf bestimmte verbindliche Anhaltspunkte bezogen. Das ist nichts Neues. Wie wesentlich das Handeln dem Menschen ist, zeigt bereits das Wort selber, denn es spricht von der Hand, jenem Organ, durch das der Mensch überhaupt erst Mensch ist. Von da aus wäre zu fragen: wie wesentlich ist der heutige Handel uns Menschen und wie wesentlich ist dem heutigen Handel die Hand? Aber was heißt hier *Wesen*? Um den ursprünglichen Wesenszusammenhang von Hand und Handel besser zu verstehen, blicken wir kurz zurück auf jene Sprache, die am Anfang der *Geschichte* – nicht der Vergangenheit – des Abendlandes steht, auf das Griechische.

Wir kennen das Wort *Monopol*, dessen zweiter Teil auf das Zeitwort πο-λέω (poléo) zurückgeht, was soviel heißt wie *verkaufen*, oder *feilbieten*. Dieses Wort selber hängt zusammen mit πόλος (pólos), dessen Bedeutung *Drehung, Wirbel, Windung* ist. So wird die Ware beim Handel in der Hand gewendet und gedreht, sowohl um sie günstig zu präsentieren, als auch um sie zu prüfen. Auch im weiteren, eher übertragenen Sinne besagt *Handeln*, daß es um ein Ziel geht, das zu erreichen ist, um das es *sich dreht*. Und am Ende wird ein Handel mit einem Handschlag abgeschlossen. Bekanntlich haben sich die Ziele des Handels und des Handelns im Laufe unserer Geschichte nicht nur graduell, sondern struktur- und wesensmäßig geändert. Und damit das Handeln selbst auch. Soviel zu unserem Wort *Handeln*.

Fragen wir danach, was das Ziel heutigen Handels sein könnte, worauf und wonach er sich denn *heute* richten könnte und worum es sich dabei dreht, dann geht es uns um konkrete, verbindliche Dinge, Sachverhalte und Bestimmungen, im Hinblick auf die Entscheidungen festgemacht werden können, die heute anstehen. Anders als das Deutsche sagt die dominierende Sprache des globalen Handels hier nichts von der Hand. Das englische *to negotiate* stammt, wie das französische *négocier*, vom lateinischen *negotiari*, das nichts anderes heißt als *Handel treiben*.

Mit Blick auf das globale englische Wort *to negotiate* soll jetzt die Frage entfaltet werden, inwiefern heutiges Handeln eine neue Orientierung, inwiefern es neue Koordinaten braucht, und wo sie zu suchen sind. Vielleicht sagen uns Worte aus früheren Zeiten ja etwas über unsere eigene – wer weiß. Vielleicht ist die Geschichte zukunftsträchtiger als wir meinen, vor allem dann, wenn wir sie nicht mit der Vergangenheit gleichsetzen und irrtümlich zu etwas Unbedeutendem abstempeln, das uns nichts mehr zu sagen hat und worauf man deshalb auch nicht zu hören braucht.

Hören wir also, um dem Sinn des Tätigkeitswortes *to negotiate* auf die Spur zu kommen, auf das lateinische Wort *negotiari*, zu dem das Substantiv *negotium* gehört, was so viel heißt wie *Geschäft, Beschäftigung, Handels-, Geld-* und *Staatsgeschäft*. Die erste Silbe dieses Wortes, das *neg* bzw. *nec*, ist eine Verneinung, und zwar des *otium*. Das bedeutet soviel wie *Muße*. Wortwörtlich bedeutet im Lateinischen *Handel* und *Verhandeln* demnach, Muße zu verneinen. Das gilt aber nicht nur für das Lateinische, sondern dasselbe Verständnis des Handelns und Verhandelns findet sich ursprünglich schon bei den Griechen, und zwar in ihrem Wort ἀσχολία (as'cholia) , das eine Negation der σχολή (s'chole) enthält, der freien Zeit und des Müßiggangs.

Orientieren wir jetzt unsere Überlegungen an den Wörtern negotium und ἀσχολία (as'cholia), um von dort aus den Blick auf unsere Frage nach Koordinaten für heutiges ökonomisches Handeln zu schärfen und dadurch unseren Blickwinkel zu erweitern. Eines ist es, lediglich formal festzustellen, daß in diesen beiden alten Wörtern für das Handeln im weiten Sinne eine Negation stattfindet, nämlich die einer Muße. Ein Anderes ist es, diese Negation in ihrem eigenen *Sachgehalt auszuloten*. Immerhin wird da die Domäne des Wirtschaftens und Handelns bestimmt im Hinblick auf Muße, was nichts anderes heißt, als daß in Bezug auf *sie* dem Handeln im Ganzen der antiken Welt sein Ort angewiesen wird.

Dieser Gedanke dürfte uns kaum vertraut sein, sondern eher befremden. Und darum ist dieser Gedanke, obwohl er aus der Antike stammt, für uns eher etwas Neues. Als solches muß dies Neue allerdings noch längst nicht den Herausforderungen unserer Zeit genügen. Aber wir können, indem wir uns darauf einlassen, aufmerksamer werden für Fremdes, Anderes und Neues, das wir sonst vielleicht übergehen würden.

In dieser Blickrichtung ist jetzt die aufschlußreiche Frage nach dem *Sinn* jener Negation zu stellen. Eine klare Antwort gibt das griechische Wort σχολή (s'chole), denn σχολή heißt nicht nur *freie Zeit*, sondern dieses Wort kann auch dasjenige nennen, *wofür* man Muße *braucht*, nämlich im Besonderen für das Studium, für Vorlesungen und Unterredungen, weshalb dann auch der Ort, wo ein Lehrer seine Vorträge hält, σχολή heißt. Von diesem Wort stammen schließlich unsere heutigen Wörter school, scuola, école und Schule ab.

Darum darf man hier nicht, wie üblich, leichtfertig bloß einen Gegensatz zwischen müßigem, süßen Nichtstun einerseits und der Geschäftigkeit des Handelns andererseits ansetzen, sondern muß sehen, daß es hier offensichtlich um das ausschließende Verhältnis geht, das zwischen Handeltreiben und Lernen bzw. einer Bildung im *antiken* Sinne besteht.

Genauer müssen wir jetzt also sagen, daß es eine Art *Wissen und Bildung* ist, die eine Koordinate abgibt, an der – modern gesprochen – die Wirtschaft zu ver- und zu ermessen ist. Das sagt jedenfalls die Erfahrung der Alten. Daß die heutigen Verhältnisse jener Erfahrung vermutlich diametral entgegengesetzt sind, muß jedoch nicht auch schon deren Wahrheit schmälern, sondern sollte eher zu denken geben. Auffällig ist jedenfalls, daß die Idee, im Wirtschaften und Verhandeln eine *Verneinung* von so etwas wie *bildungserfüllter Muße* zu sehen – daß diese Idee bei aller Ferne und Befremdlichkeit unsere eigene aktuelle Situation so genau und unmittelbar trifft, wie nichts sonst. Inwiefern?

Unser heutiges Denken, das von Rationalität und dem Streben nach Effizienz – mithin von Wirtschaftlichkeit – bestimmt ist, muß ein Phänomen wie die Muße entweder nutzen oder negieren, wobei der Nutzen an einer Effizienz gemessen wird: Muße muß etwas bringen. Bildung um ihrer selbst willen ist da geradezu *un-denkbar*, d. h. unser Denken befindet sich in einem radikalen «neg-otium». Wenn *dieses* Denken nach notwendigen neuen Koordinaten fragt, dann ist im voraus nicht nur schon entschieden, *was* sie zu leisten haben, sondern auch, daß die Art und Weise, *wie* sie zu finden sind, den Gesetzen der Effizienz genügen muß.

Um etwas negieren zu können, muß das, was da negiert werden soll, doch schon gegeben sein, also früher sein als seine Verneinung, die ja ohne es gar nicht vollzogen werden könnte. Früher schon, aber in unserem Falle nicht zeitlich, denn mit σχολή und *otium* geht es um eine Stufung oder auch Ordnung, in der die bildungserfüllte Freizeit einen höheren Rang einnimmt als jede Geschäftigkeit, ja sogar den obersten Rang und in diesem

Sinne allem anderen voraufgeht. Diese Rangordnung gilt allem menschlichen Tun und Verhalten, allen seinen Beschäftigungen. In ihr zeigt sich nichts Geringeres als die griechische *Wesensbestimmung des Menschen*. Es geht hier also keineswegs um eine moralische Abqualifizierung des Handelns, sondern um seine Bemessung an der Koordinate einer vollkommenen menschlichen Existenz. Diese Vollkommenheit ist nur zu erreichen in einer Bildung, die der Muße bedarf, um in ihr sich selbst und die Welt einsichtig zu verstehen. Uns Heutigen ist die Bedeutung dieser Bildung allerdings kaum zugänglich.

Koordinaten sind bekanntlich zusammengehörende Maß- und Richtlinien, die eine Positionsbestimmung erlauben, wie zum Beispiel die des eigenen Standortes oder die des Zieles, auf das ich aus bin. In diesem Sinne ist etwa auch für die Theorien wirtschaftlicher Zyklen unter anderem der Versuch entscheidend, Regelmäßigkeiten im ökonomischen Verhalten des Menschen zu entdecken, Regelmäßigkeiten, die nicht zuletzt Koordinaten für Diagramme und Berechnungen abgeben.

Und wir sprechen hier gerade über nichts anderes als über unterschiedliche menschliche Verhaltungen – die Geschäftigkeit des Handels und die Muße der Bildung – und darüber, welchen Ort ihnen vor allem die Griechen im Ganzen der menschlichen Wesensverfassung jeweils zugewiesen haben. Indem wir den Sachgehalt der Wörter *negotium* und ἀσχολία (as΄cholia) interpretieren, tun sich Aspekte unserer aktuellen Problematik auf, die dies nie getan hätten, wenn wir, wie es allgemein üblich ist, unsere heutige globalisierte Lage beschrieben, einen Mangel an orientierungsfähigen Koordinaten festgestellt, und uns blindlings auf die Suche nach neuen gemacht hätten.

Für uns neu ist vor allem eins, nämlich daß Handeln – im weiteren und engeren Sinn – nur zu verstehen ist in einer Zusammengehörigkeit mit einer gewissen Muße, und zwar so, daß die Geschäftigkeit in ihrem ganzen Wesen auf das bezogen ist, dessen Verneinung sie ist. *Indem der Handel eine Art Muße verneint, ist er doch gerade an ihr festgemacht.* Diese Bestimmung, diese Zuordnung alles Handelns zu etwas ihm Anderen ist, wie sich zeigen wird, ein unerwartet fruchtbarer Gedanke.

Es kann auch vorweggenommen werden, daß sich in dieser Bestimmung der Wirtschaft die Quelle aller Koordinaten findet, an denen die Wirtschaft sich je bestimmt hat und je bestimmen wird. Der Weg zu dieser Quelle führt gleichsam durch das Hinterland eines der Hauptwörter der Sprache der globalen Wirtschaft, des *to negotiate*. Diesen Weg zu gehen, erfordert allerdings eine bedächtige Gangart – wir könnten in unserem Zusammenhang sagen, erfordert eine Art von „Müßig-gang", den sich umtriebige Geschäftigkeit nicht leisten kann. Unter der Annahme, daß es jene Quelle für alle möglichen, die Wirtschaft bestimmenden Koordinaten denn gibt, und daß sie, wenn überhaupt, dann nur in einem recht bedächtig vorgehenden Denken zugänglich ist – wenn das also zuträfe, hätten wir hier einen großartigen Beleg für die Wahrheit und die Fruchtbarkeit der antiken Denkworte *negotium* und ἀσχολία.

Und unser eigenes Denken denkt in diesem Moment nicht einfach über einen Sachverhalt nach, nämlich die ökonomische Verneinung einer mußevollen Bildung, sondern es befindet sich selber mitten in dieser Problematik, denn zum einen wir brauchen Muße, um die Möglichkeit neuer Koordinaten aufzutun; zum anderen jedoch drängt es uns, unsere Zeit effektiver zu nutzen als mit eben solchen Überlegungen. Dieser Weg aber *muß gegangen* werden, und es gibt hier keine Abkürzungen, da das isolierte Resultat solcher Überlegungen, ohne den Weg, der zu ihm geführt hat, unverständlich wäre. Wir müssen σχολή und *otium*, müssen eine gewisse Muße bejahen, wenn wir zu Möglichkeiten vordringen wollen, die die Wirtschaft betreffen, ihr aber auf Grund ihres *negotium* von ihr selbst aus nicht zugänglich sind.

Nun müssen Koordinaten, wenn sie überhaupt sinnvoll sein sollen, doch der Sache angemessen sein, die mit ihrer Hilfe ver- und ermessen werden soll. Dazu gehört aber schon eine gewisse Vorkenntnis dieser Sache, d. h. sie muß als eben diese Sache, die sie ist, erkennbar, bestimmbar und faßbar sein. Das heißt für uns, daß Wirtschaft uns in irgendeiner Weise schon bekannt sein muß, damit beurteilt werden kann, welche Koordinaten ihr angemessen sind und welche nicht. Fragen wir nach Koordinaten für die heutige Wirtschaft, dann handelt es sich hierbei um die grenzenlose Wirtschaft der Globalisierung. Zwar werden dadurch neue Koordinaten innerhalb dieser Wirtschaft und für sie dringend nötig, doch entzieht sie sich ja gerade auf Grund ihrer Grenzenlosigkeit einer Fassbarkeit, weshalb es aus dieser Sicht unmöglich ist, verläßliche Koordinaten für sie auszumachen. Darum ist es allem zuvor nötig, eine Möglichkeit zu finden, diese Wirtschaft wenigstens in einer vorläufigen Weise zu bestimmen und zu fassen zu bekommen. Alle Versuche, neue Koordinaten auszumachen, die diese Bedingung nicht erfüllen, gehen notgedrungen ins Leere.

Diese Bedingung erfüllen nun aber gerade die beiden geschichtlichen Worte für das geschäftige Handeln, *negotium* und ἀσχολία. Sie betreffen auch das Handeln, das wir in seiner heutigen Form Wirtschaft nennen. Die findet aus antiker Sicht in einer Art Muße der Bildung nicht nur einen Bezugspunkt, sondern auch eine Grenze, da sie eben jene Muße verneinend ausgrenzt. Wir versuchen jetzt, die *Geschichtlichkeit* dieses Be- und Ausgrenzungsverhältnisses zu verstehen, um von da aus die besondere Grenzenlosigkeit der Globalökonomie einzusehen und dann nach Koordinaten Ausschau halten zu können, die ihr entsprechen und ihr angemessen sind.

Die Tatsache, daß wir in unserer heutigen Wirklichkeit keine Muße als eine Art Gegenpol zu unseren wirtschaftlichen Aktivitäten finden, darf uns nicht weiter stören, denn gerade darin zeigt sich der heutige geschichtliche Moment jenes begrenzenden Verhältnisses zwischen Wirtschaft und Muße, von dem *negotium* und ἀσχολία sprechen.

Zur Bildung gehört ein Hören auf den Lehrer und auf die Sache, gehört ein folgsames Hinhören, wohingegen Handel zu treiben heißt, sich selber Projekte vor- und in Angriff zu nehmen bzw. in die Hand. Die Haltung der σχολή erlaubt es, dem denkend nachzugehen und nachzukommen, was sich dem Verstehen darbietet und ihm irgendwie vorgegeben ist; das Handeln der ἀσχολία ist auf etwas aus, das es erst aushandeln muß, um es sich dadurch dann zu verschaffen. Das umtriebig geschäftige Handeln ist nicht nur alles andere als die eigentümlich in sich ruhende Muße, sondern richtet sich in seiner Geschäftigkeit gerade *nicht* auf eine Einsicht in die Welt und deren *Wesens*verständnis, strebt also keine Bildung in diesem Sinne an. Zwar wollen beide etwas für sich gewinnen und sich aneignen, die Haltungen aber, in der dies jeweils zu erreichen ist, sind unvereinbar, ja schließen einander aus. Das Sein zu verstehen ist etwas anderes, als eines Seienden habhaft zu werden.

Nun hat sich das Verhältnis zwischen einer handeltreibenden Beschäftigung und der, die sich mit Muße einer gediegenen Bildung widmet, seit der Antike nicht bloß irgendwie verändert, sondern geradezu in sein Gegenteil verkehrt. Nicht mehr in der Idee einer Bildung findet sich die Koordinate für die Wirtschaft, sondern umgekehrt soll heute die Wirtschaft Maßstab unserer Bildung sein. Wenn wir uns, den aktuellen Zwängen zum Trotz, die Freiheit nehmen, den antiken Gedanken nicht aufzugeben, dann bedeutet das, daß die schulische Bildung und Erziehung im Sinne der σχολή sich heute nach dem richten soll, durch das sie doch prinzipiell verneint wird, nämlich nach der handeltreibenden Geschäftigkeit.

Ganz in diesem Sinne veröffentlichte ein früherer Wirtschaftsminister einen kleinen Text mit der Überschrift *Bildung verträgt mehr Wettbewerb*[217], in dem er Bildung ein Gut nennt, das unter die Gesetzmäßigkeiten der Wettbewerbslogik falle, oder doch stärker fallen solle. Was dabei ohne weiteres vorausgesetzt wird, ist, daß sich beide überhaupt miteinander vertragen. Ob marktorientierte Maßnahmen einer mußevollen Bildung förderlich sein können, ist allerdings mehr als zweifelhaft.

So wichtig Strukturen und Organisation für eine gelungene Bildungsvermittlung auch sein mögen, wenigstens ebenso wichtig ist die Frage, was denn da vermittelt werden soll und auch wie. Dadurch wird schließlich die bereits erwähnte, fundamentale Frage aufgeworfen, wie wir uns denn selber verstehen, unser Wesen als Menschen. Wettbewerb und Markt jedoch sind prinzipiell nicht in der Lage, eine Antwort auf diese entscheidende Frage zu geben. Könnte darin, daß die Wirtschaft die Bildung ausschließlich als ein zu bewirtschaftendes Gut begreifen muß, vielleicht ein Hinweis auf einen Mangel an Bildung in Sachen Bildung liegen, ein Mangel, der allerdings nicht in einem Versäumnis beruht, sondern, wie die Alten wußten, in der Wesensstruktur der Ökonomie selbst? Dann dürfte es nicht mehr heißen *Bildung verträgt mehr Wettbewerb*, sondern müßte heißen *Wettbewerb verträgt mehr Bildung* – immer vorausgesetzt, daß eines das andere überhaupt verträgt.

In einer rein ökonomischen, allein auf Evaluation (Ertrag) fixierten Vorstellung von Bildung muß diese wenigstens die durch sie entstandenen Kosten von ihr selbst aus wieder aufwiegen, ja letztlich Gewinn erwirtschaften können. Damit sind dann Inhalte und Ziele der Bildung dem Prinzip des Effizienzdenkens unterstellt und dessen Horizont verpflichtet; schließlich kann ökonomisches Denken sich selbst und die gesamte Welt nur ökonomisch verstehen. *Von sich aus* kann es seinen Horizont nicht erweitern.

Ganz anders dagegen die Bildung im klassischen Sinne, zu deren fundamentalen Aspekten gerade auch eine ständige Horizonterweiterung gehörte. Daß der Konkurrenzkampf, der charakteristisch ist für die Ausbreitung der Globalökonomie, sich besagte Bildung seinen immanenten Gesetzmäßigkeiten und seiner internen Logik unterstellen soll, mag absurd scheinen, ist es aber nicht.

---

[217] O. Graf Lambsdorff, *Bildung verträgt mehr Wettbewerb*, FAZ, 14.06.2006, S. 10, Zeitgeschehen, Fremde Federn.

Wenn nun in den Medien, und d. h. in aller Öffentlichkeit, davon die Rede ist, daß jener Wettbewerb ein brutaler Verdrängungswettbewerb sei, sollte man sich da nicht fragen, was am Ende in einer Wettbewerbsbildung von Weltkenntnis ebenso wie von Verstehenskapazität und Verstehenskompetenz konkret übrigbleibt? Die Bildung für den *Markt* freizugeben heißt nichts anderes, als sie selbst der Möglichkeit ihrer eigenen freien Dynamik zu berauben, die darin besteht, Verstehen und Denken zu erweitern und zu vertiefen. Damit wären dann aber auch die Möglichkeiten verspielt, den legitim nur sich selbst meinenden ökonomischen Horizont aus jener Dynamik heraus zu bereichern.

Und nicht nur das, denn dann muß ökonomisches Denken sich selber allein um seine Koordinaten bemühen, die es dann auch allein aus sich selber zu nehmen hat. Einer so denkenden Wirtschaft geht es nicht einfach nur noch um sich selber, sondern ausschließlich um ihr eigenes *Funktionieren*, und zwar zwangsläufig. Die Negation des *otium* und der ihm eigenen Bildung kann größer nicht sein als da, wo das *negotium* sich der Bildung bemächtigt, denn jetzt bildet das *negotium* sich selber, bildet sich selber aus und kann in dieser Ungebundenheit alles in seinem Sinne ein- und ausrichten; alles – das heißt global gesprochen: die Welt und das heißt weiter, die Ordnung, in der wir leben.

Einen Wesenszug dieser Ordnung macht nun gerade eine bisher nicht gekannte Negation von σχολή bzw. *otium* aus und die zu ihnen gehörige Schulung und Bildung. Denn heute grenzt sich wirtschaftliches Denken nicht einfach gegen deren Bereich ab, sondern klammert ihn geradezu aus, und das in einem Maße, daß er – der Bereich einer Muße – in seinem ursprünglich eigenen Wesen bereits weitgehend in Vergessenheit geraten ist. Auch davon, *daß* er vergessen ist, wissen wir bereits so gut wie nichts mehr. Deshalb befremdet uns dann der Gedanke, daß selbst die heutige Wirtschaft noch im Anspruch von σχολή und *otium* steht, jener Muße also, die für jede Besinnung unabdingbar ist. Und Besinnung ist wiederum nötig, um die neue Weltlage zu verstehen und neue Bezugspunkte für eine Orientierung in ihr zu finden.

In einer Wirtschaft aber, die allem zuvor ihr Funktionieren in Betrieb halten muß, «muß man», um den früheren führenden Vertreter[218] eines großen Finanzunternehmens zu zitieren, «sich an den Zahlen orientieren, die die

---

[218] Josef Ackermann, Interview, F.A.Z., 02.07.2006, S. 35.

besten Wettbewerber erreichen.» Hier wird *eine* Koordinate genannt, an der sich heutiges Wirtschaften orientieren muß, und zwar offenbar gezwungenermaßen. Sie findet sich innerhalb der Wirtschaft selbst und eben nicht in einem Bereich, der prinzipiell ein nichtwirtschaftlicher ist wie die antik verstandene Muße.

Es ist jetzt nicht möglich und wohl auch nicht nötig, dieses gleichermaßen schlichte wie aufschlußreiche Zitat ausführlich zu interpretieren. Deutlich ist sogleich, daß sich da die Wettbewerber untereinander gegenseitig Koordinaten und Orientierung sind, genauer gesagt die Zahlen der Besten.

Solche Erfolgszahlen, hinter denen sich oft eine Unmenge von Indices, Parametern und Berechnungsmethoden verbirgt, bestimmen den Blick, den konkurrierende Unternehmen von dort aus auf andere, aber vor allem auch auf sich selbst werfen müssen. Da dieser Blick allein Zahlen kennen kann, berücksichtigt er auch nur das, was zählbar ist. Und mit dem, was nicht zählbar ist, muß wenigstens gerechnet werden können. Sagt zum Beispiel jemand «Ich gehe davon aus, daß X von Y übernommen wird», dann heißt das nichts anderes als «Ich *rechne* damit, daß...» Der ökonomische Blick nimmt nur wahr, was in einem weiten Sinne berechenbar ist. Nur dort findet er die für seine Planungen nötige Sicherheit.

Erfolgszahlen bestimmen aber nicht nur den direkten Vergleich von Konkurrenten untereinander, sondern werden auch dann zur Kontrolle der Wirtschaftlichkeit eines Unternehmens eingesetzt, wenn – was nicht dasselbe ist – der Vergleich an der Börse stattfindet, d. h. wenn er von Investoren gezogen wird. Die weltweite technische Vernetzung vor Augen, spricht besagter Finanzexperte dann auch die zunehmende Schärfe abstrakter Berechnungsmacht wiederum in einer unscheinbaren Formulierung an, wenn er sagt: «Die Kontrolle durch die Finanzmärkte ist unmittelbarer geworden.»[219]

Diese Anzeichen deuten darauf hin, daß heutige Wirtschaft keine Koordinaten außerhalb ihrer selbst hat, sondern ausschließlich ihre eigenen, internen. Sie wäre, wie es heißt, selbstreferentiell, da sie *für sich* nichts anderes *zu ihr* hat, woran sie sich orientieren könnte. Von ihr selbst aus *kann* sie die angesprochene Muße nicht entwerfen, ist sie selber doch gerade Unmuße. Allerdings hieße, die Wirtschaft von *otium* und σχολή her zu verstehen, daß diese beiden das Maß für die Wirtschaft wären und nicht umgekehrt. Das geht nicht.

---

[219] *Ibidem.*

Was vor beinahe vier Jahrzehnten entweder wie eine schwungvoll befreiende Bestätigung oder eine dreist attackierende Polemik aufgefaßt worden sein mag und dabei den eigenen geschichtlichen Hintergrund kaum zu kennen brauchte, ist eine Formel, die von einem Ökonomen[220] stammt, der 1976 den Nobelpreis für Wirtschaftswissenschaften erhielt und die, wenn auch unerwartet, uns jetzt die Wahrheit der Begriffe *negotium* und ἀσχολία in ihrem heutigen Sinn einsehen läßt. Dort heißt es kurz: «The business of business is business.»

Leicht ist da das Spiel der Selbstbezüglichkeit zu hören, das geradezu in einer Hermetik gerinnt: die einzige Orientierung der Wirtschaft ist sie selbst, für sie gibt es keine Koordinaten außerhalb ihrer – selbst dann nicht, wenn jene hermetische Formulierung aufgelöst wird in die deutsche Übersetzung: «Das Geschäft der Wirtschaft ist es, Handel zu treiben.» Zwar nicht ausdrücklich gesagt, doch unüberhörbar mit gemeint ist dabei der Zusatz «... und nichts anderes. Das Geschäft der Wirtschaft ist es, Handel zu treiben, und nichts sonst.» Angesprochen ist hiermit natürlich auch die innere Komplexität der Wirtschaft in ihrer globalen Steigerung. Was aber heißt dann eigentlich Handel treiben, und worum dreht es sich beim Geschäftemachen? Wissen wir das?

Wir treffen hier in einer aktuellen, schlagwortartigen Definition des Aufgabenbereiches der heutigen Wirtschaft in geradezu überdeutlicher Weise auf eine Negation, und zwar so, daß die da schon gar nicht mehr als solche genannt zu werden braucht, derart selbstverständlich ist sie diesem Gedanken: *um nichts anderes geht es in der Wirtschaft, als um sie selbst.* Zu fragen ist jetzt, was dieses Andere wohl sein kann, das die heutige Wirtschaft in einem Maße verneint, daß sie es gar nicht erst erwähnt und damit total negiert?

Aber können wir so denken, dürfen wir überhaupt so fragen? Treffen die antiken Bestimmungen *negotium* und ἀσχολία denn das *Wesen* des global immer komplexer werdenden Handels und der Geschäfte oder doch wenigstens einen Wesenszug davon, so daß sie auch für unsere heutige Situation aufschlußreich sein könnten? Ist die Auffassung von Handel und Geschäft, wie sie in jenen beiden Begriffen anklingt, nicht eher einseitig, da es doch

---

[220] Milton Friedman (*1912, †2006)

auch in der Antike ganz unterschiedliche Bezeichnungen[221] für das Wirtschaften gab, in denen von einer Negation jedoch nicht die Rede ist? Ist es also legitim, aus all den Wörtern, die vom Handeltreiben und Geschäftemachen sprechen, nur ein einzelnes herauszugreifen, und sich von ihm allein die Richtung vorgeben zu lassen, in der wir *heute* nach Koordinaten für die Globalökonomie suchen? Und schließlich: Hat die Sprache bei der nüchternen Problematik der konkret-pragmatischen Suche nach neuen Koordinaten für die heutige Wirtschaft überhaupt etwas zu sagen? Ist das nicht äußerst kurzsichtig? Nein.

Kurzsichtig wäre es vielmehr zu meinen, die Spur, die die Worte ἀσχολία und *negotium* dem Denken bieten, in einer zweifelhaften Fraglosigkeit ignorierend übergehen zu können. Wem es um neue Koordinaten geht, mithin um eine bisher nicht gekannte Orientierung, der muß bereit sein, auch dort zu suchen, wo er gerade nicht mit ihnen rechnet. Und es sind eben nur diese beiden Worte, die uns auf diese einzigartige Spur bringen können. Wenn wir die nicht wahrnehmen, dann vergeben wir eine der äussert wenigen Möglichkeiten, Koordinaten zu finden, die es erlauben, die heutige Wirtschaft in ihrem grenzenlosen und zugleich allumfassenden Charakter zu bestimmen.

Wenn zum Beispiel ein Geschäftsmann[222] davon ausgeht, daß «rund dreihundert Millionen Inder ein Markt für deutsche Produkte sind, und darin eine Chance für diese Wirtschaft» sieht, dann gibt es für ihn keinen Anlaß, sich Gedanken darüber zu machen, *was* er da *eigentlich* denkt, sondern er wird sich unmittelbar die Frage stellen, wie er diese Chance denn nutzen, ja wie er sie optimal nutzen kann. Dabei hat er natürlich – grob gesagt – im Blick, Gewinn zu erzielen und wird dementsprechend versuchen, anfallende Kosten niedrig zu halten und absehbare Nachteile möglichst zu vermeiden.

Diese Sichtweise ist universell und gilt darum sowohl für einen indischen als auch für einen europäischen Markt, was jedoch nur möglich ist auf der Grundlage eines verallgemeinernden, wirtschaftstheoretischen Begriffs des Marktes, wie er sich etwa seit dem frühen 18. Jahrhundert in Europa[223] zu entwickeln beginnt, so daß mittlerweile alles Wirkliche zunehmend in der

---

[221] ἔμπορος: Mitfahrender, Reisender; Handelsmann, Kaufmann, Kauffahrer [Homer, *Odyssee*, II, 319; XXIV, 300]; καπελεία, ἀργυραμοιβούς, ναυκληρία, φορτηγία, παράστασις...

[222] Ron Sommer, in: *Sabine Christiansen*, ARD, 29. 10. 2006.

[223] Richard Cantillon (1697-1734), *Abhandlung über die Natur des Handels im allgemeinen*, hg. Hayek, (1931). [*Essay sur la nature du commerce en général*].

Perspektive des Marktes betrachtet wird. Dieser Vorgang hat zu einem Wirklichkeitsmonopol geführt, das die Wirtschaft für sich erobert hat, und das wir unter dem Namen *Globalökonomie* kennen.

Deren Monopol besteht nicht zuletzt darin, unter dem Anspruch marktinterner Gesetzmäßigkeiten ein Weltverständnis in Umlauf zu bringen, das einzig auf die beschleunigte Steigerung jeglicher Effizienz aus ist. Dazu ist nun ein Wissen gefordert, das am entschiedensten Ingenieur und Manager verkörpern, ein Wissen, das nur sich kennen darf und anderes Wissen als irrelevant von sich ausschließt und negiert. Seine Ausschließlichkeit zeigt sich gerade auch darin, daß eine ganze Gesellschaft – unsere Gesellschaft – ihr eigenes Selbstverständnis maßgeblich an diesem Wissen ausrichtet. Mit anderen Worten: was heute im Namen der Wissensgesellschaft von höchster politischer Stelle aus als Bildungsziel vorgegeben wird, das ist die institutionelle Negation jeglicher mußegebundener Bildung.

Mit der gesellschaftsbeherrschenden Mußelosigkeit wird aber zugleich auch die Möglichkeit eines eher kontemplativen Nachdenkens negiert, das nötig wäre, um die Globalökonomie in ihren Grundzügen und ihrer Grundbewegtheit einzusehen, und sie nicht nur unter dem Diktat marktinterner Gesetzmäßigkeiten lediglich zu betreiben. Doch fordert die Globalökonomie zu ihrer Einrichtung und Ausbreitung ein eigenes Wissen, eines, das gezielt jenes andere Wissen negiert, das sich in den Begriffen ἀσχολία und *negotium* ausspricht, und das somit den wesenhaft negierenden Zug des Handels und Geschäftetreibens eigens nennt.

In der Globalökonomie haben wir es demnach mit einer zweifachen Negation zu tun: zum einen negiert jeder Handel wesensmäßig jede Muße, die zu einer gegründeten Orientierung nötig ist; zum anderen wird heute jedes mögliche Wissen, das wir von dieser Negation haben können, selber negiert. Allerdings geht es dabei nicht um eine wie auch immer geartete Aufhebung der ersten Negation durch die zweite, sondern schlicht und einfach um eine geschichtliche Verschüttung. Die Globalökonomie ist an ihr selbst ein geschichtlicher Vorgang, der darauf aus ist, jede Möglichkeit eines *Wesensverständnisses* ihrer selbst auszuschalten. In diesem Sinne begreift die Bildungsgesellschaft σχολή und *otium* nicht als eine verbindliche Möglichkeit zu ergründender Selbstbesinnung und Orientierung, sondern als unverbindliche Freizeit für Erlebnisse und zum Faulenzen. Das ist dann, besonders auch dem Utilitarismus zufolge, der Nutzen der Muße.

In dem Maße aber, wie das Verständnis für die Notwendigkeit einer Muße schwindet, schwindet auch die Möglichkeit, angemessene Koordinaten zur Orientierung in einer veränderten, und das heißt globalisierten Welt zu finden. Was demzufolge in dieser Situation nötig wäre, das ist geradezu ein *Mut zur Muße*.

Transportmittel

Beginnen wir mit drei Fragen: bringt die Wissensgesellschaft mit ihrer herrschenden Vorstellung von Wissen das Wissen selber in Bedrängnis? Beraubt
die dort geforderte Organisation des Wissens das Wissen selber seines
notwendigen Spiel- und Freiraums? Warum sonst fällt in diesem Zusammenhang das Wort vom *Zugzwang*[224]?

Im Wort *Zugzwang* spricht sich das Verständnis eines bestimmten Verhältnisses aus, das Verständnis einer bestimmten Situation. Es ist ein Wort,
das ursprünglich aus dem Bereich des Spiels stammt. Zugzwang besteht
dann, wenn derjenige, der am Zug ist, sich nicht weigern darf, einen Zug
auszuführen, selbst dann nicht, wenn er sich dadurch in eine ungünstige
Lage bringt. Frei ist allerdings jeder darin, sich auf derartige Spiele überhaupt einzulassen oder nicht. Nun kann es im übertragenen Sinne auch im
konkreten Alltag Situationen geben, in denen ein Beschluß oder eine Hand-
lung nur durch Nötigung zustande kommt. Der Alltag aber läßt niemandem
die Freiheit, sich auf ihn einzulassen oder nicht. Wer unter Zugzwang steht,
ist genötigt, sich zu einem Schritt zu entscheiden, den er von sich aus nicht
tun würde. In einer Situation der Ausweglosigkeit kann er allerdings durchaus gegen sich selber entscheiden und handeln.

Wo nicht Spielregeln das Verbindliche sind für das Handeln, muß es andere Autoritäten geben, die die Macht haben, das Handeln zu zwingen, und
das können sein: *wirtschaftliche Wertmaßstäbe*. Wozu zwingen sie? Kurz gesagt: zu Effizienz. Effizienz ist der einzige Maßstab nicht nur der heutigen
Wirtschaft. Da aber heute nichts bestehen kann, was sich nicht wirtschaftlich
legitimiert, ist Effizienz der mächtigste Maßstab für alles, und der verlangt
folgendes: die Steigerung jeder Wirkung immer weiter voranzutreiben und
gleichzeitig den dazu nötigen Aufwand bzw. die Kosten so weit wie möglich
gegen null zu führen. Das Wesen der Wirtschaftlichkeit, das sich der Effi-

---

[224] Dieser Vortrag wurde gehalten im Rahmen der bibliothekarischen Fachtagung *Die
Lernende Bibliothek – La biblioteca apprende* 2011 in Bozen – Bolzano: «Bibliotheken unter
Zugzwang – Zwischen wirtschaftlichen Wertmaßstäben und gesellschaftlicher Verantwor-
tung».

zienz verschrieben hat, besteht in dem Zwang, den Abstand zwischen maximaler Wirkung und minimalen Kosten stetig zu vergrößern. Das Maß des Abstands zwischen wirtschaftlicher Wirkung und wirtschaftlichen Kosten ist das Geld.

Wirtschaftliche Wertmaßstäbe anzulegen bedeutet, Maßstäbe anzulegen, die schon in sich den Zwang der Effizienz tragen. Dies ist der *interne,* der *innere* Zwang der Effizienz selber, also derjenige, der auf die Wirkungssteigerung bei gleichzeitiger Kostensenkung drängt. Effizienz verlangt, den Abstand zwischen den Kosten und der mit ihnen erzielten Wirkung so groß zu gestalten, wie es eben möglich ist. Dazu nötigt sie, und das ist ihr Sinn.

Der interne Zwang der Effizienz richtet sich auf diese oder jene konkrete, meßbare Sache und bestimmt diese Sache in ihrem Vermögen, zu wirken: was bewirkt diese Kuh (ihre Milch, ihr Fleisch, ihr Fell, ihre Knochen, ihr Horn etc.), und wieviel kostet diese Wirkung? Oder: was bewirkt dieser Slogan und was kostet seine Wirkung? Wie ist die Wirkung dieser Kuh und die Wirkung dieses Slogans zu vergrößern und sind deren Kosten zu senken? Zwar richtet sich der interne Zwang, effizient zu sein, an jeweils *eine* einzelne konkrete Sache oder Person, die Effizienz selber aber will überhaupt *jeder* einzelnen Sache gelten, will über die Verfassung von *allem*, was es überhaupt an Individuellem gibt, bestimmen. Allem will die Effizienz Maßstab dafür sein, ob es gilt oder nicht.

Der innere Zwang der Effizienz betrifft das jeweils einzelne Wirkliche, ihr *äußerer* drängt darauf, die gesamte Wirk*lichkeit* in ihrem Sinne einzurichten: Wirklichkeit *ist* dann Effizienz. Effizienz zwingt uns dazu, nur noch sie als den einzigen Maßstab für alles in Betracht zu ziehen. Effizienz ist das alles entscheidende Seins- und Weltverständnis. Ob in den Wissenschaften, in der Wirtschaft oder Politik – Effizienz dominiert. Der Zwang zur Wirkungssteigerung hat aber auch längst den Bereich der Emotionen erfaßt: die Wirkung der ‚events‘ muß in jedem Fall zunehmen, der Reiz immer größer werden. Ob emotional oder rational – wert ist nur, was auf effiziente Weise *ist.* Sein heißt wirken. Wirkung ist meßbar, Meßbares ist zählbar, Zählbares berechenbar und Berechenbares ist verrechenbar: in Geld. Dies ist der Horizont, den die Effizienz dem Entscheiden und Handeln vorgibt, ja diktiert, in den sie zwingt. Und welches Wissen haben wir davon?

Der Zugzwang, von dem *hier* die Rede ist, meint nicht nur einseitig jenen Zwang, der wesentlich allein zur Effizienz gehört, sondern einen, der sich durch einen Konflikt ergibt, oder einen Widerspruch, oder ein Dilemma, oder, um in der Welt des Spiels zu bleiben, durch eine Zwickmühle. Hier geraten zwei Ansprüche miteinander in Kollision: nämlich der von wirtschaftlichen Wertmaßstäben und der einer gesellschaftlichen Aufgabe; der von Wirtschaftlichkeit und der des Gemeinwohls; der der Effizienz und der einer Verantwortung.

Der Zwang zur Effizienz geht mittlerweile zwangsläufig alles und jeden an. Die Verantwortung, die hier durch ihn gemaßregelt wird, ist in einem weiten Sinne jene, die die Bildung betrifft und das Wissen. Bildung aber ist heute, wie es heißt, von öffentlichem Interesse und wird darum in öffentlichen Einrichtungen vermittelt. Zu denen zählen neben einer Vielfalt an Schulen, Universitäten und anderen Institutionen auch die Bibliotheken. Deren zeitgemäßes Ideal dürfte sich auf die Formel bringen lassen: *Alles Dokumentierte soll allen überall und jederzeit zugänglich sein*. Was hier unspezifisch und allgemein Dokument heißt, war ursprünglich schlicht und einfach das Buch, von dem die Bibliothek ja auch noch ihren Namen hat.

Bücher waren und sind ein mächtiges Mittel zur Veröffentlichung, und nicht zuletzt ihnen verdankt sich das, was wir Öffentlichkeit nennen. Wie nun kann die Bibliothek – zunächst ein Hort der Bücher – unter Effizienzzwang geraten, und wie kann der Effizienzzwang einen Zugriff auf die Bibliothek bekommen? Inwiefern ist das Buch in seinem Wesen wirtschaftlichen Wertmaßstäben überhaupt zugänglich, und inwiefern richten diese Maßstäbe sich überhaupt auf Bücher? Anders gefragt: worin besteht die grundsätzliche Möglichkeit, daß Bibliotheken überhaupt in den Zugzwang geraten, in dem sie sich heute befinden – wenn auch nicht sie allein?

Ein überraschender Hinweis in diese Richtung findet sich in der *Metaphysik der Sitten* von Immanuel Kant. Dort folgt unmittelbar auf den Abschnitt mit dem Titel *Was ist Geld?* derjenige mit dem Titel *Was ist ein Buch?*. Worin aber kommen sich das Geld und das Buch sachlich so nahe, daß sich da eines gleich an das andere anschließt?

Die Metaphysik der Sitten gliedert sich in eine Rechts- und eine Tugendlehre. Die erste handelt von den *objektiven* Bestimmungen der Sitte, die zweite von den *subjektiven*. Vom Recht geregelt sind unter anderem Verhältnisse des Verkehrs der Menschen, d. h. auch der «Übertragung (translatio) des Seinen auf einen anderen.»[225] In dieser Hinsicht wendet sich Kant sowohl dem «... größten und brauchbarsten aller Mittel des Verkehrs der Menschen mit Sachen, Kauf und Verkauf (Handel) genannt» zu, als auch

---

[225] I. Kant, *Metaphysik der Sitten*, *Rechtslehre*, § 31, Werke in zehn Bänden, Hrsg. W. Weischedel, Darmstadt 1983, Bd. 7, S. 400.

dem Mittel des «... Buchs, als das des größten Verkehrs der Gedanken».[226] Der Handel ist Verkehrsmittel für *Sachen*, das Buch Verkehrsmittel für *Gedanken*. Im Handel werden Dinge von stofflicher Materie übertragen, in einem Buch Dinge von geistiger Materie. Von einer konkreten Materie jedoch, bzw. vom Physischen, muß in einer *meta*-physischen Betrachtung – wie hier der *Metaphysik der Sitten* – abstrahiert werden. Diese Abstraktion verkörpert im Felde des Geschäftsverkehrs das Geld, und zwar «... im Gegensatz mit aller anderen veräußerlichen Sache, nämlich der Waare»,[227] und dementsprechend verkörpert das Buch jene Abstraktion in Bezug auf die Materie von Gedanken. Durch das Geld, als ein «... allgemein beliebtes bloßes Mittel des Handels, was an sich keinen Wert hat... /wird/ alle Ware repräsentiert.»[228]

Geld ist zum einen gleichgültig und hat zum anderen an sich selber keinen Wert. Folgerichtig können dann auch «... Banknoten und Assignaten nicht für Geld angesehen werden, ob sie gleich eine Zeit hindurch die Stelle desselben vertreten.»[229] Daß dieses Verständnis des Geldes längst überholt ist, bedeutet deshalb nicht auch schon, daß der kantische Gedanke obsolet oder gar falsch wäre. Geld muß selber wertlos sein, um in seiner *metaphysischen* Abstraktion *von allem* dann auch *alles* repräsentieren zu können. Formell mag dieses Abstrahieren endlos fortgesetzt werden, solange sich nur ein Repräsentant bzw. Stellvertreter für die jeweils voraufgegangene Stufe der Abstraktion findet: Münzgeld repräsentiert alle Waren, Banknoten und Assignaten repräsentieren Münzgeld, Creditkartengeld repräsentiert Banknoten etc., etc. Doch kann die Kette der Repräsentation nach Kant eben nicht beliebig und endlos fortgesetzt werden. Von seinem Denken her zeigt sich: die heutige bodenlose Finanzkrise hat ihren allerersten Grund in der Ignoranz bzw. dem Unwissen, daß metaphysische Abstraktion unmöglich beliebig fortgesetzt werden kann.

Diese kantische Bestimmung des Geldes formuliert das Prinzip im Verkehr der Menschen mit *Sachen*. So wie es aber als Prinzip für den *gesamten* Verkehr mit Sachen gilt, so gilt es doch ebenso ausschließlich nur für diesen und für keinen anderen. Im Bereich der Gedanken erweist sich dann das Buch als das Prinzip des größten Verkehrs und des größten Transportes. Der

---

[226] a. a. O.
[227] a. a. O.
[228] a. a. O., S. 401.
[229] a. a. O., S. 402.

Bereich der Sachen und der Bereich der Gedanken haben *je ein eigenes Prinzip und Mittel des Übertragens.* Das Prinzip des Warenverkehrs, das Geld, kann keinen einzigen Gedanken übermitteln, sowenig wie die Seiten eines Buches, dem Prinzip des Gedankenverkehrs, eine Ware oder Sache.

Auf die im Anschluß an die Frage *Was ist Geld?* gestellte Frage *Was ist ein Buch?* gibt Kant eine recht kurze Antwort, von der hier vor allem der erste Satz von Bedeutung ist: «Ein Buch ist eine Schrift (ob mit der Feder oder durch Typen, auf wenig oder viel Blättern verzeichnet, ist hier gleichgültig), welche eine Rede vorstellt, die jemand durch sichtbare Sprachzeichen an das Publicum hält. – Der, welcher zu diesem in seinem eigenen Namen spricht, heißt der Schriftsteller (*autor*).»[230] In einem kurzen Text mit dem Titel *Von der Unrechtmäßigkeit des Büchernachdrucks,* die Kant rund zwölf Jahre vor derjenigen zur Frage, was ein Buch sei, verfaßt hat, heißt es in einer Anmerkung etwas ausführlicher: «Ein Buch ist das Werkzeug der Überbringung einer Rede ans Publicum, nicht bloß der Gedanken... Daran liegt hier das Wesentlichste, daß es keine Sache ist, die dadurch überbracht wird, sondern eine *opera,* nämlich Rede, und zwar buchstäblich. Dadurch, daß es ein stummes Werkzeug genannt wird, unterscheide ich es von dem, was die Rede durch einen Laut überbringt...»[231] Das Buch: ein Mittel des Transports.

Ein Buch, das stumme Werkzeug der Rede, entsprechend zu hören, heißt: lesen. Lesen heißt hier, dem stummen Vortrag eines Gedankens zu folgen. Ein Buch ist der schriftliche und darum lautlose Repräsentant des Vortrags einer Rede. Einem stumm vorgetragenen Gedankengang lesend zu folgen, heißt, sowohl sich dessen Gedanken anzueignen, als auch den von diesem Gedanken beschrittenen *Weg* im Gedächtnis zu behalten. So kultiviert das Lesen selbst das Gedächtnis.[232] Sein mit- und nachgehendes Gedächtnis zu kultivieren heißt, ein Vermögen des Menschen zu kultivieren, durch das er

---

[230] *Die Metaphysik der Sitten* (1797 – 1798), Rechtslehre, §31, VI, a. a. O., S. 289.

[231] «Ein Buch ist das Werkzeug der Überbringung einer Rede ans Publicum, nicht bloß der Gedanken, wie etwa Gemälde, symbolische Vorstellung irgend einer Idee oder Begebenheit. Daran liegt hier das Wesentlichste, daß es keine Sache ist, die dadurch überbracht wird, sondern eine *opera,* nämlich Rede, und zwar buchstäblich. Dadurch, daß es ein stummes Werkzeug genannt wird, unterscheide ich es von dem, was die Rede durch einen Laut überbringt, wie z. B. ein Sprachrohr, ja selbst der Mund anderer ist.» *Kleine Schriften (1782-1800), Von der Unrechtmäßigkeit des Büchernachdrucks.* (1785), Bd. VIII, S. 87.

[232] «Das Gedächtniß wird cultivirt 1) durch das Behalten der Namen in Erzählungen; 2) durch das Lesen und Schreiben; jenes aber muß aus dem Kopfe geübt werden und nicht durch das Buchstabiren; 3) durch Sprachen, die den Kindern zuerst durchs Hören, bevor sie noch etwas lesen, müssen beigebracht werden.» Pädagogik (1803), Bd. IX, S. 474.

sich wesenhaft vom Tier unterscheidet. Solches Kultivieren aber ist keine beliebige oder nebensächliche Angelegenheit, sondern Kant sieht hierin sogar eine Pflicht.

Der Grund zu dieser Pflicht besteht nun darin, daß der Mensch «als ein Wesen, das der Zwecke (sich Gegenstände zum Zweck zu machen) fähig ist, den Gebrauch seiner Kräfte nicht blos dem Instinct der Natur, sondern der Freiheit... zu verdanken haben muß.»[233] Freiheit jedoch ist das Gegenteil von Zwang, also auch von Zugzwang. Seiner Freiheit, und hier besonders der Freiheit seiner Vernunft, ist der Mensch es schuldig, sie nicht brach liegen zu lassen oder sie sogar zu mißachten. Zu einer Mißachtung unseres freien Wesens kommt es allerdings dann, wenn wir unsere Anlagen und Vermögen nur in «Richtung auf den Vorteil» hin pflegen, den eben diese Kultivierung verschaffen kann. Kultivieren wir unsere Anlagen, um dadurch bloß zu Vorteilen zu kommen, handeln wir unserem eigenen Wesen zuwider, indem wir das Gebot mißachten, «... ein dem Zweck ... /unseres/ Daseins angemessener Mensch zu sein.» Das im Wesen des Menschen angelegte Ziel seiner Existenz verlangt und bestimmt daher, daß der Mensch sich durch seine Kultur auf dieses Ziel hin bildet, und das ist: in «einer uneingeschränkten Freiheit, sich seiner eigenen Vernunft zu bedienen und in seiner eigenen Person zu sprechen.»[234]

Doch anstatt selber zu denken, bleiben die meisten Menschen, so Kant, lieber unmündig und sagen sich: «Habe ich ein Buch, das für mich Verstand hat, einen Seelsorger, der für mich Gewissen hat, einen Arzt, der für mich die Diät beurtheilt, u.s.w., so brauche ich mich ja nicht selbst zu bemühen. Ich habe nicht nöthig zu denken, wenn ich nur bezahlen kann; andere werden das verdrießliche Geschäft schon für mich übernehmen.»[235] Dieser Gebrauch von Büchern, wie auch der zur bloßen Zerstreuung, hindern den Menschen, seinem eigenen Wesen gerecht zu werden. Dies vereitelt den Mut, der dazu gehört, sich seines eigenen Verstandes zu bedienen. Umso einleuchtender ist da der Wahlspruch der Aufklärung: *Sapere aude! – Wage, zu wissen!*

Doch wie können wir zu einem Wissen gelangen, das das Denkvermögen des Menschenwesens einlöst, und wie könnte dieses wesenhafte Wissen be-

---

[233] I. Kant, Die Metaphysik der Sitten, Tugendlehre, *Von der Pflicht gegen sich selbst in Entwicklung und Vermehrung seiner Naturvollkommenhheit, d. i. in pragmatischer Absicht.* § 19, Akademie-Ausgabe, Bd. VI, S. 444 f.
[234] *Beantwortung der Frage: Was ist Aufklärung?* (1784), Bd. VIII, S. 38.
[235] a. a. O., S. 35.

stehen vor einem mechanischen Wissen, das anderes ablehnt? «Der Offizier sagt: räsonnirt nicht, sondern exercirt! Der Finanzrath: räsonnirt nicht, sondern bezahlt! Der Geistliche: räsonnirt nicht, sondern glaubt!»[236] Drei konstitutive Bereiche des Staates nennt Kant hier, die einem aufgeklärten Vernunftgebrauch ablehnend begegnen. Ihr freier Gebrauch ist offenbar nicht die Sache von Militär, Finanzwesen und Kirche. Sich deren Wissensbeschränkung zu widersetzen, kommt hier wieder das Buch als stummes Werkzeug der Rede ins Spiel, jetzt aber als Werkzeug des Gelehrten, «der durch Schriften zum eigentlichen Publicum, nämlich der Welt, spricht.»[237] Erläuternd fügt Kant hinzu: «Ich verstehe aber unter dem öffentlichen Gebrauche seiner eigenen Vernunft denjenigen, den jemand als Gelehrter von ihr vor dem ganzen Publicum der Leserwelt macht.»[238]

Ein solcher Gelehrter setzt sich dem Publikum wie auch der *Pflicht* des freien Vernunftgebrauchs aus. Der *freie* Gebrauch der eigenen Vernunft wird aber auch der Vernunft selber gelten, d. h. die Vernunft will dann zu einem Wissen *ihrer selbst* und *um sich selbst* gelangen. Blind bleiben kann sie am allerletzten sich selbst gegenüber. Zur Einsicht in ihre eigenen Möglichkeiten, und d. h. auch Grenzen und Beschränkungen, kommt die Vernunft u. a. in einer *kritischen* Hinsicht auf sich selbst. Diese im fundamentalsten Sinne zu verstehende Selbstkritik ist unumgänglich, will die Vernunft, als das herausragende Vermögen des Menschen, sich selbst frei kultivieren und so das vernunftbestimmte, freie Wesen des Menschen verwirklichen.

Gehört schon zum persönlichen Gebrauch der eigenen Vernunft kritische Reflexion, um wieviel mehr dann noch zu ihrem öffentlichen Gebrauch, den ja etwa ein «Gelehrter von ihr vor dem ganzen Publicum der Leserwelt macht.»[239] In seiner *Kritik der reinen Vernunft* nun zeigt Kant unter anderem jene Wesensverfassung auf, die auch schon das bloße Interesse der Vernunft bestimmt, d. h. *wie* und *wofür* sie sich prinzipiell interessieren mag. Hierbei kommt ein entscheidender Unterschied ins Spiel, denn ein Interesse kann, was auf der Hand liegt, unterschiedlich ausgerichtet sein und zu entsprechend unterschiedlichem Wissen führen. Somit steht besonders ein Gelehrter in der Pflicht, sich über Grundzüge und Ausrichtung seines Vernunftinteresses im Klaren zu sein. Dabei deckt Kant zwei geradezu radikal ent-

---

[236] S. 37.
[237] *ibidem.*
[238] *ibidem.*
[239] *ibidem.*

gegengesetzte Interessenrichtungen auf, die er unter dem Titel der *Antinomie* der reinen Vernunft darlegt.

Die beiden Gesetze der Vernunft, die in dieser Antinomie widerstreiten, besagen zum einen, daß alles zu begreifen ist als bedingt durch etwas anderes, daß also die Kette, in der eine Sache durch eine ihr voraufgehende bedingt ist, kontinuierlich fortzusetzen ist; und besagen zum anderen, daß alles Bedingte am Ende sich auf ein selbständiges *Unbedingtes* bezieht, das selber anderer Art ist als alles von ihm Bedingte. Das eine Gesetz sagt: ausnahmslos *jede* Bedingung ist selber wiederum bedingt, das andere Gesetz sagt: *ein* Unbedingtes ist der erste Seinsgrund alles Bedingten. Dieser Gegensatz kann nicht nur aufgelöst werden, sondern er muß es auch, will die Vernunft nicht die Selbstverpflichtung zu ihrer Vervollkommnung ignorieren und damit sich selbst.

Kant hebt hervor, daß dieser Widerstreit in der Vernunft «nicht eine willkürliche Frage betrifft, die man nur in gewisser beliebiger Absicht aufwirft, sondern eine solche, auf die jede menschliche Vernunft in ihrem Fortgange nothwendig stoßen muß.»[240] Und da dieser Widerstreit zur Grundverfassung der Vernunft gehört, kann er nicht – solange es überhaupt Vernunft gibt – irgendwann ein für alle Mal entschieden werden, sondern ist stets von neuem aufzulösen und idealerweise von jeder menschlichen Vernunft. Von diesem Ideal sind wir heute nicht nur unendlich weit entfernt, sondern wir verstehen es nicht einmal mehr und damit auch nicht die Bedeutung, die diese Problematik für unseren heutigen Weltzustand hat, bis hin zur globalen Nötigung zur Effizienz und allem daher stammenden Zugzwang.

Beide Entwürfe gehen gleichsam aufs Ganze: a) das All ausnahmslos als ein kontinuierliches Ganzes von Bedingungen anzusetzen, und b) das Ganze des Alls zu denken hinsichtlich eines Unbedingten, das jedoch alles andere be-dingt. Der erste *nomos*, das erste Verstehensgesetz, geht hier aus von all dem, was in der Erfahrung gegeben ist, also von dem, was der Empirie zugänglich ist, und er richtet sich ausschließlich in diesem Bereich ein. Der zweite *nomos* dieser Antinomie leitet die Vernunft entscheidend dann, «wenn sie das, was nach Regeln der Erfahrung jederzeit nur bedingt bestimmt werden kann, von aller Bedingung befreien und in seiner unbedingten Totalität fassen will.»[241] Hierzu aber, nämlich das All des erfah-

---

[240] Kritik der reinen Vernunft, a. a. O., B, S. 449.
[241] Der Antinomie der reinen Vernunft Dritter Abschnitt. Von dem Interesse der Vernunft bei diesem ihrem Widerstreite, a. a. O., B, S. 490.

rungsmäßig gegebenen, des empirischen Seienden, *von aller Bedingung zu befreien und in seiner unbedingten Totalität zu erfassen*, muß die Vernunft sich denkend auf sich selber und auf die Möglichkeiten ihres Denkens besinnen. Dann *hat* die Vernunft nicht nur das Vermögen zur Reflexion, sondern reflektiert *sich selber* als dieses Vermögen.

So befremdlich, beschwerlich, ja unangenehm diese befreiende Denkweise auch sein mag, zu Kants Zeiten gab es immerhin eine Möglichkeit, hier einen entlastenden Stellvertreter für die eigenen Anstrengungen zu finden: «Habe ich ein Buch, das für mich Verstand hat,... so brauche ich mich ja nicht selbst zu bemühen.»[242] Das Werk von Kant, noch das von Fichte, Hegel, Schelling oder Nietzsche mag so betrachtet worden sein. Denker, die sich auf das Denken als solches verstehen, sind mittlerweile geradezu vom Aussterben bedroht und mit ihnen die entsprechenden Bücher.

Einer der Gründe dafür ist, daß die Vernunft sich seit dem frühen 19. Jahrhundert halbiert und gleichsam von ihrer besseren Hälfte verabschiedet hat. Geschichtlich hat sie das Phänomen, das Kant unter dem Titel der Antinomie durchdenkt, aus dem Blick verloren und sich ausschließlich der Empirie verschrieben, wofür wissenschaftsgeschichtlich der Name *Positivismus* steht. In diesem Sinne kann die oben erwähnte Bemerkung Kants aktualisierend ergänzt werden: «Der (bloße) Empiriker bzw. der Positivist sagt: räsonnirt nicht, sondern meßt!»

Das Ausmessen der Empirie richtet sich auf die Bedingungen des Wirklichen. Das Ausmessen aber kann das physische Wirkliche nie in seiner Ganzheit erfassen und ergründen. Das ist nur einer metaphysisch erfahrenen Vernunft möglich, die dieses Ganze in seiner Unbedingtheit rein zu denken vermag. Das Ausmessen erfaßt in einer endlosen Abfolge eine Bedingung des Wirklichen nach der anderen und eine Ursache nach der anderen. Dem Ausmessen ist *alles* bedingt und bewirkt. Die Ursache, die am mächtigsten wirkt, ist die *causa efficiens*, deren Macht alle Effizienz und alles Effizienzdenken beherrscht.

Die Dominanz des Effizienzdenkens gründet in der Vorstellung, daß alles irgendwie bewirkt, und d. h. auf eine Wirkung zurückzuführen ist. In diesem Sinne gibt es weder ein Unbewirktes, noch ein Unbedingtes. Die Möglichkeit, ein solches zu denken, schwindet in dem Maße, wie das Vermessen der Empirie an Ausschließlichkeit gewinnt. Je stärker also die Vernunft ihre wesenhafte Antinomie ignoriert und sich selber verkennt, indem sie sich ein-

---

[242] *Beantwortung der Frage: Was ist Aufklärung?* (1784), Bd. VIII, a. a. O., S. 35.

seitig nur noch für Empirisches interessiert, desto unmöglicher wird es, daß der Mensch der Selbstverpflichtung zur Kultivierung seiner ureigenen Vermögen frei nachkommt.

Die Macht der Effizienz und ihres Zwanges muß jede kritische Selbstbesinnung der Vernunft notgedrungen ausschalten. Vor dieser Macht, die sich zu ihrer Durchsetzung auch des finanziellen Kalküls bedient, können ein kritisches Denken und ein Wissen, das sie durchschaut, nicht bestehen. Zu jener Zeit, als die Vernunft beginnt, ihre bessere Hälfte abzustoßen, in der Meinung, ihre Antinomie so zu überwinden, im Jahre 1814, schreibt einer der Begründer des *Positivismus*, schreibt Claude-Henri de Saint-Simon: «La philosophie du siècle dernier a été revolutionnaire, celle du XIXe siècle doit être organisatrice.»[243] – „Die Philosophie des letzten Jahrhunderts ist revolutionär gewesen, die des 19. Jahrhunderts muß organisatorisch sein." Wir lassen dieses *Müssen*, genauer dies *Sein-müssen* der Philosophie, mit dem bloßen Hinweis auf unseren *Zugzwang* jetzt unerörtert.

Doch gibt eine Bemerkung Nietzsches hier zu denken: «*Die Wege zur Macht:* die neue Tugend unter dem Namen einer *alten* einführen, – für sie das »Interesse« aufregen – die Kunst der Verleumdung gegen ihre Widerstände...»[244] Den Positivisten geht es darum, eine neue ,Philosophie' einzuführen, eine neue Vernunft und ein neues Wissen: eine Tatsachenphilosophie, Tatsachenvernunft und ein Tatsachenwissen. Unter alten Namen verhelfen diese drei der Macht zur Effizienz und zwar auf dem Wege des Organisierens.

Zur Einführung dieses Wissens dient nicht zuletzt das öffentliche Bildungswesen, dienen Medien und die Wissenschaft selber. Der ,Kunst der Verleumdung der Widerstände' mangelt es allerdings da selber noch an Effizienz, wo so etwas wie ein *Zugzwang* überhaupt noch wahrgenommen und Effizienz nicht schon für sich allein das Ziel ist. Dieser Zwang jedoch will gerade deshalb auch selber noch effizienter werden, und das bedeutet, daß die Fragen *Was ist Geld?* und *Was ist ein Buch?* nicht jeweils aus dem *ihnen je entsprechenden Horizont* beantwortet werden, sondern effizienterweise nur noch aus einem einzigen, aus dem des Geldes. Auch Überlegungen zur Verantwortung können, wo der Positivismus herrscht, keinen eigenen Wesensraum mehr für sich beanspruchen.

---

[243] C.-H. de Saint-Simon, Oeuvres (Paris 1868, ND 1966) 1, S. 158.
[244] Friedrich Nietzsche: Werke, Bd. 3, S. 62, C. Hanser Verlag.

«Der positivistische Begriff der Wissenschaft in unserer Zeit ist also – historisch betrachtet – ein *Restbegriff.*» So Edmund Husserl in seinem fundamentalen Werk *Die Krisis der europäischen Wissenschaften und die transzendentale Phänomenologie.*[245] Und in eben diesem Sinne gibt er auch uns heute noch zu bedenken: «Die Ausschließlichkeit, in welcher sich in der zweiten Hälfte des 19. Jahrhunderts die ganze Weltanschauung des modernen Menschen von den positiven Wissenschaften bestimmen und von der ihr verdankten ‚prosperity' blenden ließ, bedeutete ein gleichgültiges Sichabkehren von den Fragen, die für ein echtes Menschentum die entscheidenden sind. Bloße Tatsachenwissenschaften machen bloße Tatsachenmenschen.»[246]

---

[245] E. Husserl, *Die Kisis der europäischen Wissenschaften und die transzendentale Phänomenologie,* Hamburg 1977, S. 7f.
[246] a. a. O., S. 4.

Globalisierung – Eine Erörterung

Es mag nahe liegen, am Ende dieses Buches Für und Wider der Globalisierung gegeneinander abzuwägen, um etwa ein positives oder negatives Urteil über sie fällen zu können. Darauf wird hier verzichtet. Auch geht es nicht darum, sie zu bewerten und Vorteile gegen Nachteile aufzurechnen. Schon gar nicht sollen die hier angestellten Überlegungen dazu dienen, sich eine Meinung über sie zu bilden – der eine die, der andere jene. D. h. die Globalisierung wird nicht als ein mögliches Thema bzw. als Gegenstand einer Diskussion betrachtet, da das Phänomen der Globalisierung die Kapazität jeder persönlichen Ansicht bei weitem übersteigt, so engagiert oder redlich diese auch sei. Anders gesagt: *der Sinn der Globalisierung steht nicht zu persönlicher Disposition.*

Dies dennoch zu meinen, kommt einem Denkfehler gleich oder ist doch zumindest eine erhebliche Fehleinschätzung. Die besteht in der Auffassung, es genüge schon, ein jeweiliges, individuelles Verständnis der Globalisierung zu haben, ganz so, als ginge es dabei um den Sinn oder Unsinn des Frühstückseies. Ein derartiges Verständnis ist zwar möglich und durchaus legitim, bleibt sachlich aber unangemessen. Denn das Phänomen der Globalisierung ist von einer solchen *Macht,* daß der Maßstab für ihr Verständnis unmöglich in einzelnen subjektiven Auffassungen von ihr zu finden ist und somit weder statistisch noch demokratisch ermittelt werden kann. So meinungsbildend Diskussionen über die Globalisierung auch sein mögen, so irreführend sind sie doch in Bezug auf ein wahrhaft fundiertes Verständnis ihrer wesentlichen Grundzüge. Und eben diese Grundzüge müssen erkannt und eingesehen sein, damit sich *an ihnen* Sinn und Unsinn der Globalisierung unterscheiden lassen. Nur darum kann es also gehen: um den *sachlichen Aufweis der Grundzüge der Globalisierung.*

Der Macht der Globalisierung entspricht ihre Komplexität. Darum wäre es wiederum eine Fehleinschätzung zu meinen, diese Grundzüge in dem hier gegebenen Rahmen mit der nötigen Deutlichkeit aufzeigen und auslegen zu können. Andererseits erlaubt es die so gegebene Begrenzung, dem recht verschwommenen und noch kaum klar bestimmten Begriff der Globalisierung vorerst seine Unbestimmtheit zu lassen und hier einschränkend nur von der Globalisierung der *Wirtschaft* bzw. der *Ökonomie* zu sprechen. Doch entziehen sich auch die Begriffe der globalen Wirtschaft und der Globalökonomie immer noch weitgehend einer verbindlichen Fassung, was schließlich zu der verbreiteten Meinung führt, der Befund über deren Pro und Contra sei ebenfalls nur eine Sache des Standpunktes, der persönlichen Sichtweise etc. Was sich heute tagtäglich bewahrheitet, drängt sich jetzt auch hier auf: *zwischen unserem faktischen Verständnis der Mächte der Globalisierung und dem ungeheuren Ausmaß derartiger Macht besteht eine erhebliche, ja eine enorme Kluft.*

Damit meldet sich, wenn auch eher unauffällig, ein weiterer, wie eine Selbstverständlichkeit daherkommender Denkfehler, und zwar einer, der besonders auf Seiten der Wirtschaft und der Politik anzutreffen ist. Denn da, wo im doppelten und betonten Sinne *gehandelt* wird, erscheint jeder Globalisierungsprozeß fast zwangsläufig als eine nur recht zu ergreifende Möglichkeit zur Erweiterung, Vergrößerung oder Steigerung der eigenen Kapazitäten. In dieser Perspektive kann die wie auch immer zu verstehende Macht einer wie auch immer zu verstehenden globalen Wirtschaft fast nicht groß genug sein, vorausgesetzt, man weiß sie für sich zu nutzen. Grundlage dieser Voraussetzung ist, daß diese Macht nutz- und benutzbar sei und das heißt, daß ihr Benutzer mächtiger ist als diese Macht selbst.[247]

Diese Auffassung teilen nun aber auch die Gegner der Globalisierung, indem sie die Meinung vertreten, sich ihrer auf eine nützlichere als eine rein wirtschaftlich fixierte Weise bedienen zu können. Dies ist dann auch der Moment, an dem die geläufige Auseinandersetzung über Sinn und Unsinn *der* Globalisierung ansetzt. Wir sehen: immer wieder werden wir hier auf die Ebene der Meinung, des Standpunktes und der persönlichen Auffassung zurückgeworfen, gerade so als ob die Globalisierung von ihr selbst aus nicht sachlich ausgelotet und ergründet, sondern lediglich diskutiert und betrieben werden wollte. Und gerade darin könnte sich ein Aspekt ihrer Macht zeigen, daß nämlich *sie* es ist, die uns den Horizont für ein Verständnis von ihr irgendwie *von sich aus* vorgibt.

Die Tatsache, daß eine solche Vorgabe von Seiten der Globalisierung selbst nur schwer vorstellbar ist, spricht nicht im geringsten gegen sie, son-

---

[247] vgl. hierzu Fußnote 84: Ob man den Prozeß der Globalisierung «Fortschritt oder Gefahr nennt, man muß sich darüber klar werden, daß er längst einer Kontrolle durch menschliche Kräfte entwachsen ist.» W. Heisenberg, a. a. O.

dern enthält einen Hinweis auf die Grenzen des Vorstellens überhaupt. Nicht unser Vorstellungsvermögen ist Maßstab für die faktische Welt, sondern die Welt ist Maßstab für unsere Vorstellungen. Sowohl engagierte Verfechter als auch die schärfsten Gegner der Globalökonomie kommen, wie gesehen, in einem Punkt so einmütig überein wie es einmütiger nicht geht, nämlich darin, sich für mächtiger als die geschichtlich mächtigste Macht der eigenen Zeit zu halten. Die herrschende Überzeugung jener Machbarkeit bietet nicht nur allen Diskussionen über die Globalökonomie ihre notwendige gemeinsame Basis, sondern prägt darüber hinaus unseren geschichtlichen Moment und zwar wie J. A. Schumpeter sagen würde, als «eine jener Situationen, in denen der Optimismus nichts ist als eine Form der Pflichtvergessenheit.»[248]

Beide, sowohl die Befürworter der Globalisierung der Wirtschaft – etwa in Gestalt der *Internationalen Handelskammer* in Paris – als auch deren Gegner – etwa in Gestalt der Vereinigung *attac* – können jeweils am Anderen eben jenen Optimismus bzw. jenen Mangel an Pflichtbewußtsein kritisieren (– was bekanntlich auch geschieht); und wo die Einen den Widersinn, ja Unsinn der Globalökonomie hervorheben, werden die Anderen gerade deren Sinn geltend machen. Beide teilen sie dabei die eine gemeinsame Grundhaltung: den *Optimismus in die Machbarkeit und Beherrschbarkeit der modernen, technischen Wirklichkeit.*

Solcher Optimismus kann als eine echt zeitgemäße Einstellung gelten, die Schumpeter aus seiner Sicht wie folgt verdeutlicht: «... es scheint, wir haben den Escapismus, die Flucht vor der Wirklichkeit, zu einem Denksystem entwickelt.»[249] Doch Schumpeter konnte nicht wissen und wohl nicht einmal ahnen, wie virtuell die heutige Wirklichkeit ist, und wie wirklich heute Virtualität. Einer digitalen Wirklichkeit jedoch kann die Diagnose eines Escapismus nur als obsolet erscheinen. Andererseits zeigt sich jetzt unsere Frage nach Sinn und Unsinn als eine, die nicht einfach so beiläufig und beliebig gestellt wird, sondern als eine, die der Vibration der heutigen Zeit selbst entspringt. So treffend Schumpeters Analyse auch sein mag und so legitim seine Auflehnung gegen Escapismus und besagten Optimismus, so blieb ihm eines doch verborgen, nämlich daß ein gewisser *Optimismus konstitutiv ist für die Globalökonomie.*

---

[248] J. A. Schumpeter, *Kapitalismus, Sozialismus und Demokratie*, Tübingen – Basel, 1993[7], S. 499.
[249] *Ibidem.*

Eine Sache ist der Optimismus als eine persönliche Grundhaltung, die jedem konkreten Handeln eines Optimisten voraufgeht und es trägt; eine andere Sache ist der Optimismus als eine unverzichtbare, von der Globalisierung und für sie geforderte Disposition. Inwiefern nun *fordert* der Vorgang der Globalisierung für sich einen optimistischen Charakter? Ein Optimist ist zunächst auf ein Gelingen gestimmt. Im Gelingen wird das erlangt, wonach zuvor ausgelangt wurde. Geschichtlich und beim Wort genommen aber geht es im Optimismus nicht bloß um die Zuversicht in ein Gelingen, sondern vielmehr darum, zu einem *Optimum* zu gelangen. Der von der ökonomischen Globalisierung geforderte Optimismus ist in seinem Wesen kein frei gewählter, sondern gerade heute ein zwangsläufig nötiger, der, genauer betrachtet, eine Funktion von Effizienzsteigerung und Rationalisierung ist.

Ganz im Sinne einer solchen Notwendigkeit schreibt Leibniz: «Es muß nämlich immer bei den Dingen der Bestimmungsgrund aus dem Maximum oder Minimum gesucht werden, so nämlich, daß die größte Wirkung vom geringsten Aufwand sozusagen geleistet werde.» (Semper scilicet est in rebus principium determinationis quod a Maximo Minomove petendum est, ut nempe maximus praestetur effectus, minimo ut sic dicam sumtu.)[250] Hier spricht ein Philosoph unüberhörbar von dem, was die Globalökonomie als Rationalität und Effizienzdenken kennt. Was Leibniz Maximum oder Minimum nennt, ist jeweils ein Optimum. Es *muß*, so sagt er, bei den Dingen ihr Bestimmungsgrund im Hinblick auf ein Optimum im Verhältnis von Effekt und Aufwand gesucht werden. Das Optimum, nach dem diese ‚optimistische' Suche auslangt, ist hier seinerseits näher bestimmt, und zwar in ökonomischen Begriffen: maximale *Wirkung*, minimaler *Aufwand*, und jene Wirkung sei die *Leistung* jenes Aufwandes. Das Wirkungsmaximum und Aufwandsminimum sind die Grundlage, von der aus die Dinge zu bestimmen sind, d. h. von woher sie ihren Sinn haben. Sinn und Unsinn der Dinge bestimmen sich jetzt in der Perspektive *dieses* Optimismus. So selbstverständlich dieser Gedanke scheinen mag, so verschleiernd und verhüllend ist er zugleich.

Von hier aus nun legt sich die Vermutung nahe, daß die Ökonomie auf Grund ihrer wesenhaften Möglichkeit, einen derartigen Optimismus der Optimierung auszubilden, der Globalisierung zu ihrer Verwirklichung ver-

---

[250] G. W. Leibniz, *De rerum originatione radicali*. Philosophische Schriften, hg. C. Gerhardt, VII (1890, ND 1961), S. 303.

helfen kann. Das hieße dann aber, daß nicht die Globalisierung zur Sicherung und Steigerung der wirtschaftsspezifischen Dynamik dienen, sondern daß umgekehrt die Globalisierung mit Hilfe der Wirtschaft sich durchsetzen und einrichten würde. Solche Überlegungen widersprechen ganz offensichtlich der mit uneingeschränkter Macht herrschenden Vorstellung vom Verhältnis zwischen Wirtschaft und Globalisierung demzufolge – so etwa die ICC auf ihrer homepage – die Globalisierung der Motor für Wachstum, Schaffung von Arbeitsplätzen und Prosperität sei. Fraglos und ohne jeden Zweifel ist dabei die Wirtschaft im Verbund mit Politik und Wissenschaft die Betreiberin dieses Motors. Eine Globalisierung, die nicht ökonomischer Dynamik untersteht, ist schlicht unvorstellbar und so gesehen Unsinn. Daher erscheint es auch zwangsläufig sinnlos, den allseits verbreiteten, geradezu natürlichen, einfachen Optimismus bezüglich der Steuerbarkeit und Machbarkeit selbstgesetzter Projekte irgendwie hinterfragen zu wollen. Wovor auch sollte – um erneut Schumpeter zu bemühen – dieser Optimismus «die Augen zusperren»?[251]

Dies wäre jedenfalls schwierig zu sehen, wenn es sich dabei um ein *Denksystem* handeln sollte, wenn jener Optimismus in die wirtschaftliche Macht also *systematisch* wäre. Andererseits kann – wie bereits angedeutet – die Idee des optimierenden Optimismus so wie er in der erwähnten, grundsätzlichen Bemerkung von Leibniz anklingt, eine Umkehrung des Verhältnisses zwischen Ökonomie und Globalisierung nahelegen, der zufolge sich nicht die Ökonomie der Globalisierung bedienen würde, sondern diese es ist, die jene dominiert. Was, wenn *dieses* Verhältnis systematisch übersehen würde, und das Übersehen selbst systematisch unbemerkt bliebe? Dann würde der ökonomische Optimismus seine eigene Quelle systematisch ignorieren. Könnte es sein, daß ein Denken, das darauf abzielt, die «Märkte der Welt der Dynamik freier Unternehmen»[252] zu öffnen, selber systematisch gegen ein freies Verständnis seiner selbst verschlossen ist?

Sollte die Globalisierung nun aber doch die Dimension sein, innerhalb deren die Ökonomie der Neuzeit betrieben wird, dann ist die Globalisierung das geschichtlich umfassendere Phänomen von beiden. Dann jedoch wären Fundament und Dynamik der modernen Ökonomie im Wesen der Globalisierung zu suchen. Und das würde konkret bedeuten, daß etwa das Verhältnis zwischen Ware und Markt grundsätzlich im Hinblick auf *sie* zu verstehen

---

[251] J. A. Schumpeter, a. a. O., S. 498.
[252] Homepage, ICC, http://www.iccwbo.org/products-and-services/ [20.02.2013].

wäre, insofern nämlich, als die Dynamik der Ökonomie jetzt ursprünglich aus der der Globalisierung bestimmt ist und mithin selber deren *Folge*. Das führt schließlich – und zwar ganz im Sinne von Leibniz – zu der Frage, welcher minimale ökonomische Aufwand einen optimal globalisierenden Effekt leistet. *Die Ökonomie ist jetzt aus der Globalisierung zu denken.*

Sollte das wirklich gefordert sein, dann müßte die Globalisierung so deutlich und so klar wie möglich in ihrem Wesen verstanden werden, wenn die Wirtschaft sich realistisch orientieren will. In diesem Sinne ist zu fragen: inwiefern ist der optimierende, spezifisch ökonomische Optimismus heute ursprünglich aus der Globalisierung motiviert? Die Antwort ist so einfach wie komplex: die Richtung, in der wirtschaftliche Optimierungsmaßnahmen liegen, diese *Richtung* ist selber nicht ökonomisch orientiert. Sie wird vielmehr vorgegeben von der Globalisierung selbst, da es deren Richtung ist, in der die Ökonomie sich bewegt. Ihre Bewegung wiederum verläuft nicht nur gradlinig in Richtung der Optimierung, sondern ist eine, die sich ausdehnt. Ökonomisch gesehen ist diese Ausdehnung die Erweiterung des Marktes. Mit der Erweiterung des Marktes aber dehnt sich der Umfang der global erschlossenen Welt aus, und zwar abermals im Sinne von Leibniz, nämlich so, daß die Suche nach dem optimalen Prinzip der Dinge die Allmacht über jegliches Verstehen und Begreifen anstrebt. Und diese Suche ist es dann auch, die den *Charakter des Wissens* unserer Wissensgesellschaft durch und durch beherrscht bzw. beherrschen wird.

Das von Leibniz geforderte *Principium determinationis* sichert die neuzeitliche Mentalität, die sich am stärksten in der Ausdehnung der Wirtschaft Verbreitung verschafft. Die Frage nach dem Optimum aber ist für Leibniz keine ökonomische, sondern eine metaphysische, eine philosophische. Daß diese Mentalität sich in der Wirtschaft erobernd durchsetzt, führt zu der irrigen Meinung, es sei die Wirtschaft *selber* und als solche, die sich mit ihrem eigenen Denken weltweit durchsetze. Das aber ist nur die halbe Wahrheit bzw. nur ein Anschein. Und eben darin genügt sich das vorausgesetzte Prinzip des Optimums der Dinge, nämlich geradezu unbemerkt und unverstanden im ökonomischen Optimismus wirksam zu sein. Das von Leibniz formulierte Prinzip ist als ein metaphysisches, ein potentiell globales und beschränkt sich nicht auf die Wirtschaft.

Dieses Prinzip nun verlangt von sich aus allumfassende Geltung – anders wäre es eben nicht Prinzip. *Wie* also verlangt es diese Geltung? Das *Principium determinationis* ist „petendum", d. h. eines, dem nach*zu*gehen ist, das auf*zu*suchen ist. Bei dieser Suche werden die Dinge ergründet, wird ihr

Grund sichtbar und werden sie selber auf diese Weise *be*gründet. Erst mit der optimalen Verfassung der Dinge ist – gemäß Leibniz – auch ihr Grund erreicht. Alles andere bleibt demzufolge grundlos. Was nicht durch das Prinzip der maximalen Wirkung bei minimalem Aufwand determiniert ist, *ist* dementsprechend nicht wirklich, ja *ist* genau besehen überhaupt nicht, denn es *kann nicht sein*. Ob etwas ist oder nicht, darüber entscheidet jetzt ganz allein das Prinzip der optimalen Verfassung der Dinge.

Da Leibniz schlicht von *den Dingen* spricht und keine Einschränkung macht, muß dieses Prinzip für *alle* Dinge gelten, mithin für alles, was es gibt. Und dieser Sachverhalt sei etwas Selbstverständliches, „scilicet". Schließlich gilt diese Selbstverständlichkeit für alle Dinge auch noch „semper", also immer: «Semper scilicet est in rebus principium determinationis...» Damit wird die Suche nach dem prinzipiellen Optimum, das allen Dingen dieser Welt zu Grunde liegt, zu jener Geisteshaltung, deren globalisierende Dynamik dann nicht zuletzt auch die Wirtschaft bestimmt, und zwar durch und durch. Die Globalökonomie ist ursprünglich kein Projekt der Wirtschaft selber, sondern *sie entspringt der globalisierenden Dynamik eines metaphysischen Prinzips*.

Wenn die Wirtschaft jedoch ihre Perspektiven für sich heute weitestgehend aus sich selber entwirft und die Globalisierung dabei lediglich als ein willkommenes, nützliches Instrument betrachtet, so setzt sie eine rein wirtschaftsimmanente Dynamik für sich voraus und richtet sich ganz nach der. Entwirft die Wirtschaft ihre Perspektiven für sich hingegen aus dem Prinzip der Globalisierung und *dessen* Dynamik, dann orientiert sie sich an dem ursprünglicheren Phänomen, d. h. an jener Dynamik, der die wirtschaftliche sich erst verdankt. Was also ist das Charakteristische der Dynamik der Globalisierung? Inwiefern kommt in ihr das Leibnizsche Prinzip der Optimalen Verfassung der Dinge zum Zuge?

Die Welt, in der der Mensch handelt und Handel treibt, ist, und das bekanntlich nicht nur nach Leibniz, eine von Gott geschaffene und zwar so, daß Gott eben *weil* er *Gott* ist, allem von ihm Geschaffenen die perfekte, mithin die optimale Verfassung verliehen hat. Daher ist das Optimum das Maß für alles menschliche Handeln. «Freilich», so sagt Leibniz in einem anderen Text, im *Discours de métaphysique*, «hat Gott keine Kosten,... denn Gott

braucht ja nur zu verfügen, um eine reale Welt entstehen zu lassen.»[253] Für
Gott ist der Aufwand gleich null und die Wirkung doch maximal. In diesem
Verhältnis liegt die Vorgabe für das menschliche Handeln. Die Bedeutung
dieses Gedankens kann schlicht nicht überschätzt werden, denn ob mit oder
ohne Rückbindung an Gott, ist es diese Maß-Gabe, der zufolge die globalisierende Wirtschaft das Prinzip der Optimierung weltweit zur Geltung bringt.

Tendenziell soll daher der Aufwand gegen null geführt werden, im wört-
lichen Sinne also *annulliert*. In der konkreten Welt allerdings kann dieser Vorgang lediglich einen asymptotischen Verlauf haben, d. h. der Aufwand kann
höchstens in der Weise eines Minimums sein, und das besagt näher, er soll
minimal *sein*. Das Prinzip der Optimierung betrifft die *Seinsweise* der Dinge.
Nur in dieser Perspektive können dann etwa Ursprung und Dynamik von
Informatisierung und Digitalisierung überhaupt gesehen und fundamental
verstanden werden. Mit anderen Worten: der Sinn von Informatisierung und
Digitalisierung liegt nicht darin, Mittel zur Vereinfachung und Steuerung
jedweden Prozesses zu sein, sondern ihr Sinn liegt darin, dem Prinzip der
Maximierung des Effektes bei gleichzeitiger Annullierung des Aufwands in
seinem notwendig grenzenlosen Anspruch zur Geltung zu verhelfen.

Das *Sein* der Dinge besteht nunmehr in ihren digitalen, gespeicherten Daten, darin haben sie ihr Minimum, ihr Minimum an Sein. In ihrer digitalen
Seinsweise sind die Dinge virtuell und haben so die maximale Präsenz ihrer
Verfügbarkeit bei minimaler Substanz und Räumlichkeit. Die zur Zeit optimale Verfassung der Dinge ist ihre, man könnte es nennen: *Digitalität*.
Globalisierung heißt jetzt, der Digitalität der Dinge zum Sieg über ihre stofflich-räumliche Gegebenheit zu verhelfen. Gespeicherte, digitale Daten aber
sind *wirklich* nur in der Spannung elektrischen Stroms, wenn nicht sogar *als*
gesteuerter elektrischer Strom. Der bewirkt digitale Präsenz und ist selber
die bisher maximale Minimierung dessen, was als im Raum ausgedehnte
Materie (– die *res extensa* Descartes') eine in sich beruhende Wirklichkeit
hatte. Von elektrischem Strom und dessen Fließgeschwindigkeit hängt allgemein der Fluß digitaler Information ab. So bestimmen beide mittlerweile
aber auch mit über den Liquiditätscharakter von Geld.

---

[253] G. W. Leibniz, *Metaphysische Abhandlung*, Hamburg, 2002, S. 13. «Il est vray que rien
ne couste à Dieu, ... puisque Dieu n'a que des decrets à faire pour faire naistre un monde
réel.» *Discours de métaphysique, ibidem*. Siehe hierzu ebenfalls Psalm 148, 5: «Die sollen
loben den Namen des HERRN; denn er gebot, da wurden sie geschaffen.» Ebenso auch
Muhammad, *Koran*, Sure 2, 117 (111): «Der Schöpfer der Himmel und der Erde, und so er
ein Ding beschließt, spricht Er zu ihm „Sei!" und es ist.»

Die Optimierung, die elektrischer Strom bei derartigem Einsatz leistet, entspricht durchaus dem, was Georg Simmel – auch er übrigens im Hinblick auf Gott – in seiner *Philosophie des Geldes* anmerkt: gäbe es in göttlicher Entscheidung ein menschliches Verhältnis wie das des Zweckes zu seinen Mitteln, «... so wäre nicht abzusehen, weshalb Gott ihn /den Zweck/ nicht unmittelbar und mit Übergehung jener wertlosen und hemmenden Zwischenstadien sollte herbeigeführt haben.»[254] Mittel gelten da als jene hemmenden Zwischenstadien, die wertlos und darum zu übergehen sind. Der hier angesprochenen Unmittelbarkeit von Befehl und Verwirklichung nähert sich die Fließgeschwindigkeit elektrischen Stroms – doch nicht sie allein.

Wenn die neuzeitliche Mentalität, ihrem eigenen Prinzip gemäß, eine Wirkung möglichst ohne Aufwand an Mitteln als das optimale Optimum anstrebt, so ist heute eine Elektrizität die notwendige Bedingung unserer Wirklichkeit und dann sind das Ingenieurstum und der globale Handel jene menschlichen Weltbezüge, die auf Grund ihrer eigenen Wesensverfassung die Effektivität dieser Wirklichkeit maximieren. Effektiv aber ist diese Wirklichkeit, wenn sie selber prinzipiell alles Stofflich-Räumliche minimiert, um daraus eine maximale Wirkung zu gewinnen. Der Sinn der heutigen Notwendigkeit von Energie jeglicher Art ist weniger der, Maschinen und Apparate zum Zweck irgendwelcher wirtschaftlicher Projekte zu betreiben, sondern vielmehr die Minimierung des In-sich-Ruhens stofflicher Substanzen mit dem Ziel der Maximierung eines reinen In-Wirkung-seins, kurz gesagt, wir benötigen hergestellte Energie für eine Wirklichkeit, die selber nur *ist* als unausgesetztes Wirken.

Sollte das *Prinzip* der Globalisierung ursprünglicher sein als die effektive globale Ökonomie, dann gehört jede wirtschaftliche Maßnahme in jenes unausgesetzte Wirken, und zwar so, daß sie nicht nur in es eingeht, sondern möglichst restlos in ihm aufgeht und das heißt, daß sie optimal darin aufgeht. Eine wirtschaftliche Maßnahme geht aber dann optimal in einer Wirklichkeit auf, die aus unausgesetztem Wirken besteht, wenn sie diese Wirklichkeit selber mit erwirkt und von ihr nicht mehr zu unterscheiden ist.

So liegt der Sinn etwa der Herstellung und Lieferung elektrischen Stroms darin, unausgesetzt ein vielfältiges Wirken zu bewirken, wie zum Beispiel die visuelle Wirklichkeit des Digitalen auf allen möglichen Bildschirmen. Das, was wir da auf den Bildschirmen sehen, *ist* das Wirkliche in digitaler Seinsweise, ist die digitale Wirklichkeit. Aber diese Wirklichkeit mit ihren Fernbe-

---

[254] Georg Simmel, *Philosophie des Geldes,* 1920, Rp. Köln, 2001, S. 200 f.

dienungen und Mausklicks, ähnelt sie nicht jener Realität, die Leibniz Gott
zuschreibt, und die dieser auf bloße Verfügung, auf bloße Anordnung zustande bringt? Diese Frage ist sehr komplex und sollte entsprechend ernst
genommen werden. Und wenn Schumpeter von einer «Flucht vor der Wirklichkeit» spricht, dann müssen wir fragen, welche Wirklichkeit er denn da
wohl im Auge hat?

Im Zuge der Globalisierung und gemäß dem optimierenden Prinzip der
Neuzeit ist die heutige Wirtschaft darauf aus, die Effizienz des Wirklichen zu
maximieren, und d. h. zu steigern und auszudehnen. Dies ist die Richtung, in
der der optimierende Optimismus vorgeht und vorgehen muß, ohne jedoch
deutlich zu wissen, von wo er da ausgeht. Aber ist ein solches Wissen denn
überhaupt nötig? Ist nicht schon alles mit der geschichtlichen, metaphysischen Herausforderung gegeben, der Herausforderung nämlich, zu optimieren? In gewisser Weise schon, nur wird die eben nicht als solche wahrgenommen und verstanden, sondern kommt in einem ökonomischen Gewand
daher, in dem nicht zuletzt der unter dem Namen Wachstum bekannte
Zwang zur Gewinnsteigerung, der Konkurrenzdruck und der Kampf um
optimale Börsenbewertung so eng miteinander verwoben sind, daß deren
eigentlicher Kern nicht mehr sichtbar ist.

Dieses Geflecht aus wirtschaftsspezifischem Zwang, Druck und Kampf, das
umso engmaschiger ist, je freier die Wirtschaft ist, bindet im voraus alle ihre
Kapazitäten. Kapazität, das heißt hier Vermögen, besonders aber das Vermögen, zu fassen – zu erfassen und zu umfassen. Im Sinne von Vermögen
hat Kapazität zudem eine eminent ökonomische Bedeutung und darüber
hinaus noch die von Möglichkeit und auch die von Macht. Den so verstan-
denen wirtschaftlichen Kapazitäten eignet daher eine Dynamik bzw. eine la-
tente Wirkmöglichkeit, die in ihnen gleichsam auf dem Sprung ist, und die
optimal freigesetzt und gesteuert sein will. Ebenfalls auf dem Sprung, und
zwar ständig, ist der optimierende Optimismus, der als solcher die ihn be-
wegende Konzentration von besagtem Zwang, Druck und Kampf in unter-
nehmerische Dynamik umsetzt.

Was nun die Dynamik wirtschaftlicher Kapazitäten und deren optimalen
Einsatz betrifft, so kommt diesem Einsatz selber noch eine besondere Funktion zu, da ohne ihn der Prozeß wirtschaftlicher Optimierung gar nicht erst
in Gang käme. Jeder derartige Einsatz ist zu entscheiden, und zwar jeweils
von einem jeweiligen Entscheidungsträger. Aber nicht nur die Entscheidungen werden am Maßstab des Leibnizschen Optimums gemessen und bewertet, sondern auch das Entscheiden und d. h. der Entscheidende selbst, er

176

und seine Kapazität, kurz er *als* Kapazität, als eine wirtschaftliche Kapazität in einem wirtschaftlichen Prozeß. Deshalb wenden Entscheidungsträger und Führungskräfte dies Leibnizsche Prinzip nicht nur an, sondern vollziehen es darüber hinaus in eigener Person.

Hier ist zu ahnen, wie wesenhaft dieses Prinzip ist, gilt es doch für Dinge *und* Menschen, eben für *alles*, was ist. Daraus folgt selbstverständlich, daß es auch für alles, was in wirtschaftlichem Sinne ist, gelten muß, daß seine Gültigkeit aber über den Bereich der Wirtschaft weit hinausreicht, woraus wiederum geschlossen werden kann, daß es in einer rein ökonomischen Perspektive nicht faßbar ist. Ökonomische Anwendung und ökonomischer Selbstvollzug des Optimierungsprinzips binden allen Einfallsreichtum, alle Schläue, jede Perspektive und jedes Gespür der Entscheider an das optimale Optimieren wirtschaftlicher Vorgänge – Vorgänge, die sich heute in einer auflösenden Veränderung ihrer Regelmäßigkeiten und Strukturen befinden.

Nur soviel sei hier abschließend zu dieser Bindung gesagt: auf Grund der Art der Bindung des ökonomischen Denkens an besagtes Optimierungsprinzip *muß* die Wirtschaft die Möglichkeit verwerfen, von einer Globalisierung abhängig zu sein, die sie nicht selber beherrscht und deren Prinzip sich ihrem Begreifen prinzipiell entzieht. Eine solche Globalisierung ist ihr der schiere Un-Sinn. So steht diese Wirtschaft in einem faktischen Dilemma, denn ihre *ursprüngliche Bindung an das Prinzip der globalisierenden Dynamik* verhindert, daß diese Bindung selber grundsätzlich und als solche von der Wirtschaft eingesehen und begriffen wird, da diese Dynamik ausschließlich in wirtschaftlichen Optimierungsprozessen betrieben werden will, und dieses Betreiben alle ökonomische Intelligenz und alles Denken an sich bindet. Je dringlicher es scheint, rein ökonomisch zu denken, desto unmöglicher wird es, den *Ursprung* dieser Dringlichkeit einzusehen und sich frei zu ihm zu verhalten.

Eines ist es, den eigenen Blick ganz an ökonomischen Gesetzmäßigkeiten zu orientieren, ein anderes aber, die Verfassung zu erkennen und einzusehen, in der diese Gesetzmäßigkeiten und Notwendigkeiten allererst ihren eigentlichen Sinn zeigen und somit dann auch tiefer verständlich werden. Was der optimierende Optimismus der Wirtschaft grundsätzlich *nicht sehen kann*, das ist das Phänomen der Globalisierung *als solches*. Diese absorbiert alles Denken, anstatt sich ihm zu erkennen zu geben, wovon Schumpeter eine Ahnung gehabt haben mag.

Wer sich nicht davor fürchtet, und wem es gelingt, sich diesem Sog einmal – und sei es nur kurz – zu widersetzen, der hätte die Möglichkeit, bekannte wirtschaftliche Momente wie etwa das der Ware, das der Produktion oder das des Marktes in ihrem *heutigen, spezifisch globalen Sinn* zu begreifen; er hätte, durch einen Schritt aus dem traditionellen ökonomischen Denken heraus, die Möglichkeit, sich zeitgemäß innerhalb der Globalökonomie zu orientieren und Einsichten zu gewinnen, die ihr eigens und von Grund auf entsprechen. Von da aus bestimmen sich dann nicht zuletzt auch Sinn und Widersinn der Globalisierung neu.

Namensregister

Tertullian 105f
Theaitetos 119
Themis 121ff
Tigranes 131
Tigris 124
Thomasius, Jakob 71
Tristan 98

Verulam, Baron von, 76
Villey, Michel 116

Wagner, Gabriel 74f
Wolf, Erik 124ff
Wolff, Christian, 64

Xenophon 52, 129-137

Zeus 127f, 130

Sachregister

Centaurus Buchtipp

Bernd Oei

Eros & Thanatos

*Philosophie und Wiener Melancholie
in Arthur Schnitzlers Werk*

Reihe Sprach- und Literaturwissenschaft,
Bd. 42, 2013, 260 S., br.,
ISBN 978-3-86226-214-4, € 23,80

Arthur Schnitzlers Stücke sind zeitgemäß, obgleich sie zur Fin de Siècle spielen, dem Zeitalter des großen Umbruchs. Es wird viel gelitten, noch mehr gelogen und am Ende auch gestorben, doch dazwischen auch leidenschaftlich geliebt.

Seine Themen bleiben zeitlos beschränkt auf Eros und Thanatos, sowie ihre unauflösliche Verschränkung ineinander. Das Glück erachtet er dabei als gebrechlich. Schnitzler schreibt über die doppelte Moral der Menschen, ihre Schwächen und Laster, aber niemals zynisch oder verurteilend. Als Arzt fühlt er den Puls und die Krankheit seiner Patienten, als Schriftsteller den Puls der Zeit und die Symptome des Untergangs.

Die Monografie thematisiert die Epoche der Jahrhundertwende in Wien, das einst neben Paris und Berlin die Kulturmetropole Europas bildete. Schnitzler erlebte dort den Untergang der Donaumonarchie und die Anfänge der Psychologie Sigmund Freuds. Über die Analyse Schnitzlers Dramen und Prosa erfährt die Weltanschauung des Jungen Wien ihre Veranschaulichung. Komparatistik zu Zeitgenossen, Vor- und Nachfolgern runden das Portrait des melancholischen Pessimisten ab.

Centaurus Buchtipps

Dagmer Filter, Jana Reich, Eva Fuchs (Hrsg.)
Arabischer Frühling?
Alte und neue Geschlechterpolitiken in einer Region im Umbruch
Feministisches Forum – Hamburger Texte zur Frauenforschung, Bd. 5, 2013, ca. 350 S.,
ISBN 978-3-86226-195-6, € **26,80**

Burkhard Bierhoff
Konsumismus
Kritik einer Lebensform
Centaurus Paper Apps, Bd. 29, 2013, ca. 54 S.
ISBN 978-3-86226-185-7, € **5,80**
eBook ISBN 978-3-86226-228-1, € **4,99**

Gernot Saalmann
Soziologische Theorie
Grundformen im Überblick
Centaurus Paper Apps XL, Bd. 27, 2012, 101 S.,
ISBN 978-3-86226-209-0, € **8,80**
eBook ISBN 978-3-86226-210-6, € **5,99**

Erich Fromm
Aggression
Warum ist der Mensch destruktiv?
Centaurus Paper Apps, Bd. 23, 2012, 54 S.
ISBN 978-3-86226-175-8, € **5,80**
eBook ISBN 978-3-86226-183-3, € **4,99**

Alexandru Bidian
Sokrates oder das Schicksal des Lebens
Literatur in der Diskussion, Bd. 7, 2012, 130 S.,
ISBN 978-3-86226-203-8, € **16,80**

Oskar Luger, Astrid Tröstl, Katrin Urferer
Über Gentechnik und Klone
Reihe Lebensformen, Bd. 65, 2012, 90 S.,
ISBN 978-3-86226-201-4, € **16,80**

»Das Buch ist auch ohne besondere medizinisch-biologische Kenntnisse gut lesbar. «
SOL. Zeitschrift für Solidarität, Ökologie und Lebensstil, Nr. 151 – Frühjahr 2013, S. 15.

VHS Lörrach / VHS Weil am Rhein
TAMphilo
Sternstunden aus 10 Jahren philosophischer Erwachsenenbildung
Reihe Philosophie, Bd. 36, 2011, 183 S., geb.,
ISBN 978-3-86226-015-7, € **19,80**

»Das Buch ist eine gute Gelegenheit sich mit philosophischem Denken auseinander zu setzen, und
eine gelungene Nachlese zu den Veranstaltungen der TAM-philo Reihe.«
Mag. Harald G. Kratochvila, Rezension vom 22.06.2011, in: www.socialnet.de Rezensionen.

Informationen und weitere Titel unter www.centaurus-verlag.de

Printed in the United States
By Bookmasters